中國文化通史

清前期卷·上冊

中國文化源遠流長，欲理解中國文化，捨其歷史無由。而欲理解中國文化史，界定文化的概念，梳理中國文化史的發展脈絡、特質及其研究狀況，又是十分必要的。爰作是序。

一、文化概念的界定

文化問題是世界關注的熱門話題，但是，國內外學術界對於文化的概念，迄無統一的界定。聯合國教科文組織曾邀請各國學者討論什麼是「文化」，也未取得共識。據統計，有關文化的概念，多達數百種，人們見智見仁，莫衷一是。

從西方的歷史上看，人們對於文化的理解，大致經歷了四個時期。

第一個時期是古代。最具代表性也是最古老的文化概念，是由約兩千年前古羅馬哲學家西塞羅提出來的，它從拉丁文譯成英文是「culture is the philosophy-or cultivation-of the mind」。漢譯為「文化是心靈的哲學（修養）」。其中 cultivation 本義是耕種，引申意為耕種—栽培—培養—修養。這可謂哲學的文化概念。它強調文化是人類心靈的創造物，並視文化是一個趨向品德修養終極目標的動態的創造過程。

第二個時期是中世紀。有代表性的是藝術的文化概念：「文化是藝術的總稱。」它是文藝復興時代的藝術家們提出來的，強調文化是人類對美的追求和自由的創造。

第三個時期是十九世紀。其間出現了兩種有代表性的文化概念。一是英國著名學者阿諾德在一八六九年出版的《文化和無政府狀態》一書中提出的：

文化就是追求我們的整體完美，追求的手段是通過了解世人在與我們最有關的一切問題上所曾有過的最好思想和言論……引導我們把真正的人類完美看成是為一種和諧的完美，發展我們人類的所有方面；而且看成是一種普遍的完美，發展我們社會的所有部分。[1]

這是心理學的文化概念。它強調文化是人們藉助於自然科學和人文科學包括文學藝術中一切真、善、美的東西，陶冶心靈，追求社會完美與和諧的過程；二是另一個英國著名學者泰勒一八七一年在《文化的起源》中提出的人類學的文化定義。他說：

文化或文明，就其廣泛的民族學意義來說，乃是包括知識、信仰、藝術、道德、法律、習俗和任何人作為一名社會成員而獲得的能力和習慣在內的複雜整體。[2]

泰勒的定義第一次強調文化是「複雜的整體」和「文化是整個的生活方式」。

第四個時期是二十世紀。二十世紀初社會學家提出了社會學的文化概念：

文化是一個多義詞，我們這裡是在包容較廣的社會學含義上使用它，即它是指人造物品、貨物、技術過程、思想、習慣和價值觀念，它們是一個民族的社會遺產。這文化包括所有習得的行為、智力知識、社會組織和語言、經濟的、道德的或精神的價值系統。一種特定文化的基礎是它的法律、經濟結構、巫術、宗教、藝術、知識和教育。[3]

此一定義第一次強調價值觀念和價值系統，是文化內涵的核心。

1　轉引自〔英〕雷蒙德‧威廉斯：《文化與社會》，160-161 頁，北京，北京大學出版社，1991。
2　轉引自莊錫昌等編：《多維視野中的文化理論》，99-100 頁，杭州，浙江人民出版社，1987。
3　轉引自閔家胤：《西方文化概念面面觀》，《國外社會科學》，1995 年第 2 期。上述參考了該文的內容。

二十世紀中期以後，隨著科學的進步和視野的拓展，人們進而在生物學乃至在整個宇宙的範圍之內，探討文化問題。例如，生物學的文化定義為：「文化是不同物種的組織結構和行為規範。」聯合國教科文組織「世界文化項目」主持人、加拿大學者謝弗，則進而提出了宇宙學的文化概念：「文化一般是指物種，特殊地是指人類觀察和感知世界，把自己組織起來，處理自身事務，提高和豐富生活，以及把自己安置在世界上的那種方式。」[4]

　　由上可知，西方文化概念的內涵是隨著時代的發展而逐漸拓展與深化的。據統計，一九二〇年前只有數種不同的文化定義；但是到一九五六年，就已多達一百五十餘種，也集中說明了這一點。其中，如果說阿諾德的定義是對古代以來文化認識的集大成的話；那麼泰勒的定義強調文化是一種「複雜的整體」和「整個的生活方式」，以及社會學家強調文化內涵的核心是價值觀念與價值系統，則更具有開創性和劃時代的意義，構成了今人理解文化的現代基礎。這說明，十九世紀末二十世紀初是西方現代文化觀念形成的重要時期。至於其後新說迭起，尤其是生物學的、生態學的、宇宙學的概念的出現，固然反映了人們視野的開拓，但是文化的概念既囊括了物種與宇宙，實漸泛化了，以至於無從把握。

　　從中國歷史上看，「文明」一詞的出現要早於「文化」。《易·乾》：「見龍在田，天下文明。」《易明夷》：「內文明而外柔順，以蒙大難，文王以之。」「文化」一詞雖然也是古已有之，但它被作為一個完整的辭彙和概念加以使用，有一個演化的過程。在秦漢時期，儒生編輯的《易·賁卦》的《彖》中有「觀乎天文，以察時變；觀乎人文，以化成天下」之說，但「文化」尚未構成一個完整的詞。西漢的劉向在《說苑·指武》中將「文」與「化」聯用：「聖人之治天下也，先文德而後武力。凡武之興，為不服也，文化不改，然後加誅。夫下愚不移，純德之所不能化，而後武力加焉。」不過，這裡的「文化」仍非一個完整的詞，而各有獨立的意義，「文」指文德，「化」指教化，即借文德行教化。其後，晉人的詩文中出現了完整的「文化」一詞。如束皙的《補亡詩》有「文化內輯，武功

4　同上。

外悠」句；王融在《曲水詩序》中則說：「設神理以景俗，敷文化以柔遠。」至此，「文化」顯然已作為一個完整的辭彙和概念，開始為人們所廣泛使用。其含義包括文治、教化和禮樂典章制度。這與西方古代哲人強調「文化」的內涵在於趨向品德修養終極的目標，是相通的。

語彙是隨著社會生活和時代的變動而變動的。在西方，文化的概念所以於近代以後發生了日益深刻的變動，是與西方資本主義的發生發展、科學的進步以及世界聯繫的日益密切分不開的。反觀中國，封建社會綿延兩千餘年，沉沉一線，「天不變，道亦不變」。與此相應，已有的「文化」一詞，古色古香，其內涵也無甚變化。鴉片戰爭後，中國封建社會因受西方資本主義的衝擊而解體，且日益走向世界，語彙便漸生變動。在一些新的語彙出現的同時，更多的語彙增加了新的內涵。就「文化」一詞來說，其新義的增加尤其是人們自覺重新探究其內涵，界定其概念，則要晚到二十世紀初。梁啟超諸人的觀點具有代表性。梁啟超在《什麼是文化》中說：「文化者，人類心能所開積出來之有價值的共業也。」[5]梁漱溟則謂：「文化並非別的，乃是人類生活的樣法。」[6]胡適也指出：「文化（culture）是一種文明所形成的生活的方式。」[7]他們都強調文化是人類創造的一種複雜的整體（「共業」）和「生活的方式」，這顯然是接受了泰勒關於文化的定義。

所以，儘管國際上對文化迄今未能形成統一的界定，但泰勒的定義實已構成了人們進一步探討文化問題的現代基礎。同時，在此基礎上，除主張文化泛化者外，人們也畢竟形成了相對的共識，即認為文化可分作廣義與狹義兩種概念來理解。梁啟超曾說：「文化這個名詞有廣義狹義二種，廣義的包括政治經濟；狹義的僅指語言、文字、宗教、文學、美術、科學、史學、哲學而言。」[8]就已經有了此種見解。今天我們可以作進一步表述：廣義的文化就是人化，即人類所創造的一切東西構成了文化。具體講，它包括三個層面：物質文化、制度文化、精神

5　梁啟超：《飲冰室文集》之三十九。
6　梁漱溟：《東西文化及其哲學》第 2 章，北京，商務印書館，1935。
7　胡適：《我們對於西洋近代文明的態度》，《胡適文存》三集，卷一。
8　梁啟超：《中國歷史研究法補編》，《飲冰室專集》之九十九。

文化。其中，精神文化是文化結構中最深層的部分。狹義的文化就是指精神文化，即觀念形態的文化，包括思想、觀念、意識、情感、意志、價值、信仰、知識、能力等等人的主觀世界的活動及其物化的形態或外鑠的成果，如典籍、語言、文字、科技、文學、藝術、哲學、宗教、道德、風習，等等。

對於「文化」與「文明」的關係，人們也頗存異議，但從總體上看，大致有三種理解：一是學術界一般將「文明」一詞用來指一個社會已由氏族進入國家組織的階級社會的階段，即是與「文化」並無直接瓜葛的學術上的專有名詞；二是「文化」與「文明」同義。美國學者亨廷頓說：「當談論文明的時候，我們指的是什麼呢？一種文明就是一種文化存在。」[9]他顯然是將「文化」與「文明」視作同義詞，等量齊觀。故所謂「物質文化」、「制度文化」和「精神文化」，人們通常也稱作「物質文明」、「制度文明」和「精神文明」；三是「文化」與「文明」都是人類創造的一切成果的總稱，但前者是動態的，後者則是靜態的。陳安仁說：「文明是指靜的狀態而說，文化是指動的狀態而說。」[10]張崧年也曾指出：「文化是活動，文明是結果，也不過一事的兩看法。」[11]

本書對文化的界定，取狹義文化。對「文明」一詞的使用，則據行文的需要，兼顧三義。

二、中國文化史研究的回顧

文化史是古老的史學的一個分支學科，但它真正的確立，在歐洲要晚到十八世紀的啟蒙運動時期。西方「文化史之父」、法國啟蒙思想家伏爾泰的名著《路易十四時代》，實為文化史研究的開山之作。其後，西方關於文化史的著述日多，漸漸蔚為大觀。

---

9 〔美〕亨廷頓：《文明的衝突》，《國外社會科學》，1993 年第 10 期。
10 陳安仁：《中國文化演進史觀》，據文通書局 1942 年版影印，6 頁，上海，上海書店，1992。
11 張崧年：《文明與文化》，《東方雜誌》第 24 卷第 24 號。

在中國，文化史學科的確立更要晚到二十世紀二〇至三〇年代。梁啟超於此有創榛闢莽之功，他曾擬撰多卷本《中國文化史》，遺憾的是僅成《社會組織篇》計八章，壯志未酬。但是，進入二〇世紀二〇年代後，有關文化史的研究成果已是連翩出現。一九二四年《史地學報》有文報導學界消息說：「近來研究歷史者，日新月異，內容大加刷新，多趨重文化史方面。」[12]足見中國文化史的研究和編纂，是時已開始浸成風氣。其中較重要的通史性著作有：顧康伯的《中國文化史》、常乃德的《中國文化小史》、陳國強的《物觀中國文化史》、柳詒徵的《中國文化史》、楊東蓴的《本國文化史大綱》、陳登原的《中國文化史》、王德華的《中國文化史略》、繆鳳林的《中國民族之文化史》、陳安仁的《中國文化演進史觀》、王治心的《中國文化史類編》、陳竺同的《中國文化史略》、錢穆的《中國文化史導論》，等等。此外，涉及斷代的、區域的和專題性的有關文化史著作也相繼出版。其中，專題性的著作，尤以王雲五主編的大型《中國文化史叢書》為代表。叢書仿效一九二〇年法國出版的《人類演進史叢書》及一九二五年英國劍橋大學主編的《文化史叢書》的體例，共分八〇個專題，每冊一專題，於一九三七年後相繼推出，產生了很大的社會影響。該叢書的出版，標誌著中國文化史的研究發展到了一個新的階段。

中國文化史的研究之所以於二十世紀二〇年代後蔚為風氣，並非偶然，至少可以指出以下的原因：

其一，是近代中西文化問題論爭深化的必然結果。經五四後，中西文化問題的論爭不僅日益激烈，且愈趨深化。歐戰慘絕人寰，創深痛巨，引發了世界範圍內的反省西方文化的思潮。與此相應，國人相信西方文化必有所短，中國文化自有所長，因而要求重新審視固有文化。為此，探討中國文化的發生發展史自然便成了當務之急。張蔭麟說：「文化是一發展的歷程。它的個性表現在它的全部『發生史』裡。所以比較兩個文化，應當就是比較兩個文化的發生史。」[13]柳詒徵的《中國文化史‧緒論》則強調該書的旨趣，即在於回答：「中國文化為何？中

12　《史地界消息‧歷史類（一）〈研求國史方法之宣導〉》，《史地學報》第 3 卷第 1、第 2 合期，1924。
13　《論中西文化的差異》，參見張雲臺編：《張蔭麟文集》，北京，教育科學出版社，1993。

國文化何在？中國文化異於印、歐者何在？」而錢穆在《中國文化導論·弁言》中，說得更加明確：

> 中國文化，表現在中國已往全部歷史過程中，除卻歷史，無從談文化。……我們應在歷史進程之全時期中，求其體段，尋其態勢，看他如何配搭組織，再看他如何動進向前，庶乎對於整個文化精神有較客觀，較平允之估計與認識。[14]

很顯然，這就是明確地提出了，要正確認識中西文化，必須重視中國文化史的研究。

其二，借文化史振奮民族精神，謀國家復興。二十世紀三〇至四〇年代正是中國遭受日本帝國主義的野蠻侵略，民族危亡喚醒全民抗戰和謀國家復興的慷慨悲壯的時代。愈來愈多的國人意識到了文化復興與民族復興的內在聯繫。康敬軒在《中國文化演進史觀·跋》中說：「念一年秋，予歸自歐洲，默察大勢，知欲救國家危亡，必先求民族之復興，而求民族之復興，必先求文化復興。」陳安仁《中國文化演進史觀·自序》也說，近世治國家學說者，皆謂土地、人民、主權是國家三要素，必得三者安全獨立，才是名副其實的國家。實則，即便三者盡得，「而文化不能獨立，亦遂足以當國家之名實乎」？帝國主義侵略弱國，不僅占有其土地、人民與主權，「尤且汲汲皇皇，以消滅弱小國家民族之文化，吁！可怖哉」。[15]需要指出的是，近代最早的中國文化史著述雖是出自日人之手，它們對於國人著述不乏借鑒的作用，但如一九〇三年出版的白河次郎、國府種德的《支那文明史》和一九二六年出版的高桑駒吉的《中國文化史》，其有意歪曲歷史和貶損中國文化，也是人所共見的。因此，編纂中國文化史，給國人以正確的民族文化教育，以振奮民族精神，史家責無旁貸。王德華《中國文化史略·敘例》因之強調說：

> 中國文化之評價各有不同，有謂為落後者，有謂為優美者，然不論其評價如何，中國人之應當瞭解中國文化，則無疑問，否則，吾族艱難奮鬥、努力創造之

---

14 錢穆：《中國文化導論·弁言》，北京，商務印書館，1994。
15 陳安仁：《中國文化演進史觀·自序》。

歷史，無由明瞭，而吾人之民族意識，即無由發生，民族精神即無由振起，晚近中國國勢不振，即由於文化教育之失敗所至。茲者國脈益危，不言復興則已，言復興，則非著重文化教育，振起民族精神不可。本書之作，意即在此。[16]

其三，新史學思潮影響的結果。十九世紀末二十世紀初，是西方史學新陳代謝的重要時期。傳統史學重政治史，而新史學思潮則要求擴大史學範圍，注意經濟、社會、思想、文化等領域的研究。巴勒克拉夫在《當代史學主要趨勢》一書中指出，「從蘭克時代到阿克頓時代，歷史學家們對於歷史學的主線是政治史這一點極少懷疑」，而經二十世紀二〇年代後馬克思主義唯物論和以狄爾泰為代表的相對主義史學思潮的衝擊，「歷史學的重點轉移到經濟、社會、文化、思想和心理等方面，歷史學家的工作範圍也相應地擴大了」。[17]西方史學思潮的此種變動，也強烈地影響到了中國。二十世紀二〇年代後馬克思主義唯物論在中國日益傳播，與此同時，作為歐洲相對主義史學衍生物的美國「新史學」，也傳入了中國。新史學派主要人物的代表作，如魯濱遜的《新史學》、巴恩斯的《史學史》、紹特威爾的《西洋史學史》等，於二十世紀二〇年代也相繼被譯成中文出版。新史學派同樣主張擴大史學範圍，加強對於經濟、社會及文化等領域的研究。何炳松在《新史學導言》中說：「舊日歷史家，又有偏重政治史的毛病。實則政治一端，哪能概括人類活動的全部呢？」[18]由於新史學派的理論是被當作代表了西方史學發展的最新趨勢的新理論，而加以宣傳與介紹的，故在當時的中國史學界產生了廣泛的影響。梁啟超、章太炎等人雖在二十世紀初即有研究文化史的初步主張，但僅是少數人的先知先覺；二十世紀二〇年代後，因受新史學思潮的廣泛影響，中國史學家要求擴大治史範圍，注重經濟、社會和文化史研究實已成為時尚。所以柳詒徵《中國文化史·緒論》指出：

世恆病吾國史書為皇帝家譜，不能表示民族社會變遷進步之狀況，實則民族社會之史料，觸處皆是，徒以浩穰無紀，讀者不能博觀而約取，遂疑吾國所謂史

---

16 王德華：《中國文化史略·敘例》，南京，正中書局，1942。
17 〔英〕巴勒克拉夫：《當代史學主要趨勢》，13、14頁，上海，上海譯文出版社，1987。
18 何炳松：《何炳松論文集》，51頁，北京，商務印書館，1990。

者，不過如坊肆《綱鑑》之類，止有帝王嬗代及武人相斫之事，舉凡教學、文藝、社會、風俗以至經濟、生活、物產、建築、圖畫、雕刻之類，舉無可稽。吾書欲去此惑，故於帝王朝代，國家戰伐，多從刪略，惟就民族全體之精神所表現者，廣搜而列舉之。[19]

顧康伯《中國文化史·自序》同樣強調說：

歷史之功用，在考究其文化耳。顧吾國所謂歷史，不外記歷朝之治亂興亡，而於文化進退之際，概不注意，致外人動譏吾為無史。二十四史者，二十四姓之家譜，斯言雖或過當，然吾國史家專為一朝一姓之奴隸，未始非缺憾也。[20]

此期的文化史研究不僅出版了一批成果，而且對文化史研究的方法論問題作了探索，提出了某些有益的見解：

（1）**分類與綜合**。以梁啟超為代表的一些學者主張文化史當分類研究。梁啟超的《中國歷史研究法補編》中有「文化專史及其做法」一章，其中說：「狹義的文化，譬如人體的精神，可依精神系發展的次第以求分類的方法。」文化是人類思想的結晶。思想的表現有宗教、哲學、史學、科學、文學、美學等等，「我們可一件一件的講下去」。[21]王雲五在《編纂中國文化史之研究》中也提出，以綜合方法編纂文化史，「其難益甚」，宜「就文化之全範圍」，區分若干科目，作系統詳盡敘述。如此，「分之為各科之專史，合之則為文化之全史」。[22]王治心的書即取名為《中國文化史類編》，內分經濟、風俗、學術思想、宗教倫理和藝術器物五類。作者在「緒論」中說：「這五個大綱，或者可以把整個的文化大約地包括起來。……合起來可以成全部的文化史，分開來也可以成為各自獨立的五種小史。」[23]但是，柳詒徵諸人不贊成分類而主綜合的研究方法。柳詒徵以為，分類的方法難以說明文化發展中複雜的歷史因果關係和表現「民族全體之精

---

19 柳詒徵：《中國文化史》上冊，7頁，北京，中國大百科全書出版社，1988。
20 顧康伯：《中國文化史·自序》，上海，泰東圖書局，1924。
21 梁啟超：《飲冰室專集》之九十九，134頁。
22 王雲五：《編纂中國文化史之研究》，北京，商務印書館，1937。
23 王治心：《中國文化史類編·緒論》，上海，作者書店，1943。

神」，「此縱斷之病也」。[24]何炳松則指出，分類縱斷的研究無法表現「某一時代中整個的文化狀況」，由此組合成的所謂文化史，「不是整個的；是死的，不是活的」。[25]應當說，柳詒徵等人主綜合的研究方法是對的，因為文化專史固然是必要的，但是中國文化史不應是各種專門史的簡單組合。

（2）**文化史的分期**。此期的研究者都將進化的觀點引入了文化史，強調要「注意動的研究方法，從歷史進化變遷的法則，說明社會演變，人類活動行為的影響」[26]。他們普遍注意到了中國文化史的分期問題，也反映了這一點。梁啟超不愧是文化史研究的創始者，他看到了文化史自身的發展規律，明確地提出了文化史的分期不應與政治史劃一的重要思想。[27]從宏觀上看，此期的研究者多以上古、中古、近世對中國文化史作長時段的區分；從微觀上看，則是超越王朝界限，力圖以文化發展的自身特點作中時段的區分。前者可以柳詒徵的《中國文化史》為例，它以遠古至兩漢為上古；魏晉至宋、元為中古；明至當代為近世，並依此分為三編，構建全書體例。柳詒徵寫道：

> 吾書凡分三編：第一編，自邃古以迄兩漢，是為吾國民族本其造之力，由部落而建設國家，構成獨立之文化之時期；第二編，自東漢以迄明季，是為印度文化輸入吾國，與吾國固有文化由牴牾而融合之時期；第三編，自明季迄今日，是為中印兩種文化已就衰，而遠西之學術、思想、宗教、政法以次輸入，相激相蕩而卒相合之時期。此三期者，初無截然劃分之界限，特就其蟬聯蛻化之際，略分畛畔，以便尋繹。[28]

後者可以常乃德的《中國文化小史》為例，它分中國文化史為八期：

> 自太古至西周的宗法時期；春秋戰國時代的宗法社會破裂後文化自由發展的時期；秦漢兩代統一安定的向外發展的時期；魏晉朝民族移徙印度新文化輸入的

---

24 柳詒徵：《中國文化史》上冊，「弁言」及「緒論」。
25 何炳松：《何炳松論文集》，148 頁。
26 陳安仁：《中國文化演進史觀·緒論》。
27 梁啟超：《飲冰室專集》之九十九，172 頁。
28 柳詒徵：《中國文化史》上冊，1 頁。

時期；隋唐兩代民族同化成功新文化出現的時期；晚唐五代宋朝民族能力萎縮保守思想成熟的時期；元明清三朝與西方文化接觸逐漸蛻化的時期；晚清以至今日大革新的時期。[29]

他們的上述分期是否科學，可不置論；重要在於，他們都力圖從中外文化融合和中國文化發展變化的大勢上，考量中國文化史的分期，無疑都表現出了可貴的新思維。

（3）唯物史觀的運用。儘管此期的多數研究者並未接受唯物史觀，但是畢竟有部分學者已開始嘗試和倡導運用唯物史觀研究中國文化史。例如，陳竺同的《中國文化史略》說：「社會生產，包含著生產力與生產關係。這本小冊子是著重於生產力去分析文化的進程。」[30]陳安仁的《中國文化演進史觀》也強調，一國的經濟「與一國的文化進程，有密切的關係，重大的影響」。作者進而引德國學者的話說：「無論如何，唯物史論包含一個大真理，植物賴其所生地的肥料而生長，繁殖開發，同樣道理，可知食物根源的擴張（如由農業），生產方法的進步（如因資本主義的制度），工藝上的文明（如鐵路、省勞動的機器等等），對於文化發達發生的影響，遠勝於道德教訓、宣講書籍、藝術品、哲學系統。」儘管經濟並非影響文化發展的唯一因素，「但就一切社會學的現象看起來，經濟唯是有大影響於文化發達的」。[31]固然，這些研究者對於唯物史觀的理解與把握，尚屬粗淺，故其於文化史現象的分析一時也難以避免簡單化的傾向。

二十世紀上半葉的中國文化史研究儘管取得了明顯的成就，但終究屬於發軔期，粗獷有餘而精密不足。二十世紀三〇年代初，朱謙之著《文化哲學》一書，以為已有文化史研究的不足，在於普遍缺乏理論基礎；與此同時，陳寅恪也指出，「以往研究文化史有二失」：舊派「其缺點是只有死材料而沒有解釋」，失之在「滯」；新派多留學生，喜歡照搬外國理論，其書有解釋，「看上去似很有條

29 常乃德：《中國文化小史》第 1 章，上海，中華書局，1928。
30 陳竺同：《中國文化史略》，144 頁，上海，文光書店，1948。
31 陳安仁：《中國文化演進史觀》，61 頁。

理，然甚危險」，失之在「誣」。[32]二者的批評有相通之處，頗能中其肯綮。

遺憾的是，新中國成立後，除了如文學、藝術、史學、哲學等具體的部門文化史的研究還在繼續外，文化史作為一個獨立的學科，在長達近三十年的時間裏，實陷於中斷。這主要是受「左」的思潮影響，視文化史為資產階級唯心論的淵藪而加以簡單否定的結果。

中國文化史研究枯木逢春，其根本轉機在二十世紀七〇年代末。一九七八年黨的十一屆三中全會確立了改革開放的路線後，國人得脫「左」的羈絆，百業發抒。與此相應，中國文化史研究與「文化熱」同時升溫，尤其是進入八〇年代後，更似春潮勃發，迅速蔚為大觀：報刊上就中國傳統文化的優劣展開長時間激烈的爭論；文化史研究的專門機構在許多高校和科研單位先後建立了起來；專門的學術團體、期刊出現了；國際國內的或地方的相關學術討論會，每年都在舉行；文化史不僅進入了高校的課堂，而且成為研究生培養的重要研究方向。這場文化和文化史「熱」，其持續時間之長，影響範圍之廣，為新中國成立以來所僅見，以至於我們迄今都可以感受到它。

自二十世紀七〇年代末以來，文化史研究取得了豐碩的成果，已出版的著作為數十分可觀。馮天瑜等的《中華文化史》、陰法魯等的《中國古代文化史》、劉蕙孫的《中國文化史稿》等，是有影響的通史性的著作；萬繩楠的《魏晉南北朝文化史》、龔書鐸主編的《中國近代文化概論》、史全生主編的《中華民國文化史》等，則是斷代史方面有代表性的著作。此外，有關區域文化史、專題文化史、少數民族文化史、中外文化交流史等方面的著作，為數最多，更不乏精品佳構。此期的中國文化史研究，無論從品質與數量上看，還是從涉及領域的廣度與深度上看，均非二十世紀上半葉的研究所能同日而語。

一定的文化是一定社會的政治和經濟的反映，又給予偉大影響和作用於一定社會的政治和經濟。二十世紀七〇年代末以來，文化及文化史的研究之所以得以

---

32 蔣天樞：《陳寅恪先生編年事輯》，222 頁，上海，上海古籍出版社，1997。

復蘇乃至於勃興，歸根結柢，是中國揭出了實現現代化的時代主題和社會醞釀著轉型的產物。所謂現代化，不是孤立的社會目標，對於一個國家和民族來說，它意味著自身整個文化的現代化。就中國而言，文化的現代化不應也不可能是全盤西化，它只能是傳統文化的現代化。為此，去除糟粕，繼承和弘揚中華民族優秀的文化傳統，實現傳統文化的內在超越，便成了中國現代化課題中的應有之義。「中國文化，表現在中國已往全部歷史過程中，除卻歷史，無從談文化。」也因是之故，欲解答現實中的文化問題，便不能不去請教歷史。不僅如此，中國的現代化事業任重道遠，它需要不斷增強民族的凝聚力、認同感，中國文化史研究恰恰可以高揚愛國主義，為之提供無可替代的民族精神的支柱。很顯然，二十世紀末，國人重新發現了中國文化史的價值，這是完全合乎邏輯的。當然，思想既經解放，學術研究無禁區，文化史這塊長期荒蕪卻又遼闊而肥沃的學術園地，自然會吸引來眾多拓荒者。這即是說，中國文化史學科自身發展的強勁內驅力，也是不容忽視的。要言之，此期中國文化史研究復蘇的原因與二十世紀二〇至三〇年代肇端的原因，一脈相承，只是因時代條件的差異而表現出愈加斑斕的特色罷了。

　　同時，也應當看到，此期的中國文化史研究雖然成就斐然，超過了前期，但它在更高的層面上並沒有完全解決前期業已提出的問題，而且面臨著新的分歧。例如，柳詒徵等人早已提出，中國文化史應是綜合的，不應是專門史的組合，這在今天雖成共識，但究竟應怎樣實現綜合，當年的柳詒徵等人在實踐上並未解決，今天我們也仍然處於摸索的過程中。文化概念的界定依然莫衷一是，此不待言；但是，如今文化史的界定本身也成了爭論的問題。此外，朱謙之曾提出文化史研究的理論基礎問題，應當說，迄今足以表現中國氣派的文化學理論，尚未見之。從西方引入的各種文化學理論為數雖多，但有經久生命力的學說也不多見。陳寅恪所說的失之於「滯」的舊派學者固然不存在了，但他對於失之於「誣」的新派學風的批評，卻不能說已無現實的意義。

　　學術的本質在於發現問題，追求真理。從這個意義上說，上述的現象是正常的，它反映了學術研究無止境和學術研究的艱辛。但是，重要的一點是，不應沉湎於概念的爭論而停止了實踐的探索。蘇聯的學者說得對：「如果只集中注意力

去制定一個什麼是文化，什麼是它的研究對象的準確的、完善無缺的定義，再開始研究俄國文化史未必是合適的。」[33]唯其如此，我們以為在學術界已有的研究基礎上，編纂一部多卷本的《中國文化通史》，不僅已具備了必要的條件，而且其本身即是一種有益的探索。

三、中國文化史發展脈絡

任何事物的發展過程，都因受其根本矛盾在不同發展階段上的具體展開形式的制約，從而顯現出階段性來。「如果人們不去注意事物發展過程中的階段性，人們就不能適當地處理事物的矛盾。」[34]因之，注意事物發展過程中的階段性，對於正確認識事物具有十分重要的意義。實則，馬克思主義唯物史觀從來便重視人類社會歷史的階段性發展，馬克思曾指出，生產關係是隨著生產力的發展變化而變化和改變的。生產關係的總和構成了「一定歷史發展階段上」和「具有獨特的特徵的」所謂社會。「古代社會、封建社會和資產階級社會都是這樣的生產關係的總和，而其中每一個生產關係的總和同時又標誌著人類歷史發展中的一個特殊階段。」[35]

緣是可知，欲理解中國文化史，注意其發展過程中的階段性，同樣是十分重要的。

中國文化史是中國通史的一部分，但其分期應有其自身的根據，而不能強求與政治史或經濟史相一致。固然，一定的文化是一定社會的政治與經濟在觀念形態上的反映，但是，此種反映絕非徑情直遂的，而是通過複雜的中介層面實現的。因之，二者的關係不能等同於物質與精神的關係，以為政治經濟是第一性的，文化是第二性，是政治經濟的派生物。事實上，文化自身有很強的傳承性和

---

33 轉引自莊錫昌等編：《多維視野中的文化理論》，383 頁。
34 《毛澤東選集》第 1 卷，314 頁，北京，人民出版社，1991。
35 《馬克思恩格斯選集》第 1 卷，345 頁，北京，人民出版社，1995。

相對的獨立性。從人類歷史上看，精神文明並不總是與物質文明同步。如古希臘的生產力並不發達，但卻創造了燦爛的古希臘文明；在歐洲歷史上，德國曾長期是經濟上落後的國家，但這並不影響它時常占據歐洲文化交響樂團中第一提琴手的位置。同樣，春秋戰國時代是中國歷史的童年，物質文明水準不高，但它卻是中國文化發展史上的一個巨人輩出的黃金時代；宋代國勢屢弱，但人多公認宋代是中國古代文化發展史上的又一個高峰期。陳寅恪甚至這樣說：「華夏民族之文化，歷數千載之演進，造極於趙宋之世。」[36]

中國文化史的分期，當考慮到以下幾種因素：

其一，中外文化的關係。中國文化的發展不是孤立的，在歷史上中國文化曾廣泛吸納了域外文化，其中尤其是東漢後傳入的印度佛教，深刻地影響了中國文化的發展。而鴉片戰爭以後，西學東漸更是有力地衝擊了中國文化，促使其解紐、轉型和近代化。中國文化的發展包含著外來文化的基因，後者提供了重要的內驅力，這是不容忽視的歷史現象。

其二，民族與文化的關係。中國文化的起源是多元的。漢唐之際中國文化進入了發抒的重要時期，其間以漢族為主體的多民族的大融合，同樣深刻地影響了中國文化的發展。故陳寅恪曾反覆強調指出：必須明白民族與文化的關係，「始可與言吾國中古文化史」[37]。實則，與言中國中古以後的文化史，也依然不容忽視民族與文化的關係。這只須指出蒙古族與滿族曾先後入主中原，分別建立了元朝與清朝，有力地影響了中國文化的發展，就足以說明這一點。正是從這個意義上說，中華民族的形成與發展和中國文化的源起與發展是互為表裡、相輔相成的。

其三，社會形態與文化形態的關係。馬克思主義指出，一定生產關係的總和構成了人類社會發展一定階段上具有獨特特徵的所謂社會，即形成了一定的社會形態，如古代社會、封建社會和資本主義社會等。文化的發展雖然並不總是與政

---

36 陳寅恪：《鄧廣銘宋史職官志考證序》，《金明館叢稿二編》，上海，上海古籍出版社，1980。
37 陳寅恪：《寒柳堂集》，33頁，上海，上海古籍出版社，1980。

治經濟的發展亦步亦趨，但是，歸根結柢，文化的發展又總是與一定的生產方式所構成的社會經濟基礎相適應的，即一定的文化形態適應於所由產生的一定的社會形態。所以，有所謂古代社會文化、封建社會文化和資本主義社會文化等的分際。這是具有普遍意義的唯物論的觀點。

緣此，從文化的性質和中外文化關係的發展態勢上，學術界對中國文化史曾有以下兩種長時段的分期：

（1）自遠古迄西周[38]，屬古代社會的文化；自西周迄明清，屬封建社會的文化；自鴉片戰爭以降迄新中國建立，屬半殖民地半封建社會時期的近代文化。

（2）自遠古迄漢代，是為中國文化獨立形成與發展的時期；自漢代迄明末，是為中國文化積極吸納域外文化，尤其是印度佛教，從而使自身得到不斷豐富與發展的時期；自明末迄新中國建立前，是為西方文化漸次傳入，中西文化相激相盪終相融合和中國傳統文化向近代文化轉型的時期。[39]

上述兩種分期，視角不同，實質是一致的，即都注意到了中國文化的階段性發展，但略顯疏闊。依上述理路，中國文化史的發展大勢，還可以進一步大致分成六個時期：先秦；秦漢；魏晉南北朝至隋唐五代；遼宋西夏金元；明清（前期）；近代。茲分述如下：

第一個時期，先秦。

這是中國文化的孕育、化成時期，也是中國文化的奠基期和第一個高潮期。先秦文化的集成奠定了中國文化博大精深的基礎，給中國文化的發展開拓了廣闊的道路。所謂的中國文化傳統，就是從這個時期發軔、源起。

先秦文化的積澱經歷了漫長的歷史時期。從一百七十萬年前元謀猿人開始，中華民族的祖先經歷了直立人、早期智人（古人）、晚期智人（新人）到現代人

---

38 中國古代史分期問題，學術界存在爭論。這裡以西周封建說舉例。
39 參見柳詒徵：《中國文化史》上冊，1 頁。

的演進，度過了舊石器時代、中石器時代、新石器時代，通過原始人群、母系氏族社會、父系氏族社會，進入了階級社會的門檻。這標誌著他們已經艱難地越過了蒙昧、野蠻而迎來了文明的曙光。中國大地的文明曙光，最早是以滿天星斗式的多元發生為特點的。遠在新石器時代的後期，中國廣大的區域內，即已經形成了若干初級文明的文化區域：陝晉豫文化區、山東文化區、湖北文化區、長江下游文化區、鄱陽湖——珠江流域文化區、遼西河套文化區。這些不同區域的文化不斷地積累、發展、碰撞，最後通過在中原地區的交匯、融合，完成了中國古代從野蠻到文明、從量變到質變的轉變，建立起中國歷史上第一個文明國家王朝——夏。

中國古代是在基本上沒有改變氏族結構的情況下進入階級社會的，因而它在政治制度的架構上還保留著氏族社會的許多特點。夏王朝基本上還是氏族方國聯盟的王朝，王權通過巫術神權去體現，其思想文化還帶有強烈的氏族觀念和宗教神權的巫術特徵，人們的思想意志，歸根結柢，要以神的意志為轉移。

商代是神權政治的極盛時期。商王國政治地理相對狹窄與它統治區域廣大的矛盾和以子姓為主的家族統治集團與外服異姓方國的矛盾，促使商的國家宗教愈來愈向強化神權、王權的方向發展。商代的巫術神權無所不包，其思想、文化、藝術無不帶有典型的溝通人神的神話或巫術的意義。

殷商以一味迷信天命走向殘暴導致了國家的滅亡。周初「封建親戚」，在「因於殷禮」的基礎上，吸收殷亡國的教訓，制定了以敬天保民、明德慎罰為主導思想的禮樂文化，完善周王朝的上層建築。這是中國古代神權思想解放、理性文化思想形成的第一步。

禮樂文化的思想基礎是「德」。周人強調「敬德」，強調用人力、人的道德保有「天命」即掌握政權，主張用體現國家制度、人倫行為準則和道德規範的「禮」來穩定社會的等級秩序；用「樂」來引導人們在遵守等級秩序的前提下的親和。這是商周之際統治思想也是文化思想的重大變化。它孕育和涵蓋的「人治」理性精神和一統「和合」精神，對中華民族和大一統國家的形成都有不可磨滅的指導意義。

春秋時期，王室衰微，諸侯爭霸。新型的君主專制國家和郡縣制的發展，使處於幾個不同文化區域的爭霸大國逐漸形成幾個不同的政治文化中心。宗法制度的崩潰，「學在官府」的局面被打破，私學的發展，推動了學術文化的普及和文化思潮的發展。急劇動盪的社會變革，戎狄蠻夷和華夏融合，農業、工商業、科學技術的發展，激發了思想家們對面臨的各種現實問題如天人關係、君臣關係、君民關係、華夷關係以及忠孝、仁義等思想倫理學說的探討。由此，隨著爭霸各國為了富國強兵而進行的政治、經濟、文化變革，不同的政治主張競相揭出，不同流派的私家講學和各成一家之言的私人著述逐漸發展。儒墨顯學之爭已揭開了文化爭鳴的序幕。

戰國以後，新成長起來居於統治地位的地主階級處在統一中國的激戰之中，他們希望從思想家那裡吸取新的學說和營養，禮賢下士成風，學術政策寬容，為士人衝破舊思想的束縛，探求創作新的思想創造了極為有利的政治環境和生活環境，促使不同觀點的各種著作雨後春筍般湧現，儒、道、陰陽、法、名、墨、縱橫、雜、農、小說諸家紛然並存，相互駁難，形成了錯綜複雜、生動活潑的百家爭鳴局面。

百家爭鳴是華夏各民族文化積澱的結果，也是春秋戰國時期諸多思想家智慧的結晶。百家爭鳴的出現，標誌著華夏文化的成熟和發展，標誌著中國古代理性文化已經達到了博大的、難以攀登的高峰。它的出現，不僅為統一的多民族的國家的出現奠定了思想和文化的基礎，也為中國幾千年的政治文化的發展奠定了基礎。兩千多年來，歷史上的許多思想都可以從戰國諸子的學說中找到源頭，甚至今天社會科學的許多問題，我們也可以或多或少地從諸子那裡發現頭緒。

第二個時期，秦漢。

這是中國文化的成長時期。此期以封建經濟政治制度為基礎，以漢民族形成和各民族交往的加強為背景，確立了以儒家思想為核心的多民族統一的文化格局。這樣的格局一直延續到了有清一代。

秦皇朝建立起空前統一的大一統政權，為思想文化的統一提供了必要的條

件。秦始皇堅持法家路線，力圖構建起服務於大一統政治的以文化專制主義為特色的文化體系。他的努力沒有成功，強制性的文化統一沒有產生與封建政治共同發展的結果。

經過多年的探索，儒家思想最適應封建政治的需要，漸成政治家們的共識。漢武帝順應歷史發展的客觀需要，確立「罷黜百家，獨尊儒術」的國策，將儒家經學正式確定為官學，以政權力量樹立起儒家的權威。在解決漢代遇到的一系列重大歷史與現實問題方面，儒家思想充分顯示出它的理論力量。在儒家思想指導下，漢武帝在政權建設和鞏固多民族統一國家方面努力開拓進取，擴大了封建大一統政權的政治影響。通西域和開發西南，使西北、西南各少數民族加強了與內地的聯繫，以儒家思想為核心，封建多民族統一的文化格局逐步形成。其後，漢宣帝親自主持召開石渠閣會議，以皇帝兼宗師、教主身分裁決五經異同，這是以皇權專制的儒學形式進一步控制思想的標誌。宣帝開始注意用符瑞粉飾政治，在白虎觀召開經學會議，形成封建社會的法典性文獻——《白虎通義》，儒家政治倫理原則在社會得到全面落實。

儒家統領文化的格局確立後，哲學、史學、文學、教育、科學技術以至社會風俗等各文化領域，日益浸潤著儒家思想的影響。封建大一統文化表現出了巨大的創造力量，但是，與此同時，其高度一統的負面效應也開始顯露出來，對當時和以後的中國文化發展產生了消極的影響。

第三個時期，魏晉南北朝至隋唐五代。

這是中國文化發展的第二個高峰期。從魏晉南北朝開始，中國文化結構經歷了一次更新和充實的過程，到隋唐五代時期終於發展到了光輝燦爛的階段。

兩漢時期神學化的儒學長期處於獨尊的地位。然而，從漢末起，社會環境的巨變以及自身方面的原因使得儒學式微。以玄學為先導的多種文化因素競生並長，不但一變百草蕭疏而為萬木爭榮，而且也為道教從原始幼稚走向完備成熟、佛教在中國站穩腳跟並得到迅速發展，掃清了道路。經過不斷的調整組合，到南北朝後期，儒釋道三家並立主導文化的格局初步形成。魏晉南北朝時期，各族人

口的頻繁流動與接觸，使得異質性十分鮮明的胡漢兩種文化間的衝突與融合，不可避免。入主中原的胡人在被漢文化涵化融合的同時，也為漢人注入了胡文化的新鮮活力。在南北交往過程中，文化的進步逐漸泯沒了民族隔閡，中華文明在登上一層新的臺階後，終於進一步實現了在根基方面的趨同。然而，由於長期分裂隔絕，又使得南北文化的地域特徵明顯存在。南人善創新，北人重傳統；南人重文，北人尚武；南人學問清通簡要，北人學問淵綜博廣，凡此種種，都是這一時期南北文化趨異性的表現形式。

隋唐五代的文化總結和繼承了前代的成果，同時，又以博大的胸懷、恢弘的氣勢，吸收了當時域內外各民族文化的精華，造就了此期各部門文化的大發展，從而形成中國文化發展史上的一座新高峰。隋唐統治者確立了以儒學為正宗、三教並存主導文化的格局，同時注意對南北文化差異進行溝通，並對胡漢文化採取了兼容並包的政策。到開元、天寶年間，終成盛唐氣象，哲學、宗教、文學、藝術、科技等的文化天空，群星燦爛，湧現出了一大批包括李白、杜甫等在內的文化巨匠。唐中後期的文化則在多元的、深層次的發展過程中，又開始了結構上的局部調整，經五代的發展，為宋代文化的再度高漲奠定了基礎。

第四個時期，遼宋西夏金元。

這是中國文化發展的第三個高峰期。此期漢族政權與周邊少數民族政權多元並存，及其由紛爭歸趨統一的歷史走向，深刻地影響了中國文化的發展。

北宋建立後，採取措施加強了皇權專制主義統治。但是，北宋統一的範圍有限，與漢唐規模不能相比；右文政策帶來了文化的興盛，另一方面，文化鬥爭與政壇上黨爭交織，政局動盪不定。北宋兩次重大的改革慶曆新政與王安石變法，沒有收到應有的成效。南宋高孝光寧四朝是所謂的「中興四朝」，南宋孝宗等一度起用抗金人士，但一遇挫折，便失信心。加之奸相把持大權，朝政腐敗已極，「中興」難再。動盪不定的政局給文化帶來新的特點。

兩宋的經濟有了較大的發展，客戶與主戶關係表明封建生產關係的新發展，地主階級各個階層中，占支配地位的是品官地主，這與身分性很強的門閥地主不

同。商品經濟發達，超過前代，汴京、臨安、大都等一些大都市出現了。中國經濟重心南移在南宋完成，地區特徵的經濟形成，使得文化分布呈現了新的格局。

遼、西夏、金與元不斷進行改革，推動中國周邊地區封建化。在中原地區的漢文化深刻影響下，雅好儒學文化成為一種風尚；同時，更值得注意的是，此期塞外遊牧民族的草原文化與中原農業文化相互匯合，相互補充，相互吸收，浸成了以漢文化為核心的多樣性文化。程朱理學地位在南宋後期不斷上升，到了元朝才成為占統治地位的學術，影響封建社會後期的政治、社會生活的各個層面。

宋代文化在中國文化史上占有特殊重要的地位。元朝文化是宋代文化的延長，只是帶上恢弘與粗獷的特點。

宋元文化上的一個十分突出的方面，是人文精神的出現。兩宋文化體現出的是一種開闊的視野與清醒意識。學者疑古惑經，突破疏不破注治經的藩籬，表現了「變古」的精神和文化批判的勇氣。都市文化的崛起，則是反映了新興的市井百民對精神文化的需求，表現了他們的情感與思想。

宋元文化核心是理學。它強調萬物一理，理一分殊，天理支配宇宙變動、歷史興衰和人事得失。原有的儒學得到一次更新、改造，經歷了一次抽象、昇華。隨著理學成為占統治地位的學說，成為教條，原先學術上活潑、富有創造的活力消失了。在這樣的土壤裡，人文精神不可能得到進一步發育。

宋元文化中民族觀念的內涵，有了新的因子，體現出民族起源的認同感，反映民族凝聚力不斷增強。遼、金史書中認定自己是黃帝、炎帝的子孫，遼、金人主如遼聖宗、金世宗，即使是金海王，都努力學習漢文化，力圖從《貞觀政要》、《新唐書》等典籍中，吸取經驗。元人修宋、遼、金三史，在正統問題上，長期爭論不下，最後決定各與正統，寫成三部史書。這件事本身體現出民族觀念的新發展。

包括科技在內的宋元文化極其燦爛輝煌，對十至十四世紀的亞洲，乃至對世界，都有重大的影響。程朱理學為亞洲儒學圈的形成奠定了基礎。宋代人的指南針等科技的發明和傳播，影響到世界史的進程。同樣，此期外域文化的傳入，為

華夏文化注入了新的因子。

第五個時期，明清。

這是中國文化盛極而衰的遲暮期。中國封建社會由明代步入了晚期，專制制度發展到了極致，加劇了政治的衰朽與社會的矛盾；社會經濟的發展雖然達到了封建社會所能容納的高度，並醞釀著新舊的衝突和支撐了社會文化的幾度繁榮，但終屬夕陽殘照，中國封建社會的文化無法避免明日黃花的命運。

明代初期，統治者在政治上強化君主專制，在思想文化上，尊崇程朱理學，剿滅異端，大興文字獄，推行文化專制主義。這不僅造成了思想文化的沉寂，而且助長了以文學復古、擬古為代表的社會復古思潮。明代中期，社會經濟有了重要的發展，資本主義萌芽的顯露，預示著封建生產方式內在矛盾的深刻化，商品經濟因此出現了前所未有的活躍勢頭。緣是，封建統治稍稍鬆弛，思想文化領域呈現出一派生機。以「心」為本體，強調人的主體意識的陽明心學的崛起，打破了程朱理學的一統天下，促進了思想的解凍。從王艮到李贄的泰州學派發展了陽明學的積極因素，更具「異端」色彩。與此相應，主體意識覺醒和講求實學的思潮的湧動，為僵滯的社會生活、文學藝術創作與思想文化界，帶來了一股新鮮活潑的時代氣息，顯露出新舊衝突變動的徵兆。以李時珍的《本草綱目》、吳承恩的《西遊記》、徐光啟的《農政全書》等等為代表，文學、藝術、科技等領域都取得了重大成就。

明末耶穌會士東來，帶來了天文曆算等西洋的科學技術，傳達了西方文藝復興的資訊，中西文化發生了交匯與衝突。徐光啟、李之藻諸人積極迎受西學，並依稀感悟到了世界科技發展的主潮，提出了「先行會通，進而超勝」處理中西文化的正確思路。但遺憾的是，隨著朝代更迭，政局劇變，這一正確的思路被打斷了，中國歷史文化的發展，後來因此付出了沉重的代價。

清朝代明而興，開拓疆土，基本奠定了今天中國的疆域，有力地促進了中國多民族國家的鞏固和發展，同時也促進了各民族間文化的多元融合。清前期，經濟繁榮，國力強盛，出現了中國封建社會歷史上新的治世和高峰。以此為依託，

「康乾盛世」也成了中國文化集大成的重要時期。《古今圖書集成》、《四庫全書》，卷帙浩繁，氣勢宏大，是中國文化遺產的總匯；乾嘉學派研究儒家經典，考其真偽，正其訛誤，辨其音義，校勘異同，在治經、考史、文字、聲韻、曆算、地理、金石等諸多方面都取得了很高的成就；在文學藝術方面，《紅樓夢》是古典小說的極品，《長生殿》、《桃花扇》等，則成為戲曲發展新的里程碑。

但是，封建社會畢竟日薄西山，故清代文化實為一種爛熟的文化，輝煌與衰朽並存，集大成與僵滯共生。統治者不僅推尊理學，加強君主專制，而且較明代更加殘酷地推行文字獄。「避席畏聞文字獄，著書只為稻粱謀。」這嚴重束縛了思想文化的發展。理學空疏，漢學破碎，終於導致了士習敗壞，實學消沉，「萬馬齊喑究可哀」的局面。同時，自雍正後，統治者實行閉關鎖國的政策，中西文化交匯之道阻，中國脫離世界文化發展的主潮，陷入了孤陋寡聞的境地。

清代中期，漸入「衰世」。內有民眾起義，外有西方侵略勢力頻頻叩關，社會險象環生，「山雨欲來風滿樓」。封建專制的控制力也因之削弱。嘉道間，經世思潮浸浸而起。以常州學派為代表，有識之士因經學飾政論，「更法」、「求變」之聲漸起。但清朝統治者顢頇昏聵，不到鴉片戰爭的大炮轟鳴，不肯睜眼看世界。

第六個時期，近代。

這是中國文化轉型和謀求復興的時期。一八四〇年的鴉片戰爭不僅是中國社會歷史發展的轉捩點，而且也是中國文化發展的轉捩點。鴉片戰爭後，由於西方列強的入侵和中國社會內部資本主義因素的增長，中國傳統社會開始瓦解，走上了半殖民地半封建的道路，中國文化也發生了從古代向近代的轉變。

鴉片戰爭時期林則徐、魏源提出了「師夷長技以制夷」的主張，在舊思想的防堤上打開了一個缺口。第二次鴉片戰爭以後，隨著洋務運動的開展，中國社會出現了新的文化因素，西方自然科學的引進，新式學堂的創立，早期改良思想的出現，為中國近代資本主義文化的形成準備了條件。為了適應新形勢的需要，儒學思想體系作了新的調整，洋務派因之提出了「中體西用」的思想主張，即要求

在不改變封建綱常名教的前提下，吸收西方的「富強之術」。這比封建守舊派的「天不變，道亦不變」的觀點進了一步。總之，十九世紀四〇至九〇年代，中國文化領域的基本特徵是：器唯求新，道唯求舊。

甲午戰後，中國文化領域發生了重大的變化：近代文化事業有了較大的發展，新型知識份子開始形成與壯大。在空前嚴重的民族危機的刺激下，新興資產階級登上了政治舞臺，推動了近代新文化的形成和發展。「詩界革命」、「小說界革命」、「戲劇改良」、「史界革命」、「軍國民教育」、「科學救國」、「教育救國」、「文學救國」、「實業救國」等等口號的接連提出，是資產階級新文化崛起的重要表徵，構成了晚清文化領域發生重大變革的壯麗畫卷。文化的變遷不僅表現為部門文化的拓展，更主要的還表現為中國文化結構的變動，孔孟儒學及封建綱常名教受到了新思潮新文化的衝擊而動搖，西方的進化論、民權學說漸為國人所接受，成為進步階級反對舊文化的思想武器和資產階級新文化的思想指導。尤其是晚清最後十年，隨著社會變革的加劇，以及資產階級維新派、革命派的推動，近代新文化的影響不斷擴大，終至成為文化的主潮。

中華民國的建立，尤其是二十世紀初年中國民族資本主義的進一步發展和新生的無產階級開始登上政治舞臺，為中國文化的演進創造了新的條件。此期中西文化的衝撞與融合，愈趨深化。國人通過自身能動的選擇和積極的創新，使中國的新文化在各個領域都獲得了巨大的發展，從而奠定了從傳統向現代轉型的基礎。

五四新文化運動是此期文化演進的一大關鍵。經過它的洗禮，科學和民主作為一種有機聯繫的觀念，成為中國文化追求的價值目標，滲透到所有重要的文化領域，對中國文化的發展產生了深遠的影響。可以說，正是在這一時期，中國文化最終形成了自己真正現代意義上的科學和民主的傳統。

五四以前，近代資產階級的新文化代表著文化發展的方向，主導著文化的潮流。五四以後，馬克思主義在中國得到廣泛傳播，以之為指導的新民主主義文化開始形成，並通過與封建主義文化和帝國主義文化的鬥爭，逐漸成為中國文化發展的主流。新民主主義文化繼承和發展了科學和民主精神，使中國文化實現了內

在的超越，中國人從此在思想文化上一改晚清以來的被動局面，轉為主動，中國文化也由此邁向了衰而復興的新歷程。

現代自然科學和社會科學在中國初步形成了自己獨立的體系；白話文取代文言文成為通行的語言文字等，堪稱此期具有劃時代意義的重大變革。它為中國文化的發展開闢了新的領域和道路，在內容與形式上都深刻地體現了文化的現代性追求。

民族主義激情和愛國主義精神，是促進此期文化由傳統向現代變革的巨大動力。而中西文化的會通融合，即西方文化中國化、中國文化現代化，則是實現此種轉換唯一正確的途徑。揭櫫建設「民族的科學的大眾的文化」大旗的新民主主義文化，正是當時人們會通中西文化的最佳方案。不過，因歷史的原因，這一文化形態當時還不可能發展成熟。

四、中國文化的特質

《易·賁卦·象》：「文明以止，人文也。」文明或文化作為人類一定社會歷史條件下的產物，不能不受特定的地理、人種及歷史傳統諸多因素的影響，而具有一定的民族特質。中國文化的特質，至少可以指出以下幾點：

（一）中國文化源於中華民族獨立的創造，具有獨創性

二十世紀初，一些西方學者無視中國文化自身的傳統，曾認定中國文化最早是由西方傳來的。一時不少中國學者也隨聲附和，有人甚至專門寫了《中國人種考》一書，表示認同。中國人種既是來自西方，中華文化當然也是源自西方了。這是當時一些人崇信西洋文化和民族自卑心理的一種反映。新中國成立後，中國的考古研究完全證實了「中國人種西來」說，原屬無稽之談。一九九八年考古工作者在巫山縣龍骨坡發現的距今二百萬年前的古人類遺址表明，中國很可能是地

球上早期人類的發源地之一，更說明了這一點。[40]實則，中國人種的起源與中國文化的起源，是兩個概念。儘管科學界對於前者尚存歧見，但是，中國文化源於中華民族獨立的創造，卻是無可非議的。研究表明，中國史前文化譜系的分布及其趨同發展和最終導入古代文明的過程，層次分明，脈絡清晰。在這漫長的歷史演進中，中國境內各文化譜系有過相互間的關係與影響，但並沒有發現與遙遠的境外文化有過經常的密切聯繫。中國與外來文化的交流，始於漢代，但當時的中國古代文化早已完全形成了。[41]這與中國文化賴以形成的地理環境有關。從宏觀上看，中國本身是一個巨大的地理單元。這裡東臨浩瀚的太平洋，西部、北部、南部分別被茫茫戈壁和險惡的高原峻嶺所阻隔，形成了與外部世界相對隔絕的狀態。而內部又極廣闊，氣候濕潤，物產豐饒。這種狀況決定了中國文化起源的獨創性，決定了它在很長的時期裡只能走著獨立發展的道路，而與鄰近地區史前文化的聯繫只能維持在較低的水準上。這與羅馬文化主要靠吸收希臘文化成長起來，印度古文化主要仰仗外來民族的創造，是大不相同的。

中國文化的起源是多元的。如前所述，遠在新石器時代的晚期，中國廣大的區域內，即已形成了若干初級文明的文化區域，猶如滿天星斗。不同區域文化的積累、孕育、碰撞和在中原地區的交匯、融合，促進中國古代首先在中原地區完成了由野蠻到文明，從量變到質變的轉變，建立起中國歷史上第一個文明國家的王朝——夏，也奠定了華夏民族形成的基礎。雖然此後黃河流域在歷史發展的進程中，常常居於主導地位，但其他地區的古代文化也以各自的特點和途徑在發展、創造，並進一步接受和給予黃河流域以重大的影響。春秋戰國時期齊魯、三晉、楚、吳越、巴蜀、胡文化的交融、爭鳴而成為大一統文化的前奏是如此，秦漢、兩晉南北朝、唐宋時期，也是如此。平常我們所說的中國文化的包容性、涵化性，在其起源的多元性中業已體現了出來。

中國古代是在基本上沒有改變氏族結構的情況下進入階級社會的，因而中國

---

40 《200萬年前華夏大地有人類活動》，《光明日報》，1998-01-24。

41 參見嚴文明：《中國史前文化的統一性與多樣性》，《北京大學哲學社會科學優秀論文選》第2輯，北京，北京大學出版社，1988。

早期的國家在政治制度的架構上，這種人與人關係的變化決定社會關係變化，還保留著氏族社會的許多特點：家（族）國同構；經濟基礎是以木、石、骨、蚌生產工具為主的耜農業；統治思想更多的表現氏族觀念和宗教神權思想。這種家（族）國同構的政治組織形式和意識形態對中國古代社會的發展影響極大。商周時代的氏族封建、宗法封建社會，基本上還是家族、宗族和國家一體的宗法社會。秦漢以後的地主封建社會，雖然家族、國家已經不是一體的了，但仍然是一個人的「家天下」，而且整個社會族權、父權、夫權一直占統治地位，一直到現在還有影響。這是中國文化乃至中國社會的一個重要特點。

中國古代由野蠻進入文明的主要變化，是人與人之間關係的變化，即表現為氏族對氏族、人對人的壓迫、剝削，而人與自然的關係即生產工具、生產力的變化，並不明顯。因而中國文明很早就注重文化的「化成」即文化的整合和引導作用。以青銅冶鑄技術的發展為例，中國夏代已經有了比較發達的青銅冶鑄技術，然而此時發達的青銅冶鑄技術主要並不是用於製造生產工具，而是用於鑄造祭祀天地祖先以溝通人神的禮器和兵器。「國之大事，唯祀與戎。」這說明青銅器在中國的發展從一開始就是政治性的、宗教性的。它的功用，主要不是表現為人與自然的關係，而是主要體現人和人的關係，體現「禮」對人們等級關係的約束。「禮」（包括「禮樂」、「禮法」、「禮俗」）是中國古代國家典章制度、社會生活習慣、個人行為規範的綜合。中國歷朝歷代除秦以外都把「禮」看成是「國之幹」、「國之柄」，而主張以「禮」治國。這都是基於禮的「化成」即整合、規範、引導作用出發的。「道德仁義，非禮不成；教訓正俗，非禮不備；分爭辯訟，非禮不決；君臣上下，父子兄弟，非禮不定；宦學事師，非禮不親；班朝治軍，蒞官行法，非禮威嚴不行；禱祠祭祀，供給鬼神，非禮不誠不莊；是以君子恭敬撙節退讓以明禮。」[42]唯其如此，中國自古稱「禮儀之邦」。這也是中國文化有別於西方文化的重要特質之一。

---

42 《禮記・曲禮》。

（二）中國文化的精神尚「和」

中國文化在自己漫長的發展歷程中，形成了諸多精神，但是最能從整體上表現中國文化神韻的核心精神，是尚「和」，即追求和諧的中和主義。中國人獨特的宇宙觀、人生觀和審美觀，都是圍繞著尚「和」精神的軸心來展開的。

在先秦奠定中國人宇宙觀基礎的《周易》中，就孕育了「天人合一」的思想，即認為人類社會和自然界所組成的宇宙，是一個生生不已、有機聯繫的和諧的生命統一體，事物內部互相對立的雙方（它用高度抽象的概念「陰陽」來代表），必須貫通、連接、和合、平衡，才能順利發展。所謂「陰陽合德」、「剛柔相濟」，強調的都是對立面的和諧統一。一旦陰陽失調，剛柔不諧，統一破壞，禍亂就要發生。這種對立面的和諧不是在靜態中實現的，而是表現為不斷的運動、變化和更新的過程。所謂「日月相推而明生焉」，「寒暑相推而歲成焉」，均表明和諧就是矛盾雙方互相轉換的結果。此種思想體系，視「和」為宇宙的本然和內在的精神，對中國文化的發展產生了極其深遠的影響，特別是形成了中國人重視整體，講求調和，崇尚中庸的思維方式。

宇宙觀決定人生觀。既然宇宙是一個和諧的生命統一體，實現個體生命與宇宙生命的融合，以體驗宇宙間最高的真善美，也就自然成為古往今來中國人所追求的人生最高境界。孔子自稱五十歲「知天命」，六十歲「耳順」，七十歲「從心所欲不逾矩」，其所自道的便是一種自以為實現了的與自然界高度和諧統一的崇高精神境界。孟子也表示過「萬物皆備於我」，「樂莫大焉」。至於道家的莊子，認為與人和得「人樂」，與天和得「天樂」，主張清靜無為，物我兩忘，就更將此種對精神自由的追求推到了極致。因此，對於中國人特別是文化人來說，人生的終極理想絕非是肉體的滿足，而是在求與自然合一中實現那種「與日月同輝」、「和天地並存」的精神不朽。尚「和」的人生觀，還具體地表現在以中庸為準則的處世哲學上。中庸的本意，是要求人們在處理問題的過程中，注意避免「過」和「不及」兩個偏向，以便保持各種矛盾和關係的和諧統一，但它卻不是要人們作無原則的調和，滿足於消極的苟同，故孔子說：「君子和而不同。」同時，尚「和」的人生觀還促使中華民族注重個人品格修養，養成了謙和善良、溫

柔敦厚的民族性格，所謂「文質彬彬然後君子」。中華民族愛好和平的精神，也由此形成。

中國人的審美觀，同樣體現於此種尚和精神。把「和」定為美的一個原則，是一種古老的見解。早在孔子之前，史伯、單穆公等人就曾有過關於「五色」和「五美」問題的討論。他們認為，「聲一無聽，物一無文」，即單調的一種聲音無法悅耳，孤立的一種物象不可能構成絢麗多彩的景觀；相同的事物加到一起不可能產生美，只有不同的事物綜合統一起來才能形成美。這就提出了「和為美」的思想。後來孔子強調「禮之用，和為貴，先王之道斯為美」，又將「和為美」的思想進一步擴大到政治倫理一切領域，並將美和善統一起來，從而使傳統的審美觀帶上了倫理的色彩。

尚和精神還滲透到中國人的政治觀念和社會心理等許多方面，由於此種精神承認世界多樣性統一，因而形成了國人崇尚統一的「大一統」的政治理想，成為中華民族大家庭保持團結，具有強大的凝聚力和向心力的文化根源。歷史上漢族政權與少數民族政權之間常通過「和親」，緩和或解決矛盾衝突；近代孫中山革命黨人甫推翻清廷，即提出「五族共和」的主張，以取代原有激烈的排滿宣傳，都反映了這一點。同樣，中國人注重「人和」的力量，諸如「和氣生財」、「和睦興家」等等眾多的訓條，無疑又都彰顯了尚「和」的社會普遍心理。

（三）中國文化以倫理為本位

如上所述，中國古代由野蠻進入文明，帶著氏族社會的臍帶，形成了以宗法關係為紐帶、家國同構的社會範式。故重人與人的關係甚於人與自然的關係，突出以「禮」規範社會，「化成」天下。這與小農經濟相適應，復使中國文化形成了以倫理為本位的特質。

早在西周，先人就提出了「以德配天」、「敬德保民」、「明德慎刑」的思想，即強調宗法道德規範。到春秋時期，儒家更將之提升到了思辨的層面，形成了系統的倫理道德思想。孔子說：「仁者愛人」，「克己復禮以為仁」。遵守宗法道德

規範，以實現社會的和諧，是儒家所追求的最高倫理境界——「仁」。所以，在儒家看來，注重道德修養，希賢希聖，是人生的價值所在。《易》曰：「君子厚德載物。」封建士大夫追求所謂的「三不朽」，即「立德、立功、立言」，其中「立德」是第一位的。不僅如此，道德修養還被視為治國安邦、實現儒家理想社會的起點。儒家經典《大學》指出：「欲治其國者，先齊其家。欲齊其家者，先修其身。欲修其身者，先正其心。欲正其心者，先誠其意。欲誠其意者，先致其知。致知在格物，格物而後知至，知至而後意誠。意誠而後心正，心正而後身修。身修而後家齊，家齊而後國治，國治而後天下平。」這裡明確地把個人道德修養與國家社會的治理結合起來，體現了儒家治國以道德為本的主旨。這種將政治道德化的價值取向，是中國傳統文化的顯著特色。

可以說，中國文化的各個領域都染上了濃重的道德色彩：史學強調「寓褒貶，別善惡」；文學強調「文以載道」；戲曲強調「勸善懲惡」；美術則有《古畫品錄序》說「明勸戒，著升沉，千載寂寥，披圖可見」；《三字經》則謂「首孝弟，次見聞」，明確將道德教化置於智育之上；如此等等。黑格爾說：「中國純粹是建築在道德的結合上，國家的特性便是客觀的『家庭孝敬』」[43]。這種觀察並沒有錯。論者稱中國文化是以倫理為本位的文化，或倫理道德型的文化，也不無道理。

注重倫理道德的文化精神，對中華民族的歷史發展起過積極的作用。在道德面前人人平等是儒家的一個重要理念，孟子說「人皆可為堯舜」，王陽明也說「滿街皆是聖人」。意思是說，無論是達官貴人，還是平民百姓，都可以在道德修養方面達到最高境界。這包含了對最高統治者的道德約束。在缺乏約束機制的中國傳統社會中，此種道德意義上的平等理念，可以發揮社會政治的調節作用。同時，強調道德境界復使中國文化形成了追求人格力量和憂國憂民的博大情懷。所謂「貧賤不能移，富貴不能淫，威武不能屈」；「三軍可奪帥也，匹夫不可奪志」；「先天下之憂而憂，後天下之樂而樂」；「為天地立心，為生民立命，為往

---

43 柳卸林主編：《世界名人論中國文化》，193 頁，武漢，湖北人民出版社，1991。

聖繼絕學，為萬世開太平」，都是反映了此種情懷。也因是之故，在中國漫長的歷史發展過程中，先人形成了許多優秀的道德品質，諸如不畏強暴，勤勞勇敢，自強不息，捨生取義，殺身成仁，等等。尤其在國家民族和社會遇到危難之際，許多志士仁人便會挺身而出，維護正義，抵抗外侮，反抗黑暗勢力，拯救國家與民族，弘揚正氣與真理。千百年來，無數英雄人物都從傳統倫理道德精神中汲取力量，努力奮鬥，建功立業，光照千秋。

（四）中國文化生生不已，具有強大的生命力

中國古代文化與古埃及、古巴比倫和古印度文化並稱為人類四大古文明，與後起的希臘、羅馬一道，代表著人類古代文明的高峰。但是後來其他的古文明，陸續凋謝，沉光絕響，唯中國文化一枝獨秀。數千年間，它歷風雨而不衰，遭浩劫而彌堅，源遠流長，迄今仍保持著旺盛的生命力，成為人類文化發展史上的一大奇蹟。生生不已，具有強大的生命力，是中國文化的重要特徵。其箇中的奧秘固然不易說清，但是指出中國文化的幾個因果互為表裡的特點，顯然有助於人們理解這一點：

其一，中國文化具有追求大一統的內驅力。

自西周起，追求大一統便漸成中國政治文化的核心內容。孔子著《春秋》，開宗明義即稱：「王正月。」《公羊傳》釋之曰：「曷為先言王而後言正月？王正月也。何言乎王正月？大一統也。」先秦諸子雖論難詰駁，勢若水火，但於政治理想，卻都歸宗於「大一統」。墨家「尚同」與儒家「大同」，目標完全一致。孟子更明示天下要「定於一」；荀子不但要「一天下」，而且還要「一制度」，「風俗以一」，「隆禮而一」。秦漢以後，大一統思想復被推崇到了「天地之常經，古今之通誼」[44]的高度，並浸成了中華各民族共同的理念和政治價值取向。在中國歷史上，人們追求和珍惜統一，將統一的時代稱作「治世」，而將分裂的時代稱

---

44 《漢書・董仲舒傳》。

作「亂世」。在任何時候，製造分裂的言論和行動都要受人唾棄。而任何一個割據勢力也都不肯長期偏安一隅，無不殫精竭慮，把統一天下視作英雄偉業。在紛爭不已的十六國時期，前秦國王氏族人苻堅統一北方後，聲稱揮師南下的理由說：「吾統承大業垂二十載，芟夷逋穢，四方略定，惟東南一隅未賓王化。吾每思天下未一，未嘗不臨食輟。」[45] 至於南宋陸游有《示兒》曰：「死去元知萬事空，但悲不見九州同；王師北定中原日，家祭無忘告乃翁」，則表達了一切愛國者共同的大一統情結。正因中國文化具有追求大一統的內驅力，故從總體上看，中國的歷史，分裂的時間短，統一的時期長，統一終究是無可抗拒的歷史大趨勢。

其二，中國文化具有包容性。

中國文化的起源是多元的區域文化融合的結果，其本身就體現了包容性。迄秦漢時期，「天下同歸而殊途，一致而百慮」[46]，此特性愈彰顯。從先秦時起中國文化固強調「華夷之辨」，但華夷界限，從來是重文化而輕血統。《春秋》曰：「中國而夷狄，則夷狄之；夷狄而進於中國，則中國之。」此種重文化輕種族和以文化高低判華夷的民族觀和文化價值觀，對後世影響甚大，因為它為各民族間的融合和吸收外來文化提供了良好的社會心理素質。漢代開通的絲綢之路和魏晉南北朝隋唐時期胡漢文化融合，以及佛教的中國化，都是中國文化包容性的生動體現。同樣，鴉片戰爭以降，近代志士仁人無不歷盡艱辛，向西方尋求救國真理。林則徐、魏源主張「師夷長技」；馮桂芬等人主張「中體西用」；康有為提出：「泯中西之界限，化新舊之門戶」[47]；嚴復指出：「必將闊視遠想，統新故而視其通，苞中外而計其全，而後得之」[48]；孫中山強調：「發揚吾固有之文化，且吸收世界之文化而光大之，以期與諸民族並驅於世界」[49]；毛澤東更進而指出：「中國應該大量吸收外國的進步文化，作為自己文化食糧的原料」，「凡屬我

45 《晉書·苻堅載記》。
46 《易傳·繫辭下》。
47 湯志鈞編：《康有為政論集》上冊，295頁，北京，中華書局，1981。
48 王栻主編：《嚴復集》第3冊，560頁，北京，中華書局，1986。
49 《孫中山全集》第7卷，60頁，北京，中華書局，1985。

們今天用得著的東西，都應該吸收」[50]，這些也無不是中國文化包容性的生動體現。此外，近年來，中國生物學家對南北二十八個地區、三十二萬多人口的 GM 血清血型和 HLA 白細胞抗原資料進行研究，發現今天的漢族人口是由南北兩大起源不同的集群構成的。這一科學研究成果進一步表明，漢民族不是建立在血緣基礎之上的，而是以文化認同為基幹的民族。重文化輕血統，同樣是中華民族具有旺盛生命力的源泉。[51]

其三，中國文化具有慎終追遠的情懷。

中國文化是伴隨著農耕經濟的長期延續而形成的。與工業文明相較，農業文明少變化重經驗，易於形成恆久的觀念，培養起慎終追遠的情懷。孔子曰：「殷因於夏禮，所損益可知也；周因於殷禮，所損益可知也；其或繼周者，是百世，可知也。」[52]他主張「慎終追遠」。同時《易傳》所謂「可久可大」，《中庸》所謂「悠久成物」，《老子》所謂「天長地久」和董仲舒所謂「天不變，道亦不變」等等認識，無不是追求永恆和持久觀念的反映。而中國具有重史傳統，史籍完備，史學發達，最能集中反映中國文化慎終追遠的情懷。《尚書・多士》載：「惟殷先人，有冊有典。」說明商代已重視歷史典籍。孔子整理古代典籍，著《春秋》，本身即是良史。孔子已提出了「疏通知遠」的思想。漢代司馬遷著《史記》，進而提出「述往事，思來者」，「究天人之際，通古今之變，成一家之言」，更將對史學功能的認識提高到了一個全新的境界。此後兩千多年，中國不僅史家輩出，追求「一家之言」，促進了史學持續繁榮的發展，同時歷代封建統治者也十分重視官修史書和大規模整理文化典籍。一部卷帙浩繁的「二十四史」，完整地記錄了中華民族的歷史足跡，這是世界公認的歷史奇觀。

慎終追遠的情懷既包含著自強不息的進取精神，更包含著尊重傳統、鑒往察來的歷史智慧。這對於保證中國文化一脈相承和源遠流長的發展所起的巨大作

---

50 《毛澤東選集》第 2 卷，706-707 頁，北京，人民出版社，1991。
51 趙桐茂：《中國人免疫球蛋白同種異型的研究：中華民族起源的假說》，《遺傳學報》，1991 年第 2 期；《免疫球蛋白同種異型 GM 因子在 40 個中國人群中的分布》，《人類學學報》，1987 年第 1 期。
52 《論語・為政》。

用，是不言而喻的。江澤民同志曾指出：「中華民族歷來重視治史。世界幾大古代文明，只有中華文明沒有中斷地延續下來，這同我們這個民族始終注重治史有著直接的關係。幾千年來，中華文明得以不斷傳承和光大，一個重要原因就是我們的先人懂得從總結歷史中不斷開拓前進。」[53]這是十分深刻的論斷。同時，需要指出的是，中國文化得以一脈相承，傳之久遠，還得益於作為文化重要載體的漢字。大汶口陶文的發現，證明漢字至少可以溯源到五千五百年前。漢字是世界上唯一從古到今不斷發展、一直使用並富有強大生命力的文字。古巴比倫的楔形文字、古埃及和古印度的象形文字，都先後銷聲匿跡了，唯有方塊漢字歷盡滄桑，長盛不衰。正是由於漢字的特殊性質與功能，才使得我們祖先創造的燦爛文化能夠記述和傳承，古代和現代的漢族書面語言能夠統一。奇特的漢字在保持文化傳統、溝通全國人民的情感和維繫中華民族的統一諸方面所起到的巨大作用，實在是怎樣估計也不會過分的。

上述中國文化的特質，不僅往往彼此互為因果，難以截然分開；而且也無須諱言，內中純駁互見，精華與糟粕雜陳。例如，家國同構和注重倫理的文化範型，固然有益於社會穩定和提升人們的精神境界，但濃重的宗法等級觀念和道德的泛化，又易於造成對獨立人格的束縛和形成重德輕藝、重義輕利價值觀上的偏差；尚「和」的精神固然助益了社會和諧與民族的融合，但又易於導致鄉願式的苟安心理；追求大一統和慎終追遠的情懷，固然促進了中華民族的統一和傳之久遠，但也易於造成封建專制的傳統和形成因襲循環的思維定式，如此等等。然而，儘管如此，中國文化的特質畢竟顯示了中華民族的特殊智慧，並從根本上成就了中國文化的獨立體系和燦爛輝煌的風貌。毫無疑問，它是我們今天應當加以批判繼承的珍貴文化遺產。

---

53 《中共中央總書記江澤民給白壽彝同志的賀信》，《史學史研究》，1999 年第 3 期。

五、弘揚優秀的中國文化傳統，
　　助益社會主義的文化建設

　　法國著名的「年鑑學派」的史學家們指出：「歷史知識取得進步不是依靠總體化，而是依靠（借用攝影的比喻來說）鏡頭移動和變焦。……對視角作不同調整，既會顯出新的面貌，又會突出所掌握的概念範疇的局部不適應即縮減性，提出新的解釋原則；在每個認識層次上，現實的網狀結構圖以不同方式顯示出來。這就要求除了方法以外，必須對觀察者及其進行分析的手段所起的作用給予特別注意。」[54]這即是說，對於特定歷史文化現象的認識與判斷，歸根結柢，是取決於觀察者的立場、觀點與方法。在近代，志士仁人對於中西文化問題長期爭論不休：激進者多主隆西抑中，以為欲救國，只有學習西方，更有甚者，則倡全盤西化；保守者多隆中抑西，以為文化是民族的根，「學亡則國亡」，故欲救國，必先保國粹，更有甚者，則倡世界「中國化」。二者各有所是，亦各有所蔽。究其致蔽的原因，除了缺乏科學史觀的指導外，端在受民族危亡的時局制約，不免心理緊張，缺乏從容探討文化問題的心態。時柳詒徵曾大聲疾呼：「學者必先大其心量以治吾史，進而求聖哲立人極、參天地者何在，是為認識中國文化之正軌。」[55]所謂「大其心量」，實含大度從容之意。但是，問題在於柳詒徵自己也不能免俗。

　　時移勢異。我們現在的情況完全不同了。社會主義的新中國久已屹立在世界的東方，尤其經過三十多年的改革開放和中國特色社會主義現代化的建設，不僅綜合國力大為增強，而且國人的文化心態也愈趨成熟。江澤民同志在黨的十五大報告中，提出了建設「有中國特色社會主義的文化」的任務。胡錦濤同志在黨的十七大報告中，進一步提出了「推動社會主義文化大發展大繁榮」的要求。他說：「當今時代，文化越來越成為民族凝聚力和創造力的重要源泉、越來越成為綜合國力競爭的重要因素，豐富精神文化生活越來越成為中國人民的熱切願望。

---

54 《年鑑》編輯部：《我們在進行實驗：再論歷史學與社會科學》，《國外社會科學》，1990 年第 9 期。
55 柳詒徵：《中國文化史·弁言》。

要堅持社會主義先進文化前進方向，興起社會主義文化建設新高潮，激發全民族文化創造活力，提高國家文化軟實力，使人民基本文化權益得到更好保障，使社會文化生活更加豐富多彩，使人民精神風貌更加昂揚向上。」又說：「中華文化是中華民族生生不息、團結奮進的不竭動力。要全面認識祖國傳統文化，取其精華，去其糟粕，使之與當代社會相適應、與現代文明相協調，保持民族性，體現時代性。加強中華優秀文化傳統教育，運用現代科技手段開發利用民族文化豐厚資源。加強對各民族文化的挖掘和保護，重視文物和非物質文化遺產保護，做好文化典籍整理工作。加強對外文化交流，吸收各國優秀文明成果，增強中華文化國際影響力。」黨的十七大突出強調了加強文化建設、提高國家文化軟實力的極端重要性，對興起社會主義文化建設新高潮、推動社會主義文化大發展大繁榮作出全面部署。這是我們黨總結歷史、立足現實、著眼未來作出的重大戰略決策，充分反映了對當今時代發展趨勢和中國文化發展方位的科學把握，體現了我們黨在新的歷史條件下的高度文化自覺。

要加快發展國家軟實力，關鍵就在於要更加自覺、更加主動地推動文化大發展大繁榮。要努力繼承和發揚中國悠久歷史文化中源遠流長、博大精深的寶貴遺產，借鑒當今世界一切有價值的思想理論成果，深刻認識國家硬實力與軟實力的辯證關係，高度重視和加快發展國家軟實力。有了新時代文化建設的目標和十七大精神的指引，我們今天對中國文化史的研究，也便有了最佳的焦距，可以更從容、更全面、更客觀即更科學地看待中華五千年的文明史，從而獲致歷史的教益。

編纂這部多卷本《中國文化通史》，目的正在於助益推動社會主義文化大發展大繁榮。

本書研究中國文化的發展歷程，揭示其發展規律，彰顯中國文化的民族精神。

本書堅持以馬克思主義歷史唯物論為指導，同時積極吸收和借鑒當代社會科學的各種相關的理論與方法。

中國是一個多民族的國家。中華民族源遠流長的歷史和文化是各族人民共同創造的。因之，本書不僅寫漢民族的文化，同時也重視各少數民族的文化創造及其特色，尤其注意突出不同的歷史階段中，各民族間的文化互相滲透、交流與融合。

中國文化是世界文化的一個有機組成部分。本書將中國文化置於世界文化發展的總體格局中去考察，既注意中外文化的交流、衝突與融合，也注意中國文化在世界文化發展過程中的地位與作用。堅持實事求是的精神，避免民族虛無主義與民族虛驕情緒。

從目前已出版的有關文化史的著作看，編纂體例不一，其中大致可分為兩類：一是重宏觀把握，突出問題，以論說為主；一是重微觀透視，突出部門文化，以描述為主。前者的優點是脈絡清楚，簡潔明快，論說有深度，但歷史信息量小，失之抽象；後者的優點是具體翔實，便於查閱，但頭緒紛繁，失之散漫。文化史究竟應當怎樣編寫，是一個不易解決的大問題。當年常乃德曾說：「有時具體記錄所表現不出的內在精神，非有抽象的理論加以解釋不可。故理想的文化史必多少帶有史論的性質，不過不可空論太多，影響事實的真相罷了。」[56]足見他已深感到了困惑。今天學術界的意見仍不統一。我們以為，編纂一部大型的文化通史著作，當有理論框架一以貫之。該書既要具有能幫助廣大讀者從中學得豐富的中國文化史知識的功能，又應是視野開闊，脈絡清晰，有助於人們理解和把握中國文化發展的自身規律與特點。為此，須將宏觀與微觀、抽象與具體、問題論說與部門描述很好地結合起來。

總之，本書力圖突出一個「通」字：從縱向上說，要求全書各卷之間脈絡貫通，要於沿革流變之中體現中國文化自身的發展規律和一以貫之的民族精神；從橫向上說，當避免寫成部門文化的簡單拼盤，要注重時代精神對文化現象的整合，注重諸文化部門的內在聯繫及其不平衡的發展。同時注意文化的層間、空間差異，以及二者間的互動關係。

---

56 常乃德：《中國文化小史》第 1 章。

本書共分十卷，即：先秦卷、秦漢卷、魏晉南北朝卷、隋唐五代卷、兩宋卷、遼西、夏、金元卷、明代卷、清前期卷、晚清卷、民國卷。各卷附有參考書目。

　　本書實行各卷主編負責制。編委會同仁通力合作，歷時四年，備嘗艱辛。但因中國文化通史的編纂工作本身難度甚大，加之主編來自京城內外不同的單位，作者為數較多，聯繫不便和學養有限等原因，著者雖然盡了很大的努力，各卷水準仍難一致，全書與既定的目標，也存在著差距。我們敬祈讀者批評指正。

　　本書借鑒和吸收了學術界已有的研究成果，不敢掠美，這裡謹表謝意。

　　本總序是在集體討論的基礎上完成的。

鄭師渠

一九九九年八月初稿

二○○九年六月修改於北京師範大學

目錄
CONTENTS

第五章　博大精深的學術

第六章　哲學的發展

第七章　異彩紛呈的宗教

第八章　倫理道德思想的新趨向

第九章　教育和科舉制度

第十章　史學的發展

第十一章　璀璨的文學

第十二章　多彩的藝術

第十三章　科學技術的緩慢發展

第十四章　清前期的社會風俗

參考書目

再版後記

　　清朝是由滿族貴族聯合漢族地主階級以及其他少數民族上層建立的封建王朝，封建主義中央集權達到頂峰。清朝前期又是中國整個封建社會發展的晚期，面臨著向近代社會的轉折，暴露出更多的衰敗景象。清前期還是中國多民族統一國家發展的重要時期，儘管滿族貴族實行民族壓迫政策，但是各民族之間的經濟文化交流以及民族融合還是有了進一步的發展。滿族貴族為了鞏固統治地位，在思想文化方面，既實行崇儒重道的基本國策，又迭興文字獄。這一切，都使得清前期的歷史和文化有著和以往封建社會不同的特點。

　　清前期的歷史開始於順治元年（1644 年），結束於道光二十年（1840 年），總計一百九十七年。從政權的興衰考慮，清前期歷史可分三個階段。第一階段從順治元年到康熙二十二年（1683 年），清朝建立並鞏固了對全國的統治。第二階段從康熙二十三年（1684 年）到乾隆三十九年（1774 年），清朝走向盛世。第三階段從乾隆三十九年到道光二十年，清朝統治由盛轉衰。

　　清前期第一階段的歷史，主要內容是在滿族貴族民族壓迫政策下，全國人民開展了轟轟烈烈的抗清鬥爭，以及平定三藩之亂，康熙帝統一臺灣。此外，就是清朝統治者民族政策的緩和。

　　清軍入關後，以武力進擊李自成、張獻忠領導的農民起義軍和陸續建立的南明各政權。在用武力統一全國過程中，清軍對敢於抵抗以及不降服的漢族軍民採取屠殺政策，強迫他們剃髮易服。不僅如此，滿族貴族入關以後，還多次大規模圈地，用漢人土地滿足旗人的需要。與此同時，又用投充、擄掠、賞賜等辦法把大量漢人變成滿族貴族的奴隸。這種野蠻的民族壓迫理所當然地遭到廣大漢族軍民的反抗。參加抗清鬥爭的，既有李自成、張獻忠領導的農民軍及其餘部，又有

南明王朝各個政權，還有鄭成功的抗清武裝，以及東南沿海人民的抗清力量等。從順治元年開始，到康熙三年（1664 年）結束，這場廣泛的抗清運動長達二十年之久。農民軍的抗清鬥爭成為整個抵抗力量的中堅。農民軍餘部和南明各政權的聯合抗清，還多次形成高潮。然而，由於種種原因，抗鬥爭最終失敗了。史可法、李定國等抗清英雄，為後人所景仰，尤其是鄭成功收復臺灣，驅逐荷蘭殖民者，意義更加深遠。

平定三藩之亂是這階段清朝政治生活中的一件大事。三藩即鎮守雲南的平西王吳三桂、鎮守廣東的平南王尚可喜和鎮守福建的靖南王耿精忠。在鎮壓了農民軍和南明各政權的抵抗之後，三藩勢力強大，各鎮一方。康熙十二年（1673 年）十一月，吳三桂發動叛亂，耿精忠等先後響應。三藩之亂延續八年之久，危害國家統一，影響經濟發展，破壞了社會的正常生活。清政府在政治、軍事、經濟等方面採取一系列措施，終於取得了平叛鬥爭的勝利。

康熙統一臺灣是這階段清朝政治生活中的又一件大事。鄭成功收復臺灣後，不久病死。鄭經及其後人割據臺灣，已經失去了抗清的積極意義，轉變成地方割據勢力。不僅如此，鄭經還參加了三藩之亂。在這種情況下，康熙二十二年，康熙帝命福建水師提督施琅率軍統一臺灣，完成了國家的統一大業。

平定三藩和統一臺灣，標誌著清王朝對全國的統治已經鞏固。

應當說明的是，在這一階段裡，隨著滿族貴族民族壓迫受到廣大漢族軍民的頑強抵抗，清朝統治者也逐漸採取措施力圖緩和民族矛盾。由於一度相當激烈的民族矛盾得到緩解，社會的生產和生活進入了有序的發展軌跡。

清前期歷史的第二階段，統治者在政治上高度集權，經濟上採取一系列措施發展生產，國家的統一事業也有了發展，這一切使清朝全面走向「盛世」。

在政治方面，封建專制主義的中央集權大大加強了。康熙帝建立的密摺制度，在雍正帝當政時得到了進一步推廣。康熙帝把討論學問的場所南書房變成參與機密的重要辦事機構，雍正帝更建立了軍機處。康熙帝和雍正帝都曾通過抑制朋黨、懲治貪污、建立制度等措施，鞏固內政，加強皇權。乾隆帝在康熙、雍正

兩朝的基礎上，進一步調整政權機構，完善各種制度，把封建君主專制制度推向了頂峰。

在經濟方面，這一階段清朝統治者採取了許多措施，恢復經濟，發展生產。康熙帝改革賦役制度，實行「聖世滋丁永不加賦」；任用靳輔等人治理黃河，變水害為水利；大力墾荒，增加播種面積。雍正帝實行「攤丁入地」政策，使地丁合一，減輕了無地、少地農民的負擔，有利於農業發展；成立會考府，整理財政，減免虧空。乾隆帝在墾荒和興修水利等方面做出了新成績，特別是新疆統一後，採取多種形式屯田墾荒，推動了那裡的農業發展。在內地，推廣玉米和番薯等高產作物，極大地提高了農作物產量。農業的發展帶動了手工業和商業的發展，新的城鎮在各地不斷湧現。

國家的統一事業有了發展。康熙帝三次親征漠北，打敗噶爾丹，為解決准噶爾問題奠定了基礎。康熙朝末年進行的驅准保藏的鬥爭，有利於清政府對西藏的治理。雍正帝即位不久，平息了青海羅卜藏丹津叛亂，鞏固了對西北地區的統治。雍正朝清政府對准噶爾分裂勢力的鬥爭，使解決准噶爾問題有所前進。駐藏大臣的設置，對清政府鞏固在西藏的統治尤有重要意義。還應當指出，康熙、雍正兩朝，清政府和俄國簽訂北部邊界東段和中段的《中俄尼布楚條約》和《中俄恰克圖界約》，對抵禦外來侵略勢力、維護國家領土完整和主權起了重要作用。乾隆帝當政後，兩次對准噶爾用兵，最終統一了天山南北廣大地區。

清前期歷史的第三階段，統治階級的生活越來越奢侈，吏治日益敗壞，鴉片輸入劇增所造成的危害也日甚一日。隨著社會問題的愈益嚴重，民變不斷發生，終於導致了大規模農民起義的爆發，使清朝統治由盛轉衰。在清朝統治由盛轉衰的階段，社會的經濟生活仍然在緩慢地向前發展。這是因為，勞動者一定程度上擺脫了統治階級的束縛，帶來了更新的創造力。由於推廣了精耕細作和復種制，普及了高產作物，棉花、煙草、大豆等經濟作物所占比重增大，農業還是有所發展。手工業生產也仍然表現出一定的活力，在棉紡業、絲織業、造紙業、採礦業等行業中，都出現了雇工生產。商業也有所發展，許多商人把資本投向手工業生產。社會經濟生活中的這些活力，使得清政府統治能夠繼續維持。

歷史唯物主義認為，一定的文化是一定社會的政治和經濟在觀念形態上的反映，而文化有其相對的獨立性，並反作用於社會的政治和經濟。清前期文化既是當時政治和經濟在觀念形態上的反映，又有其自身發展的規律。

清前期發展的第一階段，社會仍處於劇烈的變動之中。政權的更迭，戰爭的持續，使社會經濟生活遭到嚴重破壞，人民的生命財產得不到任何保證。社會的這種翻天覆地的變化，促使人們去思考，也迫切需要學術思想界對各種現實問題做出回答。此外，統治階級對思想文化控制相對說來比較薄弱。這一切，使清前期第一階段思想文化具有許多時代特點，比如學術文化的空前活躍，學術思想的深刻批判性，學術文化的求實性，中西文化的融匯性等。

清前期發展的第二階段，清朝的統治秩序已經穩定，經濟也呈現出空前的繁榮。在這種情況下，清朝統治者一方面發展封建文化，另一方面又加強思想控制，屢興文字獄。於是，具有時代特色的乾嘉考據學應運而生。這階段學術文化的顯著特點，一是編纂書籍之多前所未有，二是文化專制空前殘酷，三是考據之風充斥學術的各個領域，四是各民族之間的文化進行了廣泛的交流。總之，這階段取得了中國古代學術思想史上最輝煌的成就。與此同時，許多古籍遭到破壞，知識分子受到空前的磨難。這種極為矛盾的現象，正是統治階級文化政策造成的。特別是在思想領域，顯得那樣枯燥和沉寂，遠不如第一階段充滿活力。不過，還應當看到的是，這一階段城鄉人民的反抗鬥爭逐漸呈高漲趨勢，既包括農民的反抗鬥爭、奴婢的反抗鬥爭，也包括城鎮手工業者和商人的反抗鬥爭。這種鬥爭在思想文化領域內不能不有所反映。換言之，反對封建專制的呼聲終究是壓抑不住的。正是在這種情況下，學術思想領域出現了戴震，文學領域誕生了曹雪芹。他們以不同的方式，批判統治階級提倡的理學，揭示封建專制必然崩潰的命運，在沉悶的學術文化領域，宛若驚雷，給人以啟示和力量。

清前期發展的第三階段，清朝統治已經走上衰微的道路，國內危機四伏，國外西方殖民主義開始叩擊國門。國家和社會所面臨的新的形勢，考據學派無能為力。於是，適應變化了的社會情況，經世思潮崛起，經世致用之學受到提倡。這樣，經世致用便又成為這階段學術文化的顯著特點。

　　本卷由趙雲田主編。緒言，第四章第一節，第十章第一節、第五節（材料由馬汝珩先生提供），第十一章第五節（材料由馬汝珩先生提供），由趙雲田撰寫；第三章、第五章、第六章，由汪學群撰寫；第一章、第二章，由趙雲田、汪學群共同撰寫；第七章、第八章，由武才娃撰寫；第四章第二節、第三節，第九章，第十三章，由佟洵撰寫；第十章第二節至第四節、第十一章第一節至第四節、第十四章第二節至第三節，由曹興信撰寫；第十二章、第十四章第一節，由林永匡撰寫。趙雲田對全書修改定稿，並提供圖片。長期以來，戴逸、李文海、龔書鐸、馬汝珩先生給予我們關懷和指導，本卷在編寫過程中，又得到了王俊義、陳祖武、黃愛平等師友的支持，在此謹致深深的謝意。本卷在撰寫過程中，吸取了學術界已有的研究成果，這裡對有關作者一並致謝。對於本卷中的缺點和錯誤，歡迎專家、學者和廣大讀者批評指正。

第一章

清前期的社會
和文化

　　清前期是中國多民族統一國家發展的重要時期。滿族貴族進取中原後，通過平定割據勢力，增強邊疆少數民族地區對中央政府的向心力，建立起了疆域遼闊、民族眾多的強盛國家，在亞洲以及世界占有重要地位。清朝統治者也重視發展經濟，通過大力墾荒，興修水利，推廣先進生產技術，引進高產作物，使社會經濟出現了空前的繁榮。這一切為清前期文化的發展提供了廣闊的舞臺和豐厚的物質基礎。清朝統治者實行以崇儒重道為主的文化政策，實施了一系列文化建設，對國家鞏固和社會發展產生了重要影響。然而，清前期的文化專制主義政策，對文化的發展又產生了極大的破壞。

第一節·

多民族統一國家的鞏固
和社會經濟的發展

　　清朝建立後，少數民族滿族成為中國的統治民族。滿族貴族採取了一系列措施，使統一多民族國家得到了進一步發展和鞏固。

　　首先是平定地方割據勢力，鞏固國家統一。清朝多民族國家的不斷鞏固是在和地方分裂割據勢力進行鬥爭中實現的。康熙年間，以吳三桂為首的三藩之亂一度嚴重威脅了國家的統一。三藩勢力猖獗時，占有雲南、貴州、廣西、廣東、福建、湖南、四川等省，以及江西、浙江、陝西、甘肅、湖北部分，使清政府十分被動。後來，清政府在政治上實

平定准噶爾圖（局部）

行分化瓦解，在軍事上採取各個擊破策略，歷時八年，才最終平定了三藩之亂。平定三藩是清朝建立後，對分裂割據勢力進行的一場規模較大的鬥爭，對鞏固國家統一有著重要意義。三藩之亂平定後，清政府進而出兵統一了臺灣，清除了鄭克塽的地方割據勢力，保證了東南沿海地區局勢的穩定。

康熙年間清政府擊敗漠西蒙古准噶爾部貴族的分裂勢力，是清前期統一和分裂兩種力量的又一次大搏鬥。先是准噶爾蒙古貴族噶爾丹為了吞並喀爾喀蒙古，取代滿族貴族對全國的統治，率兵長驅直入，屯駐烏蘭布通（今內蒙古克什克騰旗內），距京師僅七百里。康熙皇帝三征噶爾丹，親自率師出兵漠北，經過多倫會盟，不僅粉碎了噶爾丹分裂勢力，而且還使喀爾喀蒙古全部歸附清朝。康熙朝晚期，策妄阿拉布坦成為准噶爾蒙古首領時，又派兵襲擾西藏，搶掠拉薩城。清政府兩次出兵西藏，驅逐了准噶爾割據勢力，進一步加強了對西藏的管理。康熙朝對准噶爾蒙古割據勢力鬥爭的勝利，為雍正初年平定羅卜藏丹津叛亂、統一青海蒙古奠定了基礎。

乾隆年間兩次用兵西北，徹底平定了准噶爾蒙古達瓦齊和阿睦爾撒納割據勢力，這是康熙、雍正兩朝對准噶爾蒙古分裂勢力鬥爭的繼續。平准之後，清政府又粉碎了回部大小和卓的叛亂，完全統一了新疆。為了確保國家的統一，清政府在天山南北地區，築城駐兵，設官建置，實行軍府制，設伊犁將軍鎮守。清政府統一新疆和設立伊犁將軍，對鞏固國家統一、反對分裂勢力具有重要意義。

其次是加強對邊疆少數民族地區的治理，增強凝聚力。為此，清政府採取了相應的措施。

一是提高了理藩院的地位。理藩院原名蒙古衙門，清政權在關外時就已設立。清朝入關後，理藩院成為清政府管理蒙古、新疆、西藏等地少數民族事務的機構。為了更好地發揮理藩院的作用，順治年間，理藩院官員改稱尚書、侍郎、郎中、員外郎，理藩院作為獨立的中央政府機構，列於工部之後。乾隆年間，理藩院司屬機構由原來的四司增加到六司，體制更加完備。此外，乾隆年間金奔巴瓶掣籤制度的實行，使理藩院管理藏傳佛教事務的內容更為豐富，職權又有所擴大。

二是實行因俗而治。清政府以理藩院管理邊疆地區少數民族事務的同時，還根據少數民族的不同情況，「修其教不易其俗，齊其政不易其宜」[1]，即所謂因俗而治，也就是根據不同少數民族的情況，採取不同的治理辦法。具體說，清政府以盟旗制度管理蒙古族，以伯克制度管理維吾爾族，以政教合一制度管理藏族，以土司制度管理西南少數民族。在法律上，在蒙古族地區實行蒙古律，在維吾爾族地區實行回律，在青海藏族地區實行番律。因俗而治政策的實行，有利於清政府對邊疆地區的治理。

三是實行年班和圍班制度，使少數民族上層人士定期朝見皇帝，瞻仰聖顏。清政府規定，蒙古族和西北地區其他少數民族上層人士，每逢年節輪班來京，參加活動。沒有出痘的，則在每年秋天輪班前往木蘭圍場，隨同皇帝行圍狩獵。年班、圍班期間，少數民族首領給清朝皇帝帶來「貢品」，皇帝則給他們豐厚的賞賜。年班和圍班制度，密切了清朝統治者和少數民族王公貴族的關係，增強了少數民族上層人士對清中央政府的向心力。

滿族貴族採取一系列措施鞏固和發展多民族國家的統一，取得了良好的成效。清前期疆域遼闊，「東極三姓所屬庫頁島，西極新疆疏勒至於蔥嶺，北極外興安嶺，南極廣東瓊州之崖山」，「漢、唐以來未之有」[2]。具體說，東到庫頁島和鄂霍次克海領海，西到蔥嶺，北到外興安嶺，南到南沙群島。既有遼闊的陸疆，也有廣闊的海疆。清前期多民族國家的統一和鞏固，為文化的發展提供了廣闊的舞臺，使清前期文化更加異彩紛呈，亮麗奪目。

滿族貴族在鞏固和發展多民族統一國家的同時，也採取一系列措施發展經濟，並取得了成效。被後人讚譽的「康乾盛世」，一定程度上反映了清前期經濟的繁榮。

清前期統治者發展經濟的措施之一是墾荒和屯田。早在順治年間，因為各省地畝荒蕪，賦稅不能保證完納，清政府便設立了興屯道廳，專管興屯事宜，以加

1　李兆洛：《皇朝藩部要略》序。
2　《清史稿》卷五十四，《地理志一》。

速墾荒工作的進行。清政府還規定，不論土著流民，只要參加興屯均可官助牛種，三年後永准為業。後來，清政府又頒布了《遼陽招民事例》，鼓勵遼陽地區文武官吏招民墾荒，明確規定招民一百名者，文授知縣，武授守備，以求改變遼陽地區人煙稀少、土地荒蕪的現象。清政府還把遼陽招民墾荒的做法在全國推廣，對殷實人戶開荒至二千畝以上者，量為錄用，應招的官民，可任意耕種，每戶給耕牛、農具和籽種。

康熙年間墾荒工作繼續進行。為了鼓勵開墾荒地，擴大種植面積，清政府對順治年間的墾荒條例作了修訂，由原來的六年起科改為十年起科。民人墾地二十頃以上，授以縣丞或百總，一百頃以上，授以知縣或守備。地方官員視墾荒情況，有功者升，無功者黜。到康熙末年，墾荒工作大見成效，已由原來的「地方殘破、田畝拋荒、不堪見聞」，變成「人民漸增，開墾無遺」，「盡皆耕種」[3]，耕地面積顯著增加。

乾隆年間，清政府除在內地繼續組織墾荒外，還在新疆廣為屯田。新疆屯田是通過移民實邊方式進行的。清政府統一新疆後，鑑於那裡地方遼闊，可墾種的地畝很多，便把內地的一些兵丁、流民、遣犯等移居新疆，實行屯墾。清政府實行移民實邊政策後，新疆屯田迅速發展，有兵屯、民屯、旗屯、回屯多種形式，總計十餘萬人。除官田外，其餘土地聽民自占，徭役、賦稅與內地無異。結果，新疆人口日增，國家也獲得了百萬賦稅。

興修水利是清前期統治者發展經濟的又一措施。首先是治理黃河。順治年間，黃河大決口有十五次之多，給社會造成了極大危害。康熙在位的前十六年裡，黃河大決口竟有六十多次，河南、蘇北，受害極深。顯然，根治黃河是關係國計民生的大事。康熙帝以靳輔為河道總督，專管治河事。靳輔在助手陳潢佐理下，繼承和發揚了中國治河的優良傳統，總結民間寶貴經驗，徵派民工，堵固決口，廣修堤壩，開創中河，開闢海口，使部分河水得歸故道，保證了漕運無阻，涸出了被淹的土地，治河取得了傑出的成就。康熙帝和乾隆帝對治理黃河都十分

3　《清朝通典》卷一，《食貨》。

重視。他們二人各自六下江南，巡視治河工程是重要的目的之一。

其次是修治永定河。永定河流經京畿地區，因易淤沙，進而使河身墊高，以致淺溢，造成泛濫橫決，沿河州縣居民常罹其災。康熙帝和乾隆帝巡視京畿地區，多次巡察永定河根治工程。康熙帝指出，治理永定河，必須使河身深狹，束水使流，借其奔注迅下之勢，刷深河底，順道安流，不致泛濫。他還諭示有關官員，把根治永定河取得的成功經驗用於對黃河的治理中。

再次是治理太湖。太湖延袤五百餘里，跨蘇、常、湖三境，對江蘇的經濟發展影響很大。曾經有人說，太湖水善用之則為利，不善用之則為害。乾隆年間，因太湖各港口外，菱蘆葦荻，彌望無際，嚴重地堵塞了水道，造成很大隱患。對此，清政府組織人力，治理太湖，使水害大為減少。

最後是修建浙江海塘工程。由於浙江海塘地區特殊的地理環境，形成了江流海潮的衝擊，潮水浸噬海岸，沖塌陸地，決潰堤岸，淹人畜廬舍，敗壞田地稼禾，嚴重妨礙農業生產。海潮漲沒鹽灶，還妨礙鹽產。清朝康熙、雍正、乾隆年間，統治者都非常重視修築浙江海塘，並在乾隆朝晚期取得了成效。修築好的浙江海塘，全長八百餘里，仿佛一道雄偉的長城，屹立於東海之濱，捍衛著長江三角洲一帶全國最繁富的經濟區。

推廣先進的農業生產技術和優良品種、高產作物，也是清前期發展經濟的主要措施。精耕細作的技術在清前期更加受到重視，得到了全面的普及和深入的發展。推廣這項技術，黃河以北地區盡管地勢高低不同，也可以做到二年三熟。高地初次種麥，麥後種豆，豆後種穀。低地亦如高地，只是大秋後種穄子。區田法在清前期得到了廣泛的應用。區田空行種行，隔區種區。以所種之空行，春種麥、豆，夏種豆、黍。所剩之區，一區種稻，一區猶空。做到此長彼生，彼長此收，互不妨礙。田地既可以得到休耕，種田人也可以減輕勞苦。精耕細作技術的普及和推廣，為農業生產發展奠定了基礎。

優良品種的推廣，主要指的是雙季稻生產獲得成功，南方水稻移植到北方，北方新稻種推廣到南方。康熙帝在這方面做出了貢獻。原來，康熙帝渴望水稻一

年兩熟,在宮內豐澤園種有實驗田。經過幾年的辛勤實驗,終於取得了成功,培育出了水稻新品種「御稻」。康熙帝把這種稻種發給蘇州織造李煦,命其推廣,並試種雙季連作。後來,御稻種植在蘇州取得成功,可一年兩熟。隨後,康熙帝又支持在北方推廣御稻種植。雍正年間,天津水田稻穀獲得豐收,北京的御稻也逐漸改進推廣成享有盛譽的「京西稻」。

高產作物的推廣,指的是玉米和甘薯。這兩種作物都原產於美洲,明朝晚期傳入中國後,只是在一些地方種植,未能推廣。清朝建立後,雍正至道光年間,玉米在黃河流域得到了廣泛的種植,成為當地居民的主要糧食。乾隆年間,在乾隆帝及有關官員的推動下,甘薯先後在黃河流域各省種植,取得了大豐收。高產作物的推廣,不僅解決了人們的糧食問題,也促進了經濟作物生產的發展。

清前期農業經濟的發展,直接促進了手工業和商業的發展,一批城市產生,並帶動了整個社會經濟的繁榮和興盛。經濟的繁榮為文化的發展奠定了豐厚的物質基礎,一個前所未有的大規模文化發展和總結的時代已經到來。

第二節 ·
文化政策和
文化建設

清前期實行崇儒重道的文化政策,崇孔尊朱,提倡理學,以儒家思想作為全社會的指導思想。

崇儒重道首先表現為崇孔尊朱。孔子是儒家學說的創始人。清朝統治者崇奉孔子始於順治帝。清朝入關後，順治帝即遣官祭孔，襲封孔子六十五代孫孔允植為衍聖公，兼太子太傅，先後改孔子牌位為「大成至聖文宣先師」和「至聖先師」。康熙帝多次到山東曲阜祭孔，在大成殿行三跪九叩禮，祝文中頌揚孔子「開萬世之文明，樹百王之儀範」，稱孔子是「萬世師表」，孔子學說「與日月並行，與天地同運」。雍正帝在位期間，也強調孔子是「道高德厚，為萬世師表」。乾隆帝曾經五次前往山東曲阜孔子故里，把清前期的崇孔活動推向高潮。他明確表示：「國家崇儒重道，尊禮先師，朕躬詣闕里，釋奠廟堂，式觀車服禮器，用慰仰止之思。」[4]在崇奉孔子的同時，清朝統治者多次重修曲阜孔廟，並在全國各地修建孔廟，祭祀孔子。除了崇奉孔子外，清代帝王還尊禮朱熹。他們認為孔孟之後，只有朱熹「注釋群經，闡發道理，凡所著作及編纂之書，皆明白精確，歸於大中至正，經今五百餘年，學者無敢疵議」，功勞「最為弘巨」[5]。為此，把朱熹從祀孔廟的地位升格，由先賢之列變為十哲之次。在科舉考試中，也以朱熹對四書五經的注釋為標準。康熙帝甚至還說朱熹的文章全是「天地正氣，宇宙大道」，把對朱熹的禮尊達到了前所未有的高度。清前期統治者崇孔尊朱，就是在文化領域樹立起了一面旗幟，以增加對廣大知識分子的號召力，從而加強清政府在思想文化領域的統治地位。

崇儒重道，崇孔尊朱，必定要提倡理學。因為從北宋開始，儒學便進入理學發展階段。朱熹的理學體系很完整，既包括哲學義理，也包括倫理道德學說。它強調人們要「存天理，滅人欲」，把三綱五常當作社會的最高道德標準。顯然，這些對統治階級進行思想統治是極為有利的。正因為如此，康熙帝提倡理學，重用理學名臣。魏裔介對理學有研究，寫過《約言錄》內外篇，推崇朱熹；還編纂過《聖學知統錄》、《致知格物解》，宣傳孔孟之道。於是，康熙帝便授魏裔介保和殿大學士兼吏部尚書、禮部尚書等職，給以重用。魏裔介死後，特旨入祀賢良祠。熊賜履對理學也很有研究，他根據儒家學說「為政在人」、「人存政舉」的

4　《清高宗實錄》卷三〇九，乾隆十三年二月庚辰。
5　《清聖祖實錄》卷二四九，康熙五十一年二月丁巳。

觀點，強調用人行政是治國的要務。他認為，人的才能有大小，學問有深淺，帝王選拔人才，首先應當看到是人心制約著行為，心術不好，才學也用不上。康熙帝對他的見解非常賞識，授他為武英殿大學士兼刑部尚書。熊賜履死後，康熙帝派禮部官員前往弔喪，加贈太子太保銜，並賜以諡號。李光地宣揚朱熹理學十分賣

文淵閣

力，曾纂輯《性理》、《四書》、《周易》等儒家經典，校理《御纂朱子全書》、《周易折中》、《性理精義》等。康熙帝對這些十分贊賞，升任他為翰林院掌院學士，經筵講官。李光地死後，特贈太子太傅，入祀賢良祠。清前期統治者對理學名臣的重用，對提倡理學起了重要作用。

提倡考據學也是清前期崇儒重道文化政策的內容之一。儒家經典因而得到了全面的闡釋和發揮，這有利於人們學習和普及儒家思想。正是因為清前期統治階級文化政策的作用，促成了乾嘉考據學的興盛。崇儒重道還表現為學習儒家思想，普及儒家思想。清前期歷代帝王對學習儒家思想是非常重視的。順治帝在短暫的一生中，用了很多時間閱讀儒家典籍，因而深刻地領會了「帝王敷治，文教是先」的道理。清朝歷史上首次舉行經筵盛典，就發生在順治年間。康熙帝即位以後，也很用心學習儒家典籍，因為他認為儒家典籍是記載帝王道法的，關係著國家治理。為了更好地領會儒家思想，康熙帝諭令舉行經筵大典，由經筵講官講解四書五經。自開經筵後，康熙帝無論是在京師，還是出巡在外地，從不輟講。講官講畢，他還要不時溫習，再三閱繹，直至道理明澈為止。結果，許多儒家著述康熙帝都能背誦。康熙帝之後，歷代帝王對儒家學說也都非常精熟。對儒家學

說的深刻領會，有利於滿族貴族對全國的統治。

清前期統治者還注意在民間普及儒家思想。康熙九年（1670 年），康熙帝頒布了「聖諭十六條」，主要內容是：敦孝悌以重人倫，篤宗族以昭雍睦，和鄉黨以息爭訟，重農桑以足衣食，尚節儉以惜財用，隆學校以端士習，黜異端以崇正學，講法律以儆愚頑，明禮讓以厚風俗，務本業以定民志，訓子弟以禁非為，息誣告以全良善，誡匿逃以免株連，完錢糧以省催科，聯保甲以弭盜賊，解仇忿以重身命。[6] 這是以儒家學說治理社會的具體化。雍正帝即位以後，又頒布了《聖諭廣訓》，對「聖諭十六條」的內容進行了闡釋，洋洋萬言。為了確保把儒家思想普及到民間，清政府在各地遴選秀才，宣講「聖諭十六條」和《聖諭廣訓》。嘉慶年間，嘉慶帝又根據《聖諭廣訓》的內容，編撰了《四言韻文》一書，頒行各省。儒家思想在民間的廣泛普及，有力地鞏固了滿族貴族的統治地位。

清前期統治者確定了以崇儒重道為主的文化政策以後，又實施了一系列的文化建設工程，促進了文化的大發展。在這些工程中，編纂書籍、建築園林和發展教育具有代表性。

在編纂書籍方面，首先是適應多民族統一國家的需要，許多官書都有少數民族文本，例如《八旗通志》、《外藩蒙古回部王公表傳》等，從而方便了少數民族知識分子的閱讀。一些大型字典和辭典等書，也都是各族文字對照的，比如《五體清文鑑》，是滿、蒙、漢、藏、維吾爾五種文字對照，《四體合璧清文鑑》是滿、蒙、漢、藏四種文字對照，《三合便覽》是滿、蒙、漢三種文字對照，《西域同文志》則是滿、蒙、漢、藏、維吾爾、托忒蒙文六種文字對照。這些多種文字對照書籍的出版，反映了清朝多民族國家的統一和強盛。

其次，清前期編纂書籍，雖然有的是為了鞏固滿族貴族統治的需要，例如各種《實錄》、《聖訓》、《會典》、《方略》等，以便統治階級從中吸取經驗教訓，加強中央集權，但是，更多書籍的編纂則是對以往傳統文化的總結，反映了清前

---

6 《聖諭廣訓直解》，《目錄》。

期政治穩定、經濟繁榮的時代特色，因而具有重要意義。

在園林建築方面，主要指的是皇家園林避暑山莊和圓明園。避暑山莊在康熙年間建成，初名熱河行宮，位於承德，是滿族生活習俗的體現。原來，滿族是中國的北方民族，秋冬違寒，春夏避暑，修建避暑山莊，便於皇帝在京師和承德兩地居住。修建避暑山莊也是民族文化交融的結果。山莊的宮殿區，布局嚴整、對稱，體現了漢族建築的特色。山莊的苑景區，布局靈活多變，其中湖區湖光變幻，洲島錯落，亭榭掩映，花木蔥蘢，一派江南景色；山區山巒起伏，幽谷溪流，峰回路轉，綠草青青，一派北國風光。漢族和北方少數民族文化在避暑山莊得到了最完美的結合。不僅如此，乾隆年間，在避暑山莊宮牆的東面和北面，還修建了幾座寺廟，其中的安遠廟，仿伊犁固爾扎廟式，具有新疆的建築特色；普陀宗乘廟，仿西藏布達拉宮樣式，須彌福壽廟，仿西藏扎什倫布寺樣式，都具有西藏的建築特色。這些寺廟在聯繫滿族貴族、蒙古王公、西藏活佛方面起過重要作用，是清前期宗教文化的具體體現。

圓明園始建於康熙年間，位於北京西郊海淀，既是滿族生活習俗的體現，便於違寒和避暑，也是中國南方和北方園林文化的交融，因為圓明園的修建，是康熙帝幾次南巡之後，對江南靈山秀水產生極大興趣的直接結果。此外，圓明園也是中西文化交流的產物，其中樓、臺、殿、閣、廊、榭、軒、館等建築，雖然大部分是中國傳統樣式，但是也有西式建築，比如用白石砌成、再加以精雕細刻的西洋樓，就具有濃厚的歐洲建築風格。

在教育工程的實施方面，除了中央和地方所設學校外，最值得稱道的是民族教育的實施。為了培養滿族人才，清政府在京師設立了宗學、覺羅學等。為了培養通曉少數民族語言的人才，清政府又設立了托忒學、蒙古官學。此外，清政府在邊疆少數民族地區設立義學，招收少數民族首領的子弟入學讀書，對少數民族地區文化的發展起了一定的作用。

在談到清前期文化政策和文化建設的時候，還應提及的是統治階級推行文化專制主義對文化發展造成的破壞。文化專制主義是政治上專制主義中央集權在文化領域的反映，其目的是為了強化思想統治。清前期專制主義中央集權是從加強

皇權開始的。順治皇帝即位時年紀尚幼，由多爾袞攝政。多爾袞飛揚跋扈，不把幼小的皇帝放在眼裡。順治帝親政後，儘管多爾袞已死，還是追論了他的罪狀，削去爵位。這是順治帝加強皇權採取的措施。康熙帝即位時只有八歲，由鰲拜等四大臣輔政。鰲拜對康熙帝也很輕視，以致康熙帝親政以後，鰲拜在皇帝面前仍然十分放肆，對皇權構成極大的威脅。康熙帝智擒鰲拜，既鞏固了皇權，也真正實現了「親政」，為展示他的雄才大略創造了條件。雍正帝即位以後，為了立國本以固人心，避免皇子爭儲位，儲君與皇帝爭權，建立了秘密立儲制度。這是中國歷史上一種新的制度，對鞏固皇權有重要意義。

清朝統治者為加強中央集權，而設立了有關機構，此舉始於康熙帝。康熙十六年（1677 年），清政府設立南書房，在翰林內選擇博學善書者，常侍皇帝左右，講求文義。後來，南書房的權力有所擴大，擬寫諭旨，發布政令，「非崇班貴儕，上所親信者不得入」[7]。雍正年間，清政府用兵西北，為了保證戰爭順利進行，雍正帝諭令在內閣之外建立軍機房，辦理軍需事宜。後來，軍機房更名軍機處，由皇帝任命軍機大臣，「掌軍國大政，以贊軍務」。「自雍、乾後百八十年，威命所寄，不於內閣而於軍機處。」[8]軍機處的設立，使清朝皇帝朝綱獨攬，集權於一身，專制主義的中央集權制大大加強了。隨著軍機處的設立，「廷寄」制度也應運而生。廷寄是諭旨的一種下發形式，它使皇帝的諭旨經過軍機處密封，驛馬傳遞，直達收件的地方督撫。這樣，中央和地方的聯繫進一步加強，皇帝的意志可以暢通無阻直達地方。

清前期政治上專制主義中央集權反映到文化領域，便形成了文化專制主義，其突出表現是銷毀書籍和大興文字獄。

明清之際是中國社會發生天翻地覆大變動的時代。清初，實行民族壓迫政策，曾激起廣大漢族民眾及其知識分子的反抗。因此，在那一時代的許多著述中，存在著反清思想，以及對清朝統治者的詆毀之詞。顯然，這些對清朝統治是

7　蕭奭：《永憲錄》卷一。
8　《清史稿》卷一七六，《軍機大臣年表一》。

極為不利的。早在康熙年間，就發生過禁書事件。乾隆朝中葉，清朝進入鼎盛時代，統治階級有更多的時間和精力關注思想和文化，尤其是編輯《四庫全書》，在民間大量搜尋書籍，為清朝統治者銷毀那些不利於自己統治的文字記載提供了機會。於是，隨著《四庫全書》的編纂，清朝統治者也開始大規模銷毀書籍。

清朝統治者認為，野史稗乘、文集筆記、奏書雜纂、石刻碑銘、劇本曲本、郡邑志乘、天文占驗等類書籍中，荒誕不經、語涉抵觸的內容可能較多，因而便把查繳這幾類書籍作為重點。結果，在編纂《四庫全書》過程中，清朝統治者銷毀書籍三千一百多種，十五萬一千多部，銷毀書版八萬塊以上。在這場文化浩劫中，中國古代典籍損失之大，對當時思想文化領域造成的危害之深重，是人們難以表述和估量的。[9]

與銷毀書籍相比，文字獄所造成的災難更為深重。作為文化專制主義的表現形式，清朝統治者實行文字獄是為了壓制人們的思想和言論。清前期的文字獄始於康熙朝，起初是為了阻遏反清復明思潮而採取的嚴酷措施。清朝統治穩定以後，文字獄則成為清朝統治者對文化思想領域進行嚴密控制的產物。雍正年間，統治階級內部矛盾激化，大興文字獄除了鎮壓具有反清思想的知識分子外，還成了統治階級內部鬥爭的工具，因而案件數目增多，罪名也更加苛細。到了乾隆朝，實行文字獄更多的是望文生義，捕風捉影，而且把打擊的重點轉移到下層知識分子。清前期文字獄總計發生一百餘起，二百餘人被判死刑，受株連而被判各種刑罰的不可勝記。

除了文化專制破壞了清前期的文化發展外，統治階級的盲目虛驕，自大心態，以及對一些問題的錯誤認識，也影響了清前期的文化發展，這在乾隆朝反映得尤為明顯。

乾隆五十八年（1793 年），英國派使團前來中國，帶來了天文、地理儀器以及車輛、武器、船隻模型等。乾隆帝在避暑山莊接見了英國使團。當時，英國經

9　參見黃愛平：《四庫全書纂修研究》第 3 章，北京，中國人民大學出版社，1989。

過資產階級革命，正在進行工業革命，資本主義迅速發展，社會生產力有了極大提高，已經開始成為世界強國。對於這一切，乾隆帝全然不知，也不對那些儀器、武器等進行研究，卻在敕書中說：天朝物產豐盈，無所不有，原不假外夷貨物，以通有無。顯然，這樣的態度妨礙了對世界的了解，也隔斷了和世界各國的文化交流，不利於中國文化的發展。至於乾隆帝在十八世紀後期還在提倡刀馬技藝，反對在軍隊中演習火器，這不僅嚴重地脫離了當時世界形勢的發展，而且使中國的科學技術和武器製造更加落後，對中國以後的發展產生了極為不利的影響。

第三節·
文化對社會
的影響

清前期文化政策的推行和文化建設工程的實施，對國家的統一和經濟的發展產生了積極影響，而銷毀書籍和大興文字獄，則延緩了社會的進步。因此，清前期文化對社會的影響是雙方面的。

從積極的方面看，清前期文化促進了多民族國家的統一和各民族的融合，以及社會經濟的發展。這主要表現在以下幾方面：首先，科舉制度的實施，尤其是舉薦博學鴻儒，一定程度上緩和了知識分子和清政府的矛盾，有利於社會秩序的穩定，從而為經濟的發展和社會各項事業的進步創造了條件。清初，許多知識分子對清政府抱有敵視態度，採取不合作政策，有的加入了抗清鬥爭的行列，有的

遁入山林。隨著清政府民族壓迫政策的緩解，國內統一戰爭的結束，清政府需要大批人才管理國家，振興文教，一些知識分子從自身的發展前途考慮，也需要為國家效力，做出貢獻。這樣，清初科舉制度的實施，為知識分子和清政府合作提供了契機。康熙年間舉薦博學鴻儒更是這樣。當時許多反對過清政府的大學者經過舉薦，走上了和清政府合作的道路。他們大多被授為翰林院官員，或參加《明史》的修撰，或負責有關的文化工作。更多的知識分子參與清政府各方面的工作建設，有利於社會的穩定和國家的發展。問題還不止於此。清前期統治階級在強調士為四民之首的同時，還特別強調全社會都要向士看齊。既然士已經轉變了對清政府的態度，社會的其他階層當然也應效法。這一切有利於清前期社會的有序發展。

其次，科學技術的發展，特別是火器的製造和使用，在平定叛亂和割據勢力中起了重要作用，有利於國家的統一和社會的安定。在西方傳教士的幫助下，以及清朝自身科學家的努力，清初的火器製造已經達到了相當的水平。一種被稱為連珠銃的火器，可以連續發射。另一種火器衝天炮，威力大，射程遠。清政府在平定三藩之亂過程中，以及對准噶爾蒙古分裂勢力鬥爭中，火器的使用對戰爭的勝利都起了重要作用。此外，科學技術對清朝社會發展產生的影響，還表現在天文曆法的進步，優良品種的培育及推廣等方面，從而促進了農業經濟的發展。

再次，皇家園林圓明園和避暑山莊建成後，清朝統治者在裡面舉行過許多活動，其中大多是文化活動的內容。比如在避暑山莊萬樹園中舉行大蒙古包宴，參加的有蒙古王公，回部伯克，哈薩克、布魯特諸部首領。宴會中，要表演許多少數民族舞蹈，節奏緊張歡快。一些少數民族雜技表演內容更是豐富，有走繩、跳板、爬桿、吞刀、吐火、翻跟斗等。在圓明園中，從康熙年間開始，就有元宵節觀燈放煙火的習俗，乾隆皇帝即位後對此有所發展，他常請新疆哈薩克、布魯特、塔什罕回人首領在這裡觀看煙火。不僅如此，清朝統治者還在西苑西南門內山高水長樓，請少數民族上層人士看煙火，表演各種舞蹈雜技。清政府舉行的這些文化活動，對安撫和團結少數民族上層人士起了重要作用，客觀上有利於清朝多民族國家的統一和鞏固。

最後，清前期民族文化的交流，促進了各民族的融合。滿族貴族常娶蒙古王公的女兒為后妃，也常把公主下嫁給蒙古王公。這樣，就使得清前期滿蒙上層聯姻不斷。滿族貴族公主下嫁，把滿族及中原內地文化帶到了草原，而蒙古王公的女兒則把北方草原文化帶到了宮廷和內地，滿蒙兩個民族進一步融合。對於這種現象，乾隆皇帝曾經寫詩說：塞牧雖稱遠，姻盟向最親。此外，由於人口遷移，一部分漢族人民來到蒙古地區，進一步促進了蒙漢兩族的融合。

康熙皇帝在談到舉薦博學鴻儒的時候曾說：一代之興，必有文運振起。他對文化促進社會發展的關係作了概括說明，而這也正是清前期文化促進社會發展的寫照。

從消極的方面看，清前期的文化政策延緩了社會的進步。銷毀書籍，大興文字獄，對社會生產力造成了直接的破壞。文化專制主義造成學術自由受到限制，思想發展受到束縛，從而使社會文化發展失去了生機和活力。許多學者埋頭於繁瑣的考據，沒有時間和精力關注那些與經濟發展密切相關的有關學科，造成了科學技術的落後。文化專制主義還造成了對外國傳教士的排斥，進而發展為閉關鎖國政策，中斷了中西文化交流，阻礙了向西方學習先進科學技術的道路，拉大了和西方國家發展的差距。

第二章

清前期文化的
時代精神

　　清前期文化在中國文化發展史上占有重要地位。各民族文化相互交流影響有了加強。傳統文化得到了歷史性總結。文化的批判精神和經世致用精神也有了進一步體現。

第一節 ·
民族文化相互交流
影響的加強

中國是一個多民族國家，清前期各個民族都已經形成為單一穩定的民族共同體。各個民族在發展本民族文化的過程中，加強了相互之間的交流和影響。

清前期各民族文化相互交流和影響的加強，與民族分布的格局有關。清前期中國各民族分布表現出大分散小聚居的特點。一方面，漢族人口分布全國，各少數民族居住的地區都有漢族居民。另一方面，在漢族居住地區，各少數民族大都又有自己或大或小的聚居區，與漢族和其他少數民族交錯雜居。這種民族分布的態勢，有利於各民族之間的文化交流。

清前期各民族文化相互交流和影響的加強，也與人口的流動有關。清代前期，由於政治、軍事等方面的原因，清政府曾多次組織實施人口遷移，例如清初滿族和東北各少數民族人口的大量入關，進居中原內地；乾隆年間東北各少數民族軍隊到新疆戍守；清政府把各種「罪犯」流放到邊疆地區；為了改變一些地方人口稀少、土地荒蕪的狀況，清初向遼東和四川移民，乾隆年間組織移民到新疆屯田等。由於自然災害等原因造成的流民遷徙，在清代前期的人口流動中占有重要地位，而且規模大，數量多。一般說來，直隸、山東、河南、山西、陝西等省的流民向東北和內蒙古移動；南方的流民向雲南、貴州、廣西、臺灣等少數民族居住的地區移動。人口的流動，影響了民族分布，也促進了各民族的文化交流。

清前期各民族文化相互交流和影響加強的基礎是各民族文化的發展。清代前期，漢族作為主體民族，在學術思想、倫理道德、教育、史學、文學、藝術、科學技術等方面都有了發展，因地區環境不同，社會風俗也異彩紛呈。乾嘉學派的出現反映了清前期漢族學術的發展水平，這個學派在經學、文字音韻、名物訓詁、歷史地理、天文曆算、金石樂律、校勘輯佚等方面都做出了成績，產生了很大影響。沈德潛、袁枚、翁方綱等人的詩，或筆力遒勁，或平正典雅，或清新靈巧，或質實充厚。以方苞、劉大櫆、姚鼐為代表的桐城派古文，語言簡潔，寓意深刻，講求章法，形式完美。蒲松齡的《聊齋志異》，吳敬梓的《儒林外史》，以及曹雪芹用漢文創作的《紅樓夢》，情節曲折，形象生動。洪昇的《長生殿》、孔尚任的《桃花扇》等戲劇創作，把現實主義和浪漫主義結合在一起。上述一切，反映了清前期漢族文學的發展水平。王翬、汪士慎、金農等畫家，或畫山水，或畫花鳥，或畫人物，取法自然，模仿古人，推陳出新，反映了清前期漢族文人在繪畫方面的水平。天津楊柳青、河南朱仙鎮、蘇州桃花塢等地的年畫，題材廣泛，線條明快，色彩鮮豔，反映了清前期漢族民間繪畫的繁榮。圓明園、避暑山莊和外八廟，以及擴建後的紫禁城，富麗堂皇，氣勢雄偉，反映了清前期漢族在建築方面達到的水平。徐大椿等人對醫學理論的探討，趙學敏等人在藥劑學方面的研究，以葉桂等人為代表的溫病學派的形成，反映了清前期漢族在醫學方面取得的成就。漢族在文化各領域取得的成就，為清前期各民族文化相互交流影響的加強奠定了堅實的基礎。

　　各少數民族文化的發展，是清前期各民族文化相互交流影響加強的重要因素。蒙古族《蒙古源流》的成書，藏族《西藏王臣史》的刊印，維吾爾族《和卓傳》的出版，彝族《西南彝志》的完成，反映了清前期少數民族史學的繁榮。蒙古族《格斯爾傳》民間文學巨著的出現，《好來寶》的廣泛演唱，回族馬世俊等詩文書畫的創作，藏族《格薩爾王傳》民間英雄史詩的流傳，倉央嘉措情歌的創作，維吾爾族長詩《熱碧婭——賽丁》的完成，苗族以口頭歌唱形式表達的詩歌，瑤族民歌的流傳，黎族《葫蘆瓜》等神話傳說的創作，彝族《媽媽的女兒》歌謠的傳唱，壯族《儂智高》故事的流傳等，反映了清前期少數民族文學取得了斐然的成就。提起少數民族藝術，在清前期更是無比璀璨。歌舞音樂形式多樣，

戲曲音樂內容豐富，民間舞蹈千姿百態。清前期少數民族在科技方面也取得了突出的成就。蒙古族在天文學、數學、地理學、醫學方面有了發展。藏族的醫學，維吾爾族的農業技術，壯族的織造技藝，彝族的火器，都取得了相當的進步。在生活習俗方面，各少數民族也是多姿多彩。上述一切，是清前期各民族文化相互交流影響加強的可靠保障。

清前期各民族文化相互影響的加強，是通過民族文化交流實現的。清前期的民族文化交流，既有漢族和各少數民族之間的文化交流，也有各少數民族相互間的文化交流，形式多種多樣。

如前所述，清前期漢族是主體民族，和少數民族相比文化發展相對說來程度較高，因此，在漢族和各少數民族文化交流中，許多少數民族吸收了漢族的先進文化，進而發展了本民族的文化。各少數民族文化發展水平不同，但都具有自己的特點，因而漢族通過文化交流也從少數民族文化中吸取了營養，使漢族文化更加發揚光大。具體說，在漢族和各少數民族的文化交流中，從滿、漢兩個民族看，滿族吸取了漢族的先進文化，滿族文化也影響了漢族。從蒙、漢兩個民族看，隨著清朝建立，許多蒙古人入關，和漢族人民交錯雜居，也有很多內地漢族人來到蒙古地區定居，這一切，使蒙、漢兩個民族在編纂書籍、文學、藝術、教育、科技、生活習慣等方面，都相互產生了影響。漢族和其他少數民族的文化交流也有了很大發展。東北少數民族在漢族文化的影響下，語言、住宅、喜慶節日等方面都具有了漢族特點。西北地區的許多少數民族人都會說漢語，文學、藝術、學術等方面在漢族文化影響下，得到了較大發展。在西南各少數民族中，漢族文化對藏族產生了很大影響，藏族醫學在漢族醫學的影響下，在醫治地方性疾病和牲畜疾病方面產生了很好的療效。彝族逐漸接受了漢族人的生活習俗。許多白族人說漢語、習漢字。一些納西族封建領主的服食漸同漢制。苗、羌等族也都接受了漢族文化的很多影響。通過興辦學校和書院，漢族文化也影響了中南、東南地區的少數民族。壯族中出現了許多有成就的知識分子。土家族中產生了一批詩人。少數民族在接受漢族文化影響的同時，本民族的文化對漢族也產生了影響。

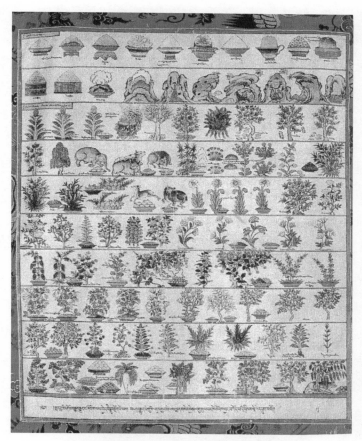

《四部醫典系列掛圖》藏醫植物藥圖譜

　　除了漢族和各少數民族的文化交流外，在清前期統一國家範圍內，各少數民族之間也進行了廣泛的文化交流。滿族和蒙古族在文字、音樂、服飾等方面，相互產生了影響。清政府通過扶植藏傳佛教，派遣駐藏大臣，促進了滿族和藏族的文化交流。蒙古族和藏族有著共同的宗教信仰，在清前期統一的國家範圍內，文學、史學、醫學、建築等方面相互之間產生了很大影響。其他少數民族之間的文化交流也得到了充分的發展。正是通過各民族文化交流，清前期各民族文化相互影響才有了明顯的加強。

　　清前期各民族文化相互交流影響的加強在許多典籍中都有記載，在許多方面都有表現。在東北邊疆地區，史載：「寧古塔，尚淳實，耕作之餘，尤好射獵。

近年漢字事件日增，競談文墨。」[1]「吉林，本滿洲故里，蒙古、漢軍錯屯而居，亦皆習為國語。近數十年流民漸多，屯居者已漸習為漢語。」「至各屬城內商賈雲集，漢十居八九。居官者四品以下率皆移居近城二三十里內，侵晨赴署辦事，申酉間仍復回屯，其四品以下職任較繁者，不得不移居城內，子孫遂多習漢語。」[2]由此可見少數民族漢文化水平的提高。在臺灣，由於移居的漢族人民帶去了先進的生產技術，傳播了漢族先進的生產工具和技藝，高山族人民衣食住行等物質生活得到了改善，生活習俗也有所變化。在衣飾上，布匹逐漸代替了鹿皮和粗厚的麻布。在飲食上，稻米、黍麥慢慢取代了芋薯和野獸肉。在居住上，高敞的草房日益增多。隨著學校的建立，許多高山族兒童能夠熟讀漢文古籍和書寫漢字，「東螺、貓兒干間，有讀書識字之番，有能背誦毛詩者，口齒頗真，往素牌票，亦能句讀」[3]。

這裡需要強調的是，民族的融合更集中地體現了清前期各民族文化相互交流影響的加強。還在清朝初年，滿洲八旗中的漢人，以及漢軍八旗人員，通過學習滿文，講滿語，練騎射，和滿族通婚，已有相當一部分滿族化了。清代前期，來到蒙古地區的漢族人，為求生計，在開荒種地過程中，「習蒙語，行蒙俗，入蒙籍，娶蒙婦」[4]，逐漸融合於蒙古族。一部分滿族人和漢族人通婚，講漢話，改用漢姓，穿漢服，「旗民久已聯為一體，毫無畛域」[5]。

1 《吉林外紀》卷八。
2 《吉林外紀》卷三。
3 《臺灣使槎錄》卷七、卷五。
4 《朝陽縣志》卷二十六。
5 《皇朝經世文編》卷三十五。

傳統文化的
歷史性總結

　　對傳統文化進行歷史性總結，是清前期文化的一個顯著特徵。清前期對傳統文化進行總結是通過兩條途徑實現的，一是清政府組織實施的書籍編纂，二是乾嘉學派的學者們對古代典籍的校勘、輯佚和辨偽。上述兩方面的情況除了和清前期國力強盛有關外，也是由清前期統治階級實施文化專制政策決定的。清前期統治者一方面大興文字獄，焚毀書籍，另一方面，還要標榜文治，對知識分子進行籠絡，即所謂「恩威並用，寬猛相濟」。對知識分子進行籠絡的最好辦法，就是在「崇興儒學」、「弘揚文化」的口號下，把他們組織起來編纂書籍，引導他們去整理古籍。一些文人學者在文化專制的淫威下，提心吊膽，謹小慎微，也願意把自己的精力投入到與世無爭而官方又提倡的古籍整理中去。就這樣，清前期在總結傳統文化方面取得了蔚為大觀的成就。

　　清前期編纂書籍是從順治朝開始的。順治帝在位期間，曾準備纂修《明史》，後因條件未具備而作罷，不過，這卻為以後的工作奠定了基礎。順治帝親政後，在短短的幾年中就編成了《通鑑全書》、《資政要覽》等近十種書籍，開啟了有清一代圖書編纂的風氣。康熙帝即位後，更加提倡編纂書籍，所編之書既有經史學科有關政事的，也有文字、音韻、地理、輿圖、曆象、書畫、植物等有關各方面知識的。據有人估算，康熙朝六十年裡，官方修書活動達三四十起，平

均一年多就有一起。[6]乾隆帝統治的前中期，編纂書籍達到高潮，內容包括政書、史書、字典、律例、方略、輿地志乘各個方面，多達一百二十餘種，七千餘卷，已經超過了康熙朝。

清前期通過編纂書籍對傳統文化進行總結，應當提到《古今圖書集成》一書。它是中國最大的一部類書。該書始編於康熙朝中期，成書於雍正朝初期，前後經過二三十年。全書分六編、三十二典、六千一百一十九部，總計一萬卷。《古今圖書集成》一書材料豐富，「始之以《歷象》，觀天文也；次之以《方輿》，察地理也；次之以《明倫》，立人極也；又次之

《古今圖書集成》書照

以《博物》、《理學》、《經濟》，則格物致知、誠意正心、治國平天下之道，咸具於是矣」[7]。書中的職方典、藝術典、氏族典、經籍典、邊裔典、閨媛典、食貨典、考工典，尤其反映了該書集大成的特色。在清前期中國古代類書已經流傳不多的情況下，《古今圖書集成》的編纂，對於總結中國歷史上的傳統文化有重要意義。

乾隆朝《四庫全書》的編纂，對於總結中國傳統文化的意義更是重大。該書編纂前後經歷了近二十年，包括存書三千四百七十部，總計七萬九千〇一十八卷，裝成三萬六千三百冊。此外，還有《四庫全書總目提要》二百卷，《四庫全書考證》一百卷，《四庫全書簡明目錄》二十卷。全書內容分經、史、子、集四大部，每部又區分許多類。《四庫全書》書籍的來源，有的是宮中所藏，有的是清代人自編的，更多的則是各省搜求繳進的，私人藏書獻出的，還有相當一部分是從《永樂大典》輯出的佚書。清代前期，中國古典文獻在長期流傳中，由於戰亂等造成的損失，使許多著作亡佚，幸存下來的，也有許多訛脫衍誤。在這種情

6　參見華立：《四庫全書縱橫談》，7頁，上海，上海古籍出版社，1988。
7　《古今圖書集成》序。

況下，通過編纂《四庫全書》，一些珍藏的宋刻、元鈔善本和失傳幾百年的珍本得以問世。所以，纂修《四庫全書》是對中國傳統文化的一個大總結。

　　乾嘉學派的學者們通過辛勤的勞動，為總結傳統文化做出了不可磨滅的貢獻。這也是清前期文化的一個時代特色。乾嘉學派由清初顧炎武發其端，隨後以胡渭、閻若璩奠定基礎，到惠棟、戴震時最後形成。乾嘉學派中的六十餘名學者，有的對儒家經典進行了注疏整理，訓詁箋釋；有的在文字學、音韻學方面狠下工夫，對古代有關著作進行研究；有的對以往的歷史著作進行考證辨偽；還有的學者校勘子學，輯錄亡佚，辨正偽書，在整理古籍方面成就巨大。例如從《永樂大典》中，就輯出亡佚之書三百七十五種，四千九百二十六卷。還有的收集元朝以前散見的佚文三千餘家，從而可以和《全唐文》相銜接。前曾指出，中國古代文化典籍豐富，但由於長期輾轉相傳，因為各種原因，有的殘缺亡佚，有的訛誤顛倒，有的真假錯亂，還有的因字形音義變化，晦澀難解。在這種情況下，乾嘉學派的學者們通過訓詁箋釋、版本鑑定、文字校勘、辨偽輯佚等方法和手段，對傳統文化進行了大規模的總結整理，從而保存了以往豐富的文化遺產。[8]

　　清前期由於對傳統文化進行了歷史性總結，帶動了各方面文化的發展，從而使清前期文化又具有集大成和創發的特色。

　　所謂集大成，是指中國傳統文化發展到清前期，許多方面都趨於成熟，境界上達到了最高階段，取得了突出的成就，帶有包羅萬象的特色。所謂創發，主要指的是中國文化某些方面在承續傳統的同時，又具有批判、開新的特點，在新的歷史時期表現出一股剛勁的力量。清前期文化表現出的這種特色不是偶然的，如前所述，它與當時中國多民族國家空前統一和鞏固、封建經濟繁榮與發展、國內各民族的關係以及清朝和世界各國的關係進入了新階段有關。

　　清前期文化集大成與創發的特色在學術、文化交流、倫理道德思想、史學、文學、藝術等各方面都有表現。在學術方面，清前期人才輩出，學派眾多，開出了一片新天地。清初理學各派帶著鮮明的時代特徵走上歷史舞臺，體現出批判改

8　參見王俊義、黃愛平：《清代學術與文化》，396-399 頁，瀋陽，遼寧教育出版社，1993。

造理學，從融合朱熹和王陽明到最後尊崇朱熹。傅山以先秦諸子為中國學術的源頭，倡導並身體力行地研究先秦諸子學說，開啟了清前期子學復興的先河。乾嘉時期的學術包括經學、史學、語言文字學、金石考古、天文曆算以及輿地、詩文等學科，都籠罩在漢代經師所倡導的樸實考據學風之下，在中國學術史上形成了與先秦子學、兩漢經學、魏晉玄學、隋唐佛學和宋明理學相媲美的清代漢學，博大精深。

　　在文化交流方面，清前期呈現出異彩紛呈的局面。既有國內各民族間的文化交流，又有和亞洲各國的文化交流，還有和歐洲的文化交流，這是以往歷史上很少見的。在國內各民族的文化交流中，因為漢族和各少數民族文化各有特點，在反對封建專制的鬥爭中，在改造自然、爭得生存的過程裡，漢族和各少數民族相互依存，形成了密不可分的聯繫，結果，漢族文化影響了各少數民族，各少數民族的文化也影響了漢族。在多元一體的格局下，中國各民族的文化都得到了史無前例的大發展。在和亞洲日本、朝鮮、琉球、越南、緬甸等國的文化交流中，中國的禮制、官制、學制、服制等各種制度，建築、繪畫、學術、書法、醫學、語言文字等方面，給予了這些國家以很大影響。同樣，這些國家的文化，也給中國文化以程度不同的影響。清前期在和歐洲各國的文化交流中，一方面是歐洲的科學技術通過傳教士傳到了中國；另一方面是這些傳教士把中國的文化傳到了歐洲。在歐洲人了解中國歷史、生活習俗、地質礦產的同時，中國的瓷器、漆器、絲綢以及一些工藝美術品也傳到了歐洲，產生了深遠的影響。中國的儒家學說和社會文化等，極受法國哲學家推崇。中國的瓷器、漆器、金屬器、琺瑯器，成為歐洲效法的榜樣。中國文化傳入歐洲，對歐洲文化的發展起到了激發作用。這一切，也是中國歷史上所僅見的。

　　在倫理道德思想方面，清前期的學者不僅批判了宋明理學的道德觀，而且重視道德理論的研究，以及道德方面的建設，把道德倫理和社會風俗的改善聯繫起來，起到了移風易俗的作用。此外，清前期學者還批判了宋明理學家的禁欲主義，分析了理、欲間的辯證關係，把理欲和情理結合起來，高揚了個性解放的人文精神。在人性論方面，清前期學者批判宋儒把「天地之性」與「氣質之性」絕對地對立起來的做法，在氣一元論的前提下談人性問題，發揮了性善論，把人性

論的研究推向了新高峰。在義利觀方面，清前期學者反對傳統的倫理道德至上主義，指出追求利益的合理性，重視義與利的相互聯繫，尤其強調利的重要性，體現出明顯的功利主義特徵。這一切，表現了清前期文化發展上的創發特點。

在史學方面，由於清朝統治者的高度重視，成立了規模龐大、組織嚴密的各類史館，使清前期官修史書無論是在數量上或種類上，都遠遠超過了以往任何一個封建王朝。史書印製精美，達到了世界最高水平。清前期湧現了許多傑出的史學家，他們的著述取材宏富，體裁新穎，立論卓異，為中國傳統史學的發展增添了異彩。在史學理論方面，清前期也取得了重大進展。章學誠的《文史通義》，在有關歷史研究的宗旨、方法和史學編纂等問題方面，都有著精闢的論說。清前期蒙古、藏、維吾爾、彝等少數民族的史學也有顯著的發展，呈現出繁榮的景象。

在文學方面，清前期的文學由於所處的社會文化環境與前代有著很大的不同，因而有著鮮明的時代特色，取得了不同尋常的成就。在詩、詞、散文領域，湧現了眾多的作家和不同的創作流派，歷代盛行的各種文學體裁都有所繼承和發展。戲曲文學繼承了以往的現實主義和浪漫主義的傳統，出現了以《長生殿》、《桃花扇》為代表的一批優秀作品，達到了戲曲創作的最高成就。在小說創作方面，《聊齋志異》、《儒林外史》、《紅樓夢》等，生動描繪了那個時代五彩斑斕的社會生活，刻畫出許多不朽的藝術形象，具有極高的思想價值和藝術價值。尤其是小說《紅樓夢》，既具有深刻的思想性，又具有完美的藝術性，達到了中國古典小說創作的最高峰。此外，地方戲曲和說唱文學也得到了發展。少數民族文學取得了長足的進步。

在藝術領域，清前期是中國古代繪畫史上的鼎盛時期，畫家人數眾多，藝術流派紛繁，形式技巧多所變革。宮廷畫家、民間畫家、文人畫家鼎足而立，山水畫、花鳥畫、人物畫、年畫、壁畫爭奇鬥豔。在書法方面，突破了宋、明以來帖學的樊籠，開創了碑學的新時期，特別是在篆書、隸書和北魏碑體方面，取得了突出的成就，形成了雄渾淵懿的藝術風格。清前期音樂有宮廷音樂、民間音樂、少數民族音樂之分，風格各異，彼此相互滲透，相互影響，都有了很大發展。在

舞蹈方面，漢民族舞蹈和少數民族舞蹈都出現了興盛局面，舞蹈在戲劇中得到了進一步發展。漢族民間舞蹈，形成了南柔北剛的特色。少數民族舞蹈千姿百態，各有特色。清前期的地方戲劇也進入興盛時期，不同地方的戲劇各有風格。尤其是乾隆年間的徽班大進京匯演，為後來京劇的誕生奠定了基礎。少數民族戲劇也得到了較大發展，具有鮮明的民族特色。在園林藝術方面，無論是皇家園林，還是私人園林，都更重視建築特點，注意植物景觀、園林用水、假山疊石、天然借景等的作用。圓明園和避暑山莊的興建，反映了清前期的園林藝術達到了極高的水平。這一切，也都表明了清前期文化的集大成與創發的特色。

第三節 ·
高揚批判和
經世致用的旗幟

針對統治階級推行封建專制主義和提倡理學，清前期一些學者高揚批判封建專制主義和理學的大旗，發出了時代的吶喊。與此同時，他們強調研究學問要和社會實際相結合。

首先是批判封建專制主義，代表人物有黃宗羲、唐甄、錢大昕和龔自珍等。黃宗羲在《明夷待訪錄》一書中，對封建專制主義進行了猛烈的批判，提出封建君主是「寇仇」和「獨夫」。他指出，封建君主為了自己的淫樂，不惜荼毒天下肝腦，離散天下子女，敲剝天下骨髓，因而是天下的「大害」。黃宗羲痛斥封建君主專制制度下的法令不是天下之法，而是一家之法，因而也是非法之法。他還

主張，不應以天子是非定是非，因為天子之所是未必是，天子之所非未必非。黃宗羲還明確提出「貴不在朝廷，賤不在草莽」[9]，公開否認皇室的特權地位。

黃宗羲像

唐甄在《潛書》中，把封建君主看作是殺人的劊子手和罪惡的淵藪。他先是否定了君主的神聖地位，認為君主和平民一樣也是人，進而指出自秦以來，帝王都是賊，都是屠殺百姓的劊子手，清代的帝王也不例外。應當怎樣對待這些殺人的君主呢？唐甄主張用極刑處置他們。[10]

錢大昕對封建專制主義的批判是通過考史論學的形式進行的。眾所周知，在封建社會中，君主的地位至高無上，弒君被認為是大逆不道。錢大昕在議論春秋時代弒君頻仍的歷史時，卻指出，那些被殺的君主都是無道昏君，如果君主賢明，就不會產生亂臣賊子。他反問說：「君誠有道，何至於弒？」[11]

龔自珍對封建專制主義的批判，表現在他寫的一組政論文《明良論》中。他揭露批判了封建專制主義之下的君臣關係，指出：專制君主把臣下看作犬馬，專制制度好比一根繩索，捆綁著官吏的手足。官吏們則是以犬馬自居，毫無廉恥，只知道醉心利祿，諂媚君主。不管是文臣武將，平日只知道吟詩作畫，貪戀於車馬服飾，一旦國家有事，則四處逃奔。在《乙丙之際箸議》、《尊隱》、《平均篇》等文章中，龔自珍還把清前期社會演變的趨勢分成亂世、衰世、治世等幾個階段，指出道光朝已是衰世階段，隨之而來的將是亂世。龔自珍批判說，在封建專制主義之下的衰世，不僅缺乏有才能的將相，而且也沒有有才能的士、農、工、商，甚至盜賊也都是低能兒。所以出現這種情況，正是封建專制制度扼殺了人們

9　《明夷待訪錄》，《原法》。
10　《潛書》，《室語篇》。
11　《潛研堂文集》卷七。

的聰明才智，混淆了一切善惡美醜，使人們是非不辨，黑白不分。龔自珍還把封建專制下的社會比作為吃人的老虎，認為只有變革社會，才能改變這種吃人的狀況。為此，他大聲疾呼：「九州生氣恃風雷，萬馬齊喑究可哀。我勸天公重抖擻，不拘一格降人才。」[12]

《明夷待訪錄》書照

其次是批判唯心主義理學，代表人物有顧炎武、朱之瑜、王夫之、傅山、顏元、戴震等。顧炎武批判了理學的空談心性，指出所謂的理學，不過是禪學而已。朱之瑜批判理學的脫離實際，虛偽浮誇，認為這樣的學問足以敗壞人心，亂政亡國。他斥責理學家「不曾做得一事」，是「優孟衣冠」，「與今和尚一般」[13]。王夫之從哲學思想上對理學觀點進行了清算，針對理學家主張的「理先氣後」，他反其道而行之，提出「於氣上見理」[14]。理學家強調「存天理，滅人欲」，王夫之則指出天理和人欲密不可分，如果離開人欲而別有天理，那不過是佛學的說教，從而揭露了理學的唯心主義本質。王夫之還指斥理學是誤國之學、亡國之學，所造成的禍害勝於洪水猛獸。

傅山對理學的批判非常尖銳。他把理學家比作「陋儒」、「瞎儒」，認為他們的言行和瞎子的言行沒有什麼區別，都是在溝渠中自以為大。他們生前借偶像以自尊，死後配祀孔廟以盜名。傅山指出，理學家們多不知詩文為何物，他們不過是「奴君子」，他們的學問也不過是不知所雲的夢話。顏元指斥理學是殺人的學問，理學家與賊沒有什麼不同，對社會造成的危害與砒霜鴆羽也沒有什麼區別。顏元直接批判朱熹，說他只是說話讀書度日，不僅自誤終身，而且企圖率天下人故紙堆中耗盡身心，「成為弱人、病人、無用人」[15]。顏元還批判理學是玄談玄

12 《己亥雜詩》，《龔自珍全集》，538 頁，上海，上海人民出版社，1975。
13 《答安東守約問》，《朱舜水集》卷十，北京，中華書局，1981。
14 王夫之：《讀〈四書大全〉說》卷九。
15 顏元：《朱子語類評》。

妙，對國家和百姓毫無用處，如果大家都像理學家倡導的那樣去做，士農工商之業將會滅棄，百姓也將無以為生。戴震對理學的批判，主要表現在他反對理學關於人性的劃分。理學把人性分成「義理」和「氣質」兩部分，認為「氣質之性」是產生人欲的罪惡淵藪。戴震不同意這種觀點。他認為根本不存在「義理之性」。性是自然的劃分，品物的區別。人性包括欲、情、知三個方面。只要人有生命形體，就必然有欲、情、知。因此，戴震認為理學家所謂「存天理、滅人欲」是非常荒謬的。戴震還揭露理學家所謂的理不過是以強凌弱的口實。他指出：「尊者以理責卑，長者以理責幼，貴者以理責賤，雖失謂之順。卑者、幼者、賤者以理爭之，雖得謂之罪。」[16]戴震對理學的批判，既從理論上擊中了要害，又從實踐上揭露了本質，在當時產生了很大影響。

清初學術思想界在批判唯心主義理學的時候，特別強調經世致用思想，認為研究學問要和社會實際相聯繫。顧炎武強調「多學而識，行必有果」，「見諸行事」。朱之瑜強調「學問之道，貴在實行」，「聖賢之學，俱在踐履」。傅山明確提出「學以濟世」。顏元一生都在提倡實學，認為只有實學才是「救弊之道」。和學術思想界同步，這階段許多文學藝術作品，也大都反映社會現實生活，很少虛浮和形式主義。吳偉業、侯方域等人的詩文，或抒發王朝更替的慨嘆，或描寫戰爭離亂的痛苦，或揭露統治階級的暴政，或敘述有影響的歷史事件，感人至深，催人淚下。著名的傳奇劇作家李玉，大量作品反映的多是現實生活，離亂之苦，亡國之痛，充滿了時代氣息。

清前期經世致用思潮經歷一段時間沉默後，於乾嘉道年間再度崛起。著名學者洪亮吉重視社會實際問題研究，他論述人口增長過速，是造成社會危機的重要原因。陸燿編輯前人文集三十卷，成《切問齋文鈔》一書。書中搜集了清初人的文集中有關議論時政、記述民生的敘述，編成財賦、荒政、河防等十二門，保存了不少反映社會現實的資料。魏源為江蘇布政使賀長齡編輯的《皇朝經世文編》一書，考察漕運、水利等，研究社會實際問題。這裡還應當提到龔自珍。在思想

---

16 戴震：《孟子字義疏證》。

上，龔自珍對封建末世的黑暗與腐朽進行了猛烈的抨擊，希望通過改革，改變社會貧富不齊的現象。在詩歌創作上，他倡一代新風。在史學領域，他關心西北史地，為了維護國家統一和領土完整，主張加強對新疆的管理。這一階段，許多人在治學上都表現出了經世致用的特點，把研究學問和社會現實密切地結合起來。

第三章

紛繁的文化論爭

　　清代前期，文化爭論紛繁，這裡既有傳統文化內部不同學術流派之間的爭論，也有本土文化與外來文化的爭論。清初，文化發展承明舊緒，宋明理學內部之間的爭論沿襲下來，表現為理學與心學的爭論。隨著對理學的批判不斷深入，回歸經典運動的發展，經學考據學逐漸興起，引發了漢學與宋學的爭論。另外，伴隨明清之際西方傳教士紛紛來華，傳播西方文化，這使中西文化首次相互碰撞，因此又引起中學和西學之爭。

第一節 ·

理學與
心學之爭

清初的理學與心學之爭發生在康熙年間,可以分廷內、館內的論爭。廷內是指康熙帝與崔蔚林關於理學真偽的爭論。館內是指因明史館擬立《道學傳》而引發的關於陽明學是非的爭論。

一、理學真偽之辯

理學真偽的爭論是指康熙帝與崔蔚林在宮中就朱熹和王陽明評價所引發的辯論。崔蔚林為朝臣中王學的尊崇者,他曾問學於王學大師孫奇逢。康熙十八年(1679 年)因所撰《大學格物誠意辨》講章一篇進呈,而被康熙帝召至宮中。在宮中,君臣就格物、誠意等問題展開了罕見的直率問答。崔蔚林站在王學立場上對「格物」作出解釋,強調:「格物是格物之本,乃窮吾心之理也。」並對朱熹學說提出質疑,說:「朱子解作天下之事物,未免太泛,於聖學不切。」對朱子格物說太寬泛、太具體化不滿。康熙帝轉而論「誠意」,認為「朱子解『意』字亦不差」。崔蔚林不同意康熙的意見,他從王學出發,指出:「朱子以意為心之所發,有善有惡。臣以意為心之大神明、大主宰,至善無惡。」在「格物」、「誠意」等範疇理解上與康熙帝意見相左。康熙帝的論據也不甚充足,因此沒有當場

加以反駁，以「性理深微，俟再細看」[1]為理由，暫時終止了這場辯論，但他對崔蔚林的觀點是有異議的。不久，康熙帝經過思想上的準備，從程朱理學出發，對崔蔚林的王學觀點進行駁斥。他指出，天命謂性，性即是理。人性本善，但意是心之所發，有善有惡，若不用存誠工夫，豈能一蹴而至？行遠自邇，登高自卑，學問原無獵等，蔚林所言太易。這是說，人性雖說原本是善的，但「意」作為心之所發，應有善有惡，否則就不需要「存誠工夫」。崔蔚林把「意」視為「至善無惡」，如同行遠不自邇，登高不自卑一樣，是荒謬的。康熙帝還從理學分野角度給崔蔚林學術定位，把他歸為王陽明心學系統。

崔蔚林在與康熙帝問答中直述其心學主張，無所顧忌，使康熙帝深感不快，加之崔蔚林言語不顧自己行為，居鄉頗招物議，也引起康熙帝的反感。二十一年（1682 年）六月，康熙帝與內閣近臣議及崔蔚林升遷時，對其人品和學術都進行貶斥。他說：「朕觀其為人不甚優。伊以道學自居，然所謂道學未必是實。聞其居鄉亦不甚好。」[2]一年以後，他提出辨別理學真偽的必要性，說：「日用常行，無非此理。自有理學名目，彼此辯論，朕見言行不相符者甚多。終日講理學，而所行之事全與其言悖謬，豈可謂之理學？若口雖不講，而行事皆與道理吻合，此即真理學也。」[3]這是說理學之名發端於日用常行之理，理學應與人們的言語和日常行為規範之理有關係，而不是玄虛的「性與天道」。檢驗理學真偽的標準是看言語與其行為是否一致。行事與道理相一致就是「真理學」，相反，則是假理學或假道學。康熙帝還把假道學當作斥責言行不一的理學諸臣的習慣語。後來，崔蔚林無法在朝中任職，便告病還鄉。康熙帝又借崔蔚林之事對假道學進行批駁。他說：「崔蔚林乃直隸極惡之人，在地方好生事端，干預詞訟，近聞以草場地土，縱其家人肆行控告。又動輒以道學自居，焉有道學之人而妄行興訟者乎？此皆虛名耳。又詆先賢所釋經傳為差訛，自撰講章甚屬謬戾。彼之引疾乃是託詞，此等人不行懲治，則漢宮孰知畏懼！」[4]

---

1 《康熙起居注》，康熙十八年十月十六日。
2 《康熙起居注》，康熙二十一年六月初三。
3 《清聖祖實錄》卷一一二，康熙二十二年十月辛酉。
4 《康熙起居注》，康熙二十三年二月初三日。

繼崔蔚林後，理學名臣李光地成為假道學又一典型。康熙三十三年（1694年），任順天學政的李光地因其母病故而未堅持疏請回鄉奔喪，被認為是貪位忘親，招致彈劾。康熙帝對假道學的虛偽已無法容忍，便下決心通過《理學真偽論》命題考試，對假理學進行徹底清算。他對理學諸臣「挾仇懷恨」、「務虛名而事干瀆」、「在人主之前作一等語，退後又別作一等語」等言行不一的劣蹟進行駁斥，所鞭撻的不僅是李光地、熊賜瓚，其他理學名臣，如熊賜履、魏象樞、湯斌等也未能幸免。在他看來，「果係道學之人，惟當以忠誠為本」[5]。這是把對朝廷的忠誠看作是道學中人立身處世的准則。

這次爭論雖說有政治色彩，而且最終為政治所左右，但也反映理學和心學之間的對立。如果說崔蔚林代表王學系統，那麼康熙帝則傾向於朱熹理學，這與他一貫推崇朱熹思想是一致的。

二、立《道學傳》引起的爭論

康熙十八年（1679 年），清廷詔開《明史》館，徐乾學為監修。他為修明史所撰《修史條例》（載《憺耳集》）認為，「明朝講學者最多，成弘以後，指歸各別。今宜如《宋史》例，以程朱一派另立《理學傳》。」主張對白沙、陽明、甘泉等人，「如《宋史》象山、慈湖傳例，入《儒林傳》」。館臣中包括朱、陸兩派，學非一途，對此持論各異。對《明史》是否立《道學傳》，陽明應歸入何傳等問題有爭議。代表人物為張烈和毛奇齡。

張烈（1622-1685 年），字武承，一字莊持，大興人。他為學原出王學之門，後易幟反戈，服膺程朱。毛奇齡可謂清代考據學開派宗師之一，但他於理學則尊崇王學，批判朱熹。在是否立《道學傳》上，張烈認為：「《宋史》有《道學傳》，唯《宋史》宜有之。周程紹先聖之絕緒，朱子集諸儒之大成，以《道學》

5　《清聖祖實錄》卷一六三，康熙三十三年閏五月癸酉。

立傳，宜也。」其餘可「列之《儒林》」[6]。對於明代，他認為不宜立《道學傳》，因為王陽明不屬於道學。毛奇齡同意張烈的結論，但所持的論據不同。毛奇齡稱「道學是異學」，主要論據是南北朝道教典籍中已有「道學」之名，並列《道學傳》。毛奇齡考察道學的源流，在指出道學與道教有關係之後，還進一步把道學溯源於老子，稱道學為道家之學。他還把程朱理學視為道學，所以不贊同陽明學為道學，而認為陽明學是儒學。黃宗羲、朱彝尊、陸隴其等對立《道學傳》也持異議。徐乾學根據眾議取消「道學」之名，但把陽明列入勳臣傳。這一主張與張烈看法相同，但削弱了陽明作為一代儒學宗師的地位。毛奇齡對此頗為不滿，但館臣們大都同意徐乾學的意見，他自己也改變不了這一現實。

張烈與毛奇齡就立《道學傳》而引起的爭論，圍繞著心即理、格物致知、知行合一等問題展開。

關於心即理問題。張烈認為，天之道或理，即自然規律並不存於客觀物質世界之外，而通過「時行物生」的自然法則表現出來。人之心也並非存在於「窈窈冥冥」之中，而通過視聽言動這些人類感性行為得以顯現。毛奇齡指出，道（或理）僅是「忠恕」而已。張烈主張，道只在行事中見。毛奇齡則認為道即心之既發。兩人立論角度有所不同。張烈側重從客觀認識論釋心與理，他所謂的道，多為自然之道。毛奇齡則傾向於從道德角度談心與理的關係，主心即理。

王陽明的「心即理」認為，「理」作為道德法則，不存在於道德行為的對象上，如孝、忠並不存在於父或君上，孝忠之理只是人的意識通過實踐所賦予行為與事物的。心即理在一定意義上，即心之條理即理，指人的知覺活動展開有其自然條理，即人的行為道德准則。如依人的知覺的自然條理，事親自然是孝，事君自然是忠，交友自然是信，因此理不在心外。

張烈在批駁這一觀點時，首先肯定君父是客觀存在，而且認為「唯其」為君父，不是其他，所以吾以忠孝事之。當忠當孝者即君父，這是忠孝的對象。知忠

---

6 張烈：《王學質疑》附錄《讀史質疑‧三》。

知孝者，即我心，這是忠孝的行為主體。通過忠孝使君父之理與我心相聯繫，所以，「求此心」，必「求之君父」，把主觀（內）與客觀（外）統一起來。張烈還反對把心與理等同，主張兩者分離，只有這樣才能談合內外之道。

毛奇齡不同意張烈的觀點，他認為，以心求事父之孝道，是在心中建立孝的觀念，使孝成為理性的自覺。在他看來，單憑感官不能獲得對自然的認識，只有用心去把握，運用理性思維才能認識日星風雷等自然界的現象及其規律。道德倫理也是如此，它不是全由個人實踐經驗中直接獲得的，也要依靠理性的自覺，開啟心裡所固有的善的潛能，同時離不開教育、社會影響。道德作為一種社會的行為準則，是被抽象化的理性東西，所以是「虛」。君雖然是客觀存在，「人人有君」，但不能「人皆事君」。事君以忠的忠，對絕大多數人來說是「虛」的東西。作為道德，人人都要承認它的必要。

張烈斷定理從事物中來，忠孝之理必求於君父，有感覺經驗的色彩。毛奇齡從人的理性角度提出問題，強調理性的自覺，比張烈要深刻，但有主觀的、先驗的成分。另外，兩人側重點也不同。張烈重物，毛奇齡重人。這個世界只有人或從人的角度去觀察才有意義，離開人或沒有人，世界雖說存在，但無意義。

關於格物致知問題。王陽明解「格」為「格者，正也。正其不正，以歸於正也」。以「正」訓「格」。張烈反駁說，這是把觀念與觀念的物化混為一談。張烈把格物致知理解為一般的客觀事物認識，而不是從道德角度把握格物致知。張烈還論及格物與誠意等關係，從認識具有的相對性出發，認為未經驗證的善惡是值得懷疑的，確定真理的客觀性，才談得上誠意。他認為在誠意之前，必須即物窮理，判明是非，必以辨明善惡為前提，沒有此前提便是「無頭學問」。

毛奇齡不贊成張烈的觀點，在他看來，誠意為本、為先。格物本於修身，修身又本於誠意，誠意為聖門的第一下手工夫。這是因為未發謂之心，既發謂之意，以意之所發，才開始知道善惡，也正是從意開始，「始能誠於為善，與誠於不為不善」。工夫始於誠意，誠意則自知其不善。誠意類似人生理的本能，它能分辨出善惡，當不善時，它能知曉並通過行為消除惡。他認為誠意就是慎獨，此種工夫為修齊治平的根本。

關於知行合一問題。王陽明把知行合一概括為：「知之真切篤實即是行；行之明覺精察處即是知。」張烈則反對把知和行混為一談，傾向於先知後行之說。他從理論上論證這一主張：「若是，則只曰『行』可矣，或只曰『知』可矣！古人何兼設此二字乎？兼設二字。必確是兩事，不可紊淆。此《易》之對體也。唯其為兩，必自相生，此《易》之流行也。今單執其相生，深斥其兩立者。」[7] 張烈強調知與行是認識的兩極，各有其特定內涵，不容混淆。在這個前提下才有可能談相互聯繫，有「相生」的一面，體統雖分，感應則合。他批評王陽明「好渾同，惡分析」，是從認識論角度提出問題的，張烈還進一步說明自己的看法，認為行不應離開知，離開知的行是盲目的行，所以「行之必先知」，以此來批評王陽明的知行合一，或化知為行，是無的放矢。

毛奇齡在《折客辨學文》中反駁張烈的觀點，為王陽明知行合一辯解。他提出，因為儒者空講理學，有知無行，強調知行合一才是真知真行。但知行合一並不等於兩者相混同。心與物、人與我、內與外、知與行是有區別的。

張烈與毛奇齡的爭論是王學與朱學兩派面對面的交鋒，反映兩派學術上的分歧。在熊賜履、陸隴其、張伯行、李光地等人的努力下，清廷定朱學於一尊，程朱理學被欽定為官方之學。王陽明心學從此一蹶不振。但清初學者，如黃宗羲、黃宗炎、毛奇齡、胡渭、朱彝尊等對宋易先天太極圖的考證批判，揭示朱熹易學的道家性質，也使朱學受到損害。另外，在當時以經學濟理學之窮的學術風氣下，無論是理學還是心學都受到批判，這便為經學考據學的興起掃清了道路。

7　張烈：《王學質疑》卷三。

漢學與
宋學之爭

在中國學術史上，所謂漢、宋學術之分，始自清代。劉師培曾指出：「古無漢學之名，漢學之名始於近代。或以篤信好古該漢學之範圍，然治漢學者未必用漢儒之說；即用漢儒之說，亦未必用以治漢儒所治之書。是則所謂漢學者，不過用漢儒之訓詁以說經，及用漢儒注書之條例以治群書耳。」[8]宋學與漢學在治學風格上是不同的。宋學旨在闡發儒家經典所蘊涵的義理，而漢學則講求對經籍章句的考據訓詁。

一、漢學與宋學的分化

清初雖沒有明顯的漢學與宋學之爭，但諸儒對理學展開批判，以經學濟理學之窮，開始了漢學與宋學的分化。

顧炎武首先揚起經學大旗，反對宋明理學。他把晚明學風歸結為兩點：其一是八股取士的科舉制度。其二是空談心性的宋明理學。他對理學的批判，是將理

8　劉師培：《左庵外集》卷九，《近代漢學變遷論》。

學分為古今，再將古之理學納入經學。「愚獨以為理學之名，自宋人始有之。古之所謂理學，經學也。」[9]古之理學就是經學，捨經學便無理學。所以學者應該「鄙俗學而求六經，舍春華而食秋實」，「以務本原之學」[10]，又將今之理學歸入禪學。「今之所謂理學，禪學也。」[11]現在的理學「不取之五經」，只憑借「語錄」、「帖括」之文，不是經學的本真，是禪學。這可以說是宋學與漢學分化的最初表述。顧炎武治經以漢學為起點，他雖主張應以漢人治經為入手處，但也認為漢以下，乃至近人的書也要參讀。這表明他所反對的是宋學空疏之風，對宋明經注是兼採的。

顧炎武像

黃宗羲雖為王學中人，但對王門後學空談心性進行了批判改造。他說：「明人講學，襲語錄之糟粕，不以六經為根柢，束書而從事於游談。」同時他也主張漢代經師講求訓詁考證之學。他說：「取近代理明義精之學，用漢儒博物考古之功。」[12]也看到漢學與宋學治學不同，倡導兼而有之，反對片面性。黃宗羲治經也善於考證。所著《易學象數論》辨河圖、洛書之非，《授書隨筆》辨古文《尚書》之偽，先於胡渭《易圖明辨》和閻若璩《古文尚書疏證》，對兩人考辨有啟發。

如果說顧炎武對理學的批判，倡導經學，重在扭轉風氣，那麼閻若璩、胡渭繼起用考據學方法，通過辨偽證明宋學錯誤，則是為了表彰漢學。閻若璩用了幾十年的時間撰成《古文尚書疏證》，證明唐、宋以來為功令的《古文尚書》和孔安國《尚書傳》是東晉人梅賾偽造。這便使宋儒所推崇的《古文尚書》中《大禹謨》關於堯、舜、禹個人修養和治國原則的「十六字心傳」（即「人心惟危，道

9　顧炎武：《亭林文集》卷三，《與施愚山書》。
10　顧炎武：《亭林文集》卷四，《與周籍書書》。
11　顧炎武：《亭林文集》卷三，《與施愚山書》。
12　黃宗羲：《南雷文約》卷一，《陸文虎先生墓志銘》。

心惟微，惟精惟一，允執厥中」）失去了存在的客觀基礎，也就是說理學的理論依據之一是假的、虛構的。胡渭撰《易圖明辨》考辨宋《易》河圖、洛書之說，指出《周易》本無圖，宋儒推崇的《易圖》不過是五代道士陳摶偽造的贗品。這也使宋儒借以發揮義理的《易圖》失去其存在的基礎。他們的研究客觀上把漢以後的學術與漢代（包括漢以前）學術分開，促進回歸經典。

毛奇齡治經力闢宋人舊說，表彰漢儒經說，始揭漢學、宋學之稱。他認為，宋明理學空談性理，使儒家經典已被「晦蝕」，這就需要進行深入「剖析」，正本清源，消除「經禍」。他所著《四書改錯》攻擊朱注《四書》，認為《四書注》無一不錯。人錯，天類錯，地類錯，物類錯，官師錯，朝廟錯，邑里錯，宮室錯，器用錯，衣服錯，飲食錯，井田錯，學校錯，郊社錯，禘嘗錯，喪祭錯，禮樂錯，刑政錯，典制錯，故事錯，記述錯，章節錯，句讀錯，引書錯，據書錯，改經錯，改注錯，添補經文錯，自造典禮錯，小詁大詁錯，抄變詞例錯，貶抑聖門錯，真所謂聚九州四海之鐵鑄不成此錯。朱熹注《四書》為元、明兩朝科舉取士圭臬，毛奇齡如此攻擊，對衝破朱熹學說、扭轉學風有積極作用。他治經尊漢，其原因是「漢去古未遠，其據詞解斷，猶得古遺法」[13]。由此他主張「說經貴有據」，有據就不會無的放矢，應當「據經，據傳」，實事求是，輔以「漢儒之說經者，而以義而裁斷之」[14]，反對主觀臆斷。

萬斯同（1638-1702 年）也對宋學治經做法提出批評。他說，《春秋》有「春王正月」一句，《左傳》根據夏建寅、殷建丑、周建子，增為「元年春王周正月」。宋儒程頤等變亂經義，把春改為冬，正月改為十一月，是錯誤的。萬斯同還從方法論高度分析宋儒的主觀臆斷，認為泛言理義與實考制度不同，治經應以經傳為本，掌握第一手材料，才能得出正確的結論。

清初諸儒批判理學，倡導以經學濟理學之窮，但他們並未完全脫離宋學的影響，與宋學有一定的學術聯繫。如閻若璩曾說：「天不生宋儒，孔子如長夜。」[15]

---

13 毛奇齡：《易小帖》卷一。
14 毛奇齡：《春秋左氏傳》卷三十六。
15 閻若璩：《潛邱雜記》卷一。

他論證晚出《古文尚書》和孔安國《尚書傳》為偽書，也受宋學影響，引用他們的資料。他的《四書釋地》對朱熹也多有維護。而胡渭《洪範正論》對漢儒劉向也有攻擊。章太炎認為，他們雖「皆為碩儒，然草創未精，時糅雜宋明讕言。其成學著系統者，自乾隆朝始。」[16]在批判理學倡言經學中，漢學與宋學逐漸開始分化，還未形成鮮明的對立，你中有我，我中有你。直到乾隆時期漢學和宋學的對立才真正出現。

二、漢學與宋學的對立

自乾隆中葉起，漢學漸盛。先是惠棟高舉漢學大旗，戴震繼惠棟之後崛起。他承其鄉先輩江永之教，於三吳惠學兼收並蓄，主張由聲音文字求訓詁，再由訓詁尋求義理。游學南北，名噪京城。後應聘入《四庫全書》館，與邵晉涵、周永年、紀昀等館中眾多名儒肆力經史，輯佚鉤沉，校理群籍。經史考據因此蔚然成風，書館亦不啻漢學家大本營。漢學得清廷優容，大張其軍，如日中天，就連朝中顯貴亦附庸風雅，「皆以博考為事，無復有潛心理學者。至有稱誦宋、元、明以來儒者，則相與誹笑。」[17]於是朝野官紳，競相尊漢儒之學，排擊宋儒。漢學的代表人物有惠棟、王鳴盛、錢大昕、江藩等。

惠棟承其父祖未竟之志，潛心學術，以窮究漢《易》為家學。他認為，經籍注疏魏晉以下靠不住，只有漢儒解經才是真實的。因為「漢人通經有家法。故有五經師。訓詁之學，皆師所口授，其後乃著竹帛。」「漢經師之說立於學官，與經並行。五經出於屋壁，多古字古言，非經師不能辨。經之義存乎訓詁，識字審音，乃知其意。是故古訓不可改也，經師不可廢也。」[18]儘管惠棟梳理漢代經學源流未盡客觀，混淆了今文經和古文經的區別，但他的唯古是信、唯漢是尊的學術傾向，則在當時的學術界率先揚起漢學大旗，開復興「古學」之先河。稍後的

---

16 章太炎：《訄書》。
17 姚瑩：《東溟文外集》卷一，《復黃又園書》。
18 惠棟：《松崖文抄》卷一，《九經古義述首》。

經學家錢大昕對惠棟學風的影響有以下評價：「漢學之絕者千有五百年，至是而粲然復章矣。」[19]

王鳴盛治學專守漢學門戶，對宋儒經說一概不取。他撰《尚書後案》以漢儒鄭玄經學為宗，表彰鄭玄《尚書》學，不得已偶爾採納馬融、王肅之說，唐宋諸儒不屑一顧，所撰《蛾術編》推崇漢學更是不遺餘力。他把鄭玄比於孔子，可見鄭玄在其心中的地位之高。王鳴盛還依品第給漢代經師與經注排隊。於經傳則鄭玄貢獻最大，次何休、虞翻、服虔。於文字則許慎貢獻最大。義疏最好的是《公羊》，依次為《毛詩》、《禮記》、《儀禮》、《周禮》、《左傳》、《尚書》。王鳴盛治經雖功力甚深，但由於嚴守家法，出奴入主，其成果甚微。

錢大昕治經也表彰漢學，對魏晉尤其是宋學持批評態度。他認為漢儒去古未遠，在訓詁和文字聲音方面都能通曉古經義。不過也反對盲目信古，把漢儒經說絕對化的做法。在他看來，「以古為師，師其是而已矣，夫豈陋今榮古，異趣以相高哉」[20]。這與王鳴盛死守漢儒家法迥然不同。

惠棟再傳弟子江藩所撰《國朝漢學師承記》、《國朝宋學淵源記》，把漢學與宋學截然分離，揚漢抑宋。與竭力表彰漢代學術相反，江藩對魏晉以下學術大加貶斥。他說：「經術一壞於東、西晉之清談，再壞於南、北宋之道學，元明以來，此道益晦。」[21]這主要是指魏晉以下玄學、佛學大興，儒學失去漢代經學的面貌。尤其是宋學興起後，儒釋道的合一，言天道性命，更使經術沉淪。在他看來，即便是宋儒講的性理也是以漢代注疏為前提的。宋儒反漢儒，是同室操戈。

面對漢學風靡，一味復古，宋學營壘中人目擊其弊，也不乏起而頡頏者。主要代表有程晉芳、姚鼐、翁方綱、方東樹、唐鑑等。

程晉芳（1718-1784 年）認為，「古之學者日以智，今之學者日以愚。古之學者由音釋訓詁之微，漸臻於詩書禮樂廣大高明之域；今之學者瑣瑣章句，至老

---

19 錢大昕：《潛研堂文集》卷三十九，《惠先生棟傳》。
20 錢大昕：《潛研堂文集》卷二十四，《臧玉林經文雜識序》。
21 江藩：《漢學師承記》卷首。

死不休。」[22]古學，包括漢、宋之學，它們大都從訓詁出發去發明經中所蘊涵的大道，不拘泥於文字訓詁。今學，即乾嘉漢學，主要師承東漢古文經學，並把其考據訓詁絕對化。程晉芳反對戴震的觀點，認為戴氏所說，一切順乎情，迫於時勢或威力而詭隨、喪節，卻辯解說，這是不得已，顯然是錯誤的。程晉芳認為，理對於人立身修行是重要的，不能全憑情欲辦事。

姚鼐（1732-1815 年）詆漢學為「異道」。他反對只重訓詁、考證的漢學派，認為漢學家們將學問畸形發展，崇尚鴻博，考證一字一事，動輒數千言不能止。在姚鼐看來，漢學家所做才是真正的空談。他竭力推尊宋學，甚至把程朱比作父師。姚鼐推崇程朱，是因為他感到程朱生平修己立德，又能踐履其言，體現了聖賢的精神。

翁方綱（1733-1818 年）對漢學家批判理學進行反駁，認為戴震把理學家所謂的理解釋為「密察條理」，而不是「性道統掣之謂」，並反誣朱子「性即理」為釋老之談，誤解宋儒原意，是錯誤的。翁方綱並不否認漢學在名物考訂等方面的貢獻，他強調由於誇大訓詁的作用，將考訂置於本經之上，才造成了「欲窮經而反害於經」的局面。他力主，「考訂之事，必以義理為主」，「考訂，古之立言者，欲明義理而已」[23]。認為考訂訓詁是為義理服務的。

方東樹（1772-1851 年）治學抑漢揚宋。他為了闡明自己對考據學的態度撰成《漢學商兌》一書，專攻漢學，指出：漢學以「六經」為宗，以訓詁為方法，既不重道，也不重理，全憑感性經驗，拋棄理論思維，才是離經叛道。他還具體指出漢學六蔽：一是「力破理學，首以窮理為厲禁。此最悖道害教。」二是「考之不實，謂程朱空言窮理，啟後學空疏之陋」。三是「忌程朱理學之名及《宋史》道學之傳」。四是「畏程朱檢身，動繩以理法，不若漢儒不修小節，不矜細行，得以寬便其私，故曰『宋儒以理殺人』」。五是「奈何不下腹中數卷書及其新慧小辨」。六是「見世科舉俗士，空疏者眾，貪於難待可貴之名，欲以加少為多，

---

22 程晉芳：《勉行堂文集》卷一，《正學論》四。
23 翁方綱：《考訂論‧中之一》。

臨深為高也」[24]。在他看來，漢學反對理學的目的是「得以寬便其私」，「逞其新慧小辨」，「貪於名」。就是說漢學不注重個人的心性修養，「心術不正」，對「道」與教都是有害的。在回顧漢學發展時，他把矛頭尤指向戴震。認為顧炎武、黃宗羲雖首倡經學，但未標出漢學。惠棟標出漢學，但對理學體系的立腳點「理」未禁止。戴震出，全面系統地批判「理」，使理學的立論基礎發生動搖，學風發生根本轉變。

唐鑑（1778-1861 年）治學宗理學，尤尊朱熹。他認為朱熹對孔子以心傳授後學的精神理解最深。朱熹的「居敬窮理」、「尊德性，道問學」，是這種精神的體現。明清以來儒學求學問只想攀「南山捷徑」，而怕下工夫，沒有體會朱子的用心。他以朱學後繼者自居，力排漢學，認為治經的目的在於領悟經中蘊涵的聖人大道，也就是宋學主張的「義理」，至於辭章文句不過是載道之器。漢學家們治經「得一字一句，遠搜而旁獵之」，是穿鑿附會，違背了治經求道的原則。朱熹比漢學高明的地方正是在於他能發揮經中義理，這才是對兩漢經學的最好發展。

三、漢學與宋學兼採

清中葉，無論是在漢學內部，還是在宋學內部，都出現了在闡發經書時，既重考據又重義理的趨勢。一些學者能跳出門戶局限，兼採義理、考據，對漢宋學術的融合起了積極作用。

早在惠棟大張漢幟時，江南詩人袁枚就致書惠棟指出：「足下與吳門諸士厭宋儒空虛，故倡漢學以矯之，意良也。第不知宋學有弊，漢學更有弊。宋偏於形而上者，故心性之說近玄虛；漢偏於形而下者，故箋注之說多附會。」[25]對漢宋學術都有批評，議論可謂持平。

---

24 方東樹：《漢學商兌》下。
25 袁枚：《小倉山房文集》卷十八，《答惠定宇書》。

紀昀從史學角度考察儒學發展流變。他在回顧儒學發展、指出漢宋互有勝負的同時，進一步揭示漢學、宋學各自的長處，強調融合門戶，各採所長，推動學術發展。他說：「夫漢學具有根柢，講學者以淺陋輕之，不足服漢儒也；宋學具有精微，讀書者以空疏薄之，亦不足服宋儒也。消融門戶之見而各取所長，則私心怯而公理出，公理出而經義明矣。」[26]

　　戴震治經也不盲目信漢，而是敢於突破漢說。他對漢、宋均有批評。他認為漢宋之學各有所得失，聖人之道在六經，漢儒得其制度，失其義理，宋儒得其義理，失其制度。因此，他主張漢宋兼採，把考據、義理，還有辭章結合起來。戴震可以說是漢學家中漢宋兼採的大師。

　　焦循對漢學、宋學也多有批評。他對尊漢學風提出批評，認為漢學家們以漢為是，以漢人經注為歸指，是不能了解孔子及經文原意的。他力辯以考據名學之非，指出：「近之學者，無端而立一考據之名，群起而趨之。所據者漢儒，而漢儒中所據者，又唯鄭康成、許叔重。執一害道，莫此為甚。」[27]他在對漢儒批判的同時也指出宋學離訓詁空談義理之失：「宋之義理詳誠於漢，然訓詁明乃能識羲、文、周、孔之理。宋之理，仍當以孔之義理衡之，未容以宋之義理即是為孔子之義理也。」[28]他對漢學、宋學的基本態度是：「學者言經學則崇漢，言刻本則貴宋。余謂漢學不必不非，宋版不必不誤。」[29]

　　阮元主張漢宋兼顧，反對把兩者截然對立起來。他說：「兩漢名教，得儒經之功；宋明講學，得師道之益，皆於周孔之道，得其分合，未可偏譏而互誚也。」漢學側重在儒家經典，以研究學問為本，宋學重在師道，闡述道理心性。前者側重經書本文的訓詁考據，後者則發揮經書本文中的微言大義，實際上把學統與道統結合起來。本此，他主張「崇宋學之性道，而以漢儒經義實之」，「不

---

26 《四庫全書總目提要》，《經部總敘》。
27 焦廷琥：《先府君事略》，載《焦氏遺書》附錄。
28 焦循：《雕菰樓集》卷十三，《寄朱休承學士書》。
29 焦循：《雕菰樓集》卷十五，《九經三傳沿革例序》。

立門戶，不相黨伐，束身踐行，闇然自修」。原則是「兼古昔所不能兼者矣」[30]！

姚鼐和翁方綱也對漢學和宋學都有批評，主張互相吸取。姚鼐強調要吸取漢學考據之所長，來彌補理學之所短。「義理、考據、辭章不可偏廢，必義理為質，而後文辭有所附，考據有所歸。」[31]提出義理、考據、辭章三者相結合的思想。翁方綱對宋學和漢學的片面性均持批評態度。他說：「墨守宋儒，一步不敢他馳，而竟致有束漢唐注疏於高閣，叩以名物器數而不能究者，其弊也陋。若其知考證矣，而騁異聞、侈異說，漸致自外於程朱而恬然不覺者，其弊又將不可究極矣。」[32]進而也主張分學問為義理、考訂、詞章三途，這三者不可偏廢。

許宗彥（1768-1818 年）對漢宋均有批評。他認為宋儒「研窮心性」，是陷於「虛無惝怳而無所歸」，漢學家考證訓詁名物「不務高托」，是陷於「瑣屑散亂無所統記」，此二者皆非「聖賢之學」。他治經主「持漢宋學者之平，不屑校讎文字，辨析偏旁訓詁，不樂掇拾零殘經說，不惑於百家支離蔓延迂疏寡效之言」[33]。不贊同一味的考據、訓詁，認為它們只是明道的手段。但也承認以訓詁、考據來研究歷史的重要性。許宗彥所處的時代是乾嘉漢學由盛轉衰的時代，今文經經世思潮開始復興。受其影響，他大體能跳出漢宋之爭的窠臼，以經世致用的精神來看待古代學術。

清中期的漢學與宋學之爭從歷史眼光看，不過是儒家經學內部不同學派之爭。無論是漢學還是宋學，都有片面性，沒有跳出本學派的門戶之見。就傳統經學而言，考據與義理應是統一的。二者對治經來說發揮的功能不盡相同，但同樣重要。考據是治經的工具或手段，義理則是治經的目的。只重考據而不重視義理，就不能領悟經中所蘊涵的道理，相反，一味地追求義理而忽視了考據，也會流於空談。乾嘉時期漢宋之爭儘管大有水火不相容之態勢，但一些學者議論主漢宋持平，考據和義理兼採，是有遠見的。

---

30 阮元：《研經室一集》卷二，《擬國史儒林傳序》。
31 《清儒學案》卷八十八，《惜抱上》。
32 翁方綱：《復初齋文集》卷十一，《與曹中堂論儒林目書》。
33 《清儒學案》卷一二二，《儀徵學案》。

第三節 ·

中學與
西學之爭

　　明朝末年開始的中西文化交流，在清朝初年有繼續擴大的態勢。清人入關後，請傳教士湯若望主持欽天監，並將明崇禎年間已完成的《崇禎曆書》，以《西洋新法曆書》的名稱刊印出來。清初的多爾袞、順治帝也很熱心於吸收西方科學技術，康熙帝繼其後，進一步引進和吸收西方先進科學技術。他通過傳教士南懷仁或派出專使赴法國招攬科學人才，並特詔傳教士進宮廷，為他傳授幾何、測量、代數、天文、物理、樂理，以及解剖學等方面的知識。不過好景不長，西元一七〇四年，羅馬教皇頒布教令，勒令在華傳教士改變方針，尤其是禁止中國教徒禮拜祖宗，引起朝野上下的一片反對，康熙帝被迫也採取相應的措施限制傳教士往來。一七〇七年，教皇派來的公使被送到澳門監禁。雍正元年（1723年），將在華的傳教士全部驅逐，中西文化交流在進行了百餘年之後就此中斷。在這百餘年中西交流中，中學與西學首次大規模碰撞，這便在中國學術界內部就中學與西學展開爭論。清代前期，主要是圍繞曆法問題展開的。

　　清初的頑固守舊派對西學持反對態度。代表人物有楊光先等。入清以後，西方傳教士湯若望向清廷上疏說：「舊法曆本大謬七條。」[34]請求清廷派人實地測驗

---

34 黃伯祿：《正教奉褒》，23 頁，上海慈母堂，1904 年石印本。

他所推測的日食是否准確，希望按西法制定的《崇禎曆書》得到朝廷採用。順治元年（1644年）八月，丙辰朔，日食。多爾袞命大學士馮銓率領欽天監官實地觀測，證明湯若望西法預測准確，於是清廷決定採用有耶穌會傳教士參與編寫的《崇禎曆法》。以楊光先、吳明烜為首的保守勢力反對西方曆法。楊光先作《摘謬論》批判西洋新法，又著《辟邪論》攻擊天主教為邪教。他向禮部遞《正國體呈稿》，指出《時憲曆書》封面用「依西洋新法」，是「暗竊正朔之權予以西洋，而明謂大清奉西洋正朔」。在他看來，「天主教人之狼子野心，謀奪人國是其天性，今呼朋引類，外集廣澳，內官帝掖，不可無蜂蠆之防」[35]。他還指控湯若望誤以順治十八年閏十月為閏七月。

耶穌會士利類思、安文思及教徒欽天監監副李祖白等著《天學傳概》一書，推崇天主教為超越中國其他一切宗教的宗教。宣揚上帝開天闢地，東西萬國皆為基督苗裔，「六經」、《四書》是「天學之微言法語」。這便引起楊光先等人的不滿。他們在鰲拜等人的支持下，向禮部上《請誅邪教狀》，並進《摘謬十論》、《選擇議》等，指控湯若望等製造妖書，邪說惑眾，布黨各地，內外勾結，蓄謀造反。他們還站在民族文化本位角度全面批判西學，說傳教士「到一國必壞一國」，他們以「神權至上」，是「以彼國二主之夷風，亂中國一君之治統」。傳教士所謂君臣父子「皆以友道處之」，是破壞傳統的名教，「亂中國至尊之大典」，損害「不孝有三，無後為大」的道德倫理原則。天主教義造成中國「學脈、道脈從期替矣，此予之所以大憂矣」。他們尤反對用西曆，因為「若用西曆，必至短促國祚，不利子孫」。不久，清廷開始審理此案。結果楊光先一派得勝，傳教士及教徒李祖白等被判有罪，廢除《時憲曆》，恢復《大統曆》。

康熙四年（1665年），楊光生升為監正。他把監內懂西學的監官剪除淨盡。他說：「湯若望之曆法，件件悖理，件件舛謬」，認為西學是「左道之學」，西人「所著之書，所行之事，靡不悖理叛道」[36]。他從傳統立場出發說：「臣監之曆法，乃堯舜相傳之法也。皇上所正之位，乃堯舜相傳之位也。南懷仁，天主教之

35 楊光先：《不得已》，《正國體呈稿》。
36 同上。

人也，焉有法堯舜之聖君，而法天主教之法也？南懷仁欲毀堯舜相傳之儀器，以改西洋之儀器」，「使堯舜之儀器可毀，則堯舜以來之詩書禮樂，文章制度皆可毀也」[37]。基於此，他提出極端保守的主張：「寧可使中夏無好曆法，不可使中夏有西洋人。無好曆法，不過如漢家不知合朔之法，日食多在晦日，而猶享四百年之國祚；有西洋人，吾懼其揮金以收拾我天下之人心，如曆火於積薪之下，而禍發之無日也。」[38]

康熙帝覺察出楊光先所用《大統曆》屢次出現誤差，便決定起用耶穌會士南懷仁治理曆法。他為了辨別曆法的准確性。多次召南懷仁和楊光先到宮廷內當眾測試天象。又命內閣大學士李霨等率領楊光先、吳明烜、南懷仁等去觀象臺，預推正午日影所指之處，連續三次實地測驗，均證明南懷仁推測准確，楊光先、吳明烜有誤差。康熙七年（1668 年），康熙帝命南懷仁審查欽天監監副吳明烜造《七政曆》和《民曆》，發現回曆推算，「康熙八年閏十二月，應是康熙九年正月，又有一年兩春分、兩秋分」[39]，有誤。翌年正月又測驗立春、雨水、太陽、火星、木星，所得結果證明南懷仁正確，

南懷仁像

吳明烜錯誤。鑑於此，議政大臣疏言，「楊光先職司監正，曆日差錯，不能修理，左袒吳明烜，妄以九十六刻推算，乃西洋之法，必不可用，應革職交刑部從重議罪」[40]。但楊光先表示不服，加以辯解。後康熙帝把楊光先遣送回籍，為湯若望平反昭雪，復用《時憲曆書》。

清初也有不少學者對中學和西學的碰撞採取批判繼承的態度。他們不盲目崇

37 黃伯祿：《正教奉褒》，48 頁。
38 楊光先：《不得已》，《日食天象驗》。
39 《清聖祖實錄》卷二十七，康熙七年十二月庚寅。
40 《清聖祖實錄》卷二十八，康熙八年二月庚午。

拜西學，也不一味地尊信中國傳統曆法，而是以理性的態度棄其糟粕，取其精華，走兼採融合之路。其代表人物有薛鳳祚、方以智、王錫闡、梅文鼎等。

薛鳳祚最初從魏文魁學習天文曆法，但不墨守師法。不久，他又師從耶穌會士穆尼閣，潛研西法。他認為西法有其長處，但也有不足，反對盲目自大、對西學一概採取拒斥的守舊思想。他說：「中土文明禮樂之鄉，何詎遂遜外詳？然非可強調飾說也。要必先自立於無過也，而後吾道始尊。此會通之不可緩也。」[41]強調走會通中西之路。

方以智也主張中西會通，以泰西為郯子。他說：「萬曆年間，遠西學入，詳於質測，而拙於言通幾，然智士推之，彼之質測，猶未備也。」[42]又說：「泰西質測頗精，通幾未舉，在神明之取郯子耳。」[43]西學精於物理實證。他借春秋時東夷郯子朝魯，孔子向他問學的故事，比喻應吸收學習西方的科學技術，補自己的短處。他親自向傳教士畢方濟、湯若望等人詢問「曆算奇器」，與他們共同研討西方天文學和醫學。他也鼓勵兒子方仲通向傳教士穆尼閣等人學習數學。所著《通雅》和《物理小識》比較系統地介紹了西方的曆算、物理、化學、醫學、水利、火器、採礦、造船、儀表等科學技術。據美國學者彼德遜統計，《物理小識》中借用傳教士書籍資料約占百分之五。但方以智不盲目崇信西學，對西方神學持批評態度。他說：「所謂『靜天』（神靈居住之處），以定算為名；所謂『大造之主』，則於穆不已之天乎！彼詳於質測，不善言通幾，往往意以語閡。」[44]「拙於言通幾」、「通幾未舉」、「不善言通幾」等，這些都表明他認識到西學的不足之處，他畢生致力於「通幾」（哲學社會科學），是想與西方科學技術相融合、互補。

王錫闡為清初天文曆算學大家。他主張兼顧中西，對西學和中學採取批判繼承的態度。他對崇信西法片面性極為反感，對後人把徐光啟引進曆法並加以絕對

41 薛鳳祚：《曆學會通序》。
42 方以智：《物理小識‧自序》。
43 方以智：《通雅》卷首二。
44 方以智：《物理小識》卷一。

化的做法提出批評。他說：「文定（徐光啟）以為：欲求超勝，必須會通，會通之前，先須翻譯。翻譯有緒，然後會甄明大統深知法意者，參詳考定。其意原欲因西法而求進，非盡更成憲也。」可是，在徐光啟死後，其後繼者，「僅終能翻譯之緒，未遑及會通之法。至矜其師說，齟齬異己，延議紛紛」，現在西法盛行，「向之異議者，亦詘而不復爭矣」[45]。王錫闡認為言曆法奉西法為俎豆，廢「成憲」而「專用西法」，是錯誤的。

　　他對西方傳教士沒有弄懂中法而妄加評論提出批評。如中法中的節氣用平氣，西法用定氣。平氣把回歸年日數均分二十四分，二節氣之間均約十五點二二日。定氣把黃道一周天三百六十度均分二十四分，每分十五度。太陽視運動為橢圓，在黃道上每節氣運行軌跡長短不同，因此定氣二節氣間日數也長短不同。中曆用平氣，計算日月行度及日食時用定氣，兩者兼顧。傳教士認為「中曆節氣，差至二日（平氣和定氣之間可能出現二日的差數）」，這是他們不懂中曆。中曆把一天分十二辰、一百刻的時制，西曆把一天分為二十四時，每小時六十分。中曆以三百六十五度來劃分（以使太陽陽行一度），西曆以三百六十度劃分一周天。西法認為「中曆百刻不適於用」，這些都是人為的劃分。王錫闡還具體指出西法中的錯誤。西法認為月亮在近地點時，視直徑大，故月食食分小；月在遠地點時，視直徑小，故月食食分大。王錫闡則說：「視徑大小，僅從人目；食分大小，當據實徑。太陽實徑，不因高卑有殊。地影實徑，實因遠近損益，最卑（月亮在遠地點）之地影小，月入新淺，食分不得反大。」[46]湯若望推算戊戌歲四月戊辰（1658 年 5 月 3 日）、七月丙午（8 月 9 日）、十一月丁巳（12 月 18 日）水星皆先過日，又曆數時，而後順合，五月己丑（6 月 7 日）水星先在日後，也曆數時而後退合。王錫闡指出：「五星唯金星有順逆二合，順合者星在日後而追及於日，逆合者星在日前而退於日遇。此曆家所習聞也。」湯若望的推算與「曆家所習聞」的常識不符。「豈容一日之內驟進驟退，曾無定率如是乎！」[47]

---

45 王錫闡：《曉庵遺書·曆說》。
46 王錫闡：《曆說四》。
47 王錫闡：《曆說五》。

王錫闡在批評西法錯誤的同時，也肯定其長處。他說：「交食至西曆亦略盡矣。」「推步之難，莫過交食，新法於此特加詳，有功曆學甚巨」[48]等，承認西法確有先進之處。他對中法也採取批判繼承的態度。經過研究發現郭守敬《授時曆》前後矛盾多處，而且《授時曆》中圓周率的值並非密率，明代施行的《大統曆》不過是《授時曆》的沿用。既然中西曆法都有長處，也有短處，他主張在批判繼承的基礎上進行創新，並頗有預見性地指出：「古人有言，當順天以求合，不當合以驗天」，「測愈久則數愈密，思愈精則理愈出。以古法為型範而取才於天行，考晷漏、審圭表、慎擇人、詳著法、則異同之見漸可盡泯。成憲一定，不難媲美羲和高出近代矣。」[49]通過研究，中西「異同之見漸可盡泯」，最終融合在一起，堅信中西會通的一天會到來。

梅文鼎治學最欽佩王錫闡和薛風祚。他說：「治西法而仍尊中理者，北有薛南有王。」在此兩人中，他尤推崇王錫闡，認為，當時的曆學吳江在青州以上。「吳江」和「青州」分別指王錫闡、薛風祚。梅文鼎治學不分中西，對中西學術均有批判繼承。他說：「自利氏以西算鳴，於是有中西兩家之法。派別枝分，各有本末，而理實同歸；或專已守殘而廢兼收之義，或喜立異而缺稽古之功，算數之所以無全學也。夫理求其是，事求適用而已，中西何擇焉。」[50]所謂「專已守殘而廢兼收之義」為守舊頑固派，「喜立異而缺稽古之功」是拋棄中學之人，這兩種人都有門戶之見。他主張不分中西，應以「理求其是」，「事求適用」，即以實事求是、經世致用的態度融匯中西，梅文鼎在自己的著作中反覆強調兼融中西、會通求勝這一觀點。他說：「且夫治理者以理為歸，治數者以數為斷，數與理協，中西匪殊」[51]，又說：「夫數者所以合理也，曆者所以順天也。法有可採，何論東西；理所當明，何分新舊。在善學者，知其所以異又知其所以同，去中西之見，以平心觀理，則弧三角之詳明（西法），郭圖之簡括（中法），皆足以資探索而啟深思。務集眾長以觀其會通，毋拘名相而取其精粹，其於古聖人創法流

---

48 王錫闡：《曆說四》。
49 王錫闡：《曆策》。
50 梅文鼎：《勿庵曆算書目》「中西算學通序例」條下。
51 梅文鼎：《梅氏叢書輯要・筆算》序。

傳之意庶幾無負，而羲和之學無難再見於今日矣。」[52]他的「法有可採，何論東西；理所當明，何分新舊」，「知其所以異又知其所以同，去中西之見，以平心觀理」，「務集眾長以觀其會通，毋拘名相而取其精粹」等主張，表現博大的胸襟、兼容並包的精神。總之，他對中學西學的態度是：「理之至者，先後一揆；法之精者，中西合轍。」[53]採兩家之長，會通中西。

萬斯同對梅文鼎融匯中西評價很高，讚揚梅文鼎「兼通兩家之學而折其衷」，表明梅氏之學在中西之學術會通中起著重要的歷史作用。

王錫闡、梅文鼎在處理中學與西學關係上力主兼採、融會貫通，這是其積極方面。但他們在不同程度上都主張西學發源於中學之說。這種「西學中源說」並非肇始於他們。明清之際，隨著清代替明建立新王朝，一些具有強烈民族感情的知識分子，以圖匡復明室，光復華夏文化，提出此說。黃宗羲在反清失敗後浮於海上，曾與人坐船中正襟講學，暇則注《授時》、《泰西》、回曆三曆」，「嘗言勾股之術乃周公、商高之遺而後人失之，使西人得以竊其傳」[54]同時代的另一位學者陳藎謨指出：「《九章》參伍錯綜，周無窮之變，而勾股尤奇奧，其法肇見《周髀》，周公受之商高」，又「《周髀》者，勾股之徑；《法義》者，勾股之疏、傳也」。他引用《周髀算經》卷首周公與商高的答對，把徐光啟、利瑪竇合譯的《測量法義》歸於《周髀算經》，後者是勾股之經，前者不過是疏、傳罷了。其目的在於「使學者溯矩度之本其來有，自以證泰西立法之可據焉」[55]。王錫闡也說：「《天問》曰：『圜則九重，孰營度之？』則七政異天之說，古必有之。近代既亡其書，西說遂為創論。余審日月之視差，察五星之順逆，見其實。然益知西說原本中學，非臆撰也。」[56]梅文鼎進一步發展「西學中源說」。如西方天文學中的地球有寒暖五代說、地圓說、本輪均輪說均源於中國的《周髀算經》七衡六洵說、《黃帝內經・素問》地之為下說、《楚辭・天問》圜則九重說，「渾

52 梅文鼎：《梅氏叢書輯要・塹堵測星（四）》。
53 梅文鼎：《梅氏叢書輯要・平三角（一）》。
54 全祖望：《鮚埼亭集》卷十一，《梨洲先生神道碑文》。
55 陳藎謨：《度測》卷上。
56 阮元：《疇人傳・王錫闡下》。

蓋通憲（渾蓋儀的原理）即古蓋天法」，「簡平儀亦蓋天器而八線割圓（三角學）亦古所有」。西方數學中幾何也源於中國勾股，「幾何即勾股論」。以上諸人主張「西學中源說」，缺乏說服力，如果使之極端化，就會阻礙向西方學習先進科學技術的道路。

第四章

國內外的
文化交流

　　清前期是中國多民族統一國家進一步發展和鞏固的時期。國家的空前統一，加上
交通事業的發達，以及大規模人口的遷移，使不少漢族人口遷移到少數民族地區，也
使很多少數民族人口遷移到漢族地區。這樣，國內各民族之間的文化交流得到進一步
發展。清前期和亞洲許多國家有著密切的交往，文化交流在其中占有重要地位。此
外，明末清初，歐洲一些國家的傳教士來到中國，他們帶來了西方國家較為先進的科
學技術，也把中華文明的精華傳播到西方，從而促進了中國和歐洲一些國家文化的溝
通。

國內各民族間
的文化交流

清前期漢族是主體民族，和各少數民族相比文化發展相對說來程度較高。各少數民族文化發展水平不同，但都具有自己的特點。在反對封建專制的鬥爭中，在改造自然、爭得生存的過程中，漢族和各少數民族的人民相互依存，形成了密不可分的關係。這樣，漢族和各少數民族的文化、各少數民族之間的文化，通過不同途徑得到了廣泛的交流。

一、漢族和各少數民族的文化交流

漢族在和滿族、蒙古族等少數民族的文化交流中，一般說來占據主導地位。許多少數民族吸收了漢族的先進文化，進而發展了本民族的文化。與此同時，漢族也從少數民族的文化中吸取了營養，使漢族文化更加發揚光大。

（一）漢族和滿族的文化交流

清朝建立以後，滿族人口的分布發生了很大變化。滿族原先居住在東北的白山黑水之間，隨著清朝在全國統治地位的確立，滿洲八旗軍分鎮京師和全國各

地，滿族人口也大量隨之入關，分布到全國的許多地方。這樣，滿族便移居到漢族聚居區和其他少數民族居住的區域，只有一部分仍然留居在白山黑水之間。此外，清朝統治者曾把許多漢族人口遷移到邊疆，或服役，或屯戍，或征戰，這些邊疆地區也多有滿族人戍守或居住。除了清政府官方組織外，中原內地的許多漢族民眾為了謀生、尋求耕地或者經商，也不

職貢圖（局部）

顧清政府的禁令，紛紛出關來到滿族故鄉東北地區。上述滿、漢兩族人口的遷移，使滿、漢兩族交錯雜居，頻繁接觸，為兩個民族之間的文化交流創造了條件。

滿族吸取漢族的先進文化，首先從滿族出身的清朝皇帝那裡反映出來。為了鞏固全國的封建統治秩序，特別是利用儒家思想加強封建統治力度，消弭廣大漢族人民的反抗情緒，清朝皇帝學習漢族文化達到了廢寢忘食的地步。順治帝為了吸取歷史上的治國經驗，發憤讀漢文書籍達九年之久，不僅讀正史書籍，而且讀小說、戲曲、話本。結果，他受到漢文化的熏陶，領悟了儒家「文教治天下」的奧秘[1]。康熙帝為了更好地治理國家，對漢文化也認真學習。他採用前朝的做法，舉行經筵大典，請經筵講官講解四書五經，於是，很快掌握了儒家思想，甚至能夠「背誦大部分被中國人認為是聖書的儒家著作或其他一些原著」[2]。康熙帝還十分推崇程朱理學，為此編纂了許多書籍。這一切都表明，康熙帝對漢族傳統的封建思想已經十分精熟。清朝皇帝不僅學習漢族的封建思想文化，還把儒家的倫理道德觀念灌輸到滿族生活的各個領域。結果，滿族的思想意識逐漸地融合在漢族的封建思想文化之中。

滿族貴族倚仗手中掌握的國家政權，通過教育等措施，使滿族貴族和八旗子弟系統學習漢族文化，是滿族和漢族文化交流的重要途徑之一。清朝定鼎北京

1　參見王思治主編：《清代人物傳稿》上編，第 1 卷，44 頁，北京，中華書局，1984。
2　白晉：《康熙帝傳》，《清史資料》第 1 輯，218 頁，北京，中華書局，1980。

後，先後設立了景山官學、咸安宮官學、宗室覺羅學，各地駐防八旗官學、義學。在這些學校裡，既學習滿語和騎射，也學習漢族語言和文字，讀儒家經典著作。這樣，滿族的封建文化水平在總體上有了提高。

在漢族文化的影響下，經過滿族人民的努力，滿族中湧現了許多著名的文學家、藝術家、自然科學家。正白旗滿洲包衣管領下人曹雪芹，既有很高的漢文化素養，又對儒家學說中的封建禮教非常熟悉。他用漢文創作的小說《紅樓夢》，通過滿族貴族四個大家庭的興衰，對封建社會進行了猛烈的抨擊，從而使這部小說成為偉大的現實主義傑作，在中國和世界文學史上享有盛譽。正黃旗滿洲人、大學士明珠之子納蘭性德，是著名的詞作家。他用漢文寫的許多詞，具有清麗、生動、自然的風格，被人稱為清代的李後主，和當時著名的漢族詞作家朱彝尊、陳維崧鼎立稱雄，產生了很大影響。滿族貴族奕賡，曾充御前侍衛，在漢族說唱文學的影響下，創造了一種新的鼓詞《清音子弟書》，在市民階層中有廣泛影響。正白旗滿洲人博啟，是天文曆算專家，乾隆年間曾任欽天監監副。他吸取了漢族天文曆算方面的成果，並有所創新。此外，滿族貴族永瑆和鐵保，學習漢族的書法，造詣極深，可以和當時的漢族書法家劉鏞、翁方綱媲美。滿族貴族永瑢，學習漢族山水畫法，創作的《長江帆影圖卷》，氣象萬千，極有聲勢。清前期滿族文化的輝煌成就，是滿、漢文化交流的產物，也是滿漢民族融合的結果。[3]

滿、漢民族間的文化交流，在民間也有許多反映。清朝建立後，進入關內分布到全國各地的滿族人，在漢族的影響下，逐漸使用了漢語。就是留居白山黑水之間的滿族人，在移居關外的漢族人影響下，也漸漸用漢語代替了滿語。「吉林本滿洲故里，蒙古、漢軍錯屯而居，亦皆習為國語（滿語）。近數十年（乾隆末年），流民漸多，屯居者已漸習為漢語」[4]，講的正是這種情況。不僅滿族的語言發生了變化，而且生活習俗也在漢族影響下發生了變化。對此有人寫詩記載：「三十年前事，兒童見者稀。天寒曳護臘（靰鞡），地凍著麻衣。雪積扒犁出，

3　參見《滿族簡史》，94-97 頁，北京，中華書局，1979。
4　薩英額撰：《吉林外記》卷三。

燈殘獵馬歸。只今風俗變，一一比皇畿。」[5]生活在東北地區的滿族人的生活習俗都發生了變化，居住在內地和城鎮、與漢族人交錯雜居的滿族人，其生活習俗的變化更可想而知。實際生活中確實也是這樣，滿族人在衣、食、住、行等方面，和漢族人越來越接近了，特別是一些節日的習俗，比如年節、端午節、中秋節等的習俗，更越來越接近漢族人。這一切，正是滿、漢文化交流的結果。

漢族文化影響了滿族，同樣，滿族文化也影響著漢族，清前期滿、漢文化交流是雙向的。滿族文化對漢族的影響，集中表現在語言、服飾、頭飾方面。清初東北漢語方言形成過程中，就吸收了滿族語的詞彙，例如「妞兒」、「餑餑」、「爸爸」等。清朝漢族服飾的變化，是清朝統治者實行民族壓迫政策、強迫漢人剃髮易服的結果，不過漢人最後服飾的定型，則是既保留了漢族寬衣大袖的傳統形制，又吸收了滿族等的服裝式樣，例如清朝男服中的袍是表裡雙層長衣，就是吸收了滿族服裝窄袖和紐扣繫結特點的漢族傳統袍服。清朝婦女服裝主要是沿襲了明朝，不過也受了滿族服飾的影響，其表現是把結帶改為紐扣，傳統的交領和圓領變成了高領。清朝漢族男子的髮式，在滿族貴族民族壓迫政策下，也變得和滿族男子的髮式一樣了。作為頭飾的暖帽和涼帽，則是漢族和滿族頭飾相互吸收的產物。[6]

（二）漢族和蒙古族的文化交流

明朝末年，蒙古族居住在漠北、漠南和漠西地區，大多過著游牧生活。當清朝還在關外的時候，滿族貴族就已統一漠南蒙古各部，把蒙古王公當成進取中原的借助力量。在清軍中，蒙古八旗軍占有重要地位。因此，在清朝建立對全國統治過程中，蒙古八旗軍和一部分蒙古人也進入內地，分布到全國許多地區。這是清朝建立後蒙古人最大的一次遷移。有人記述這種情況說：「大批韃靼人進入中國，來的不光是女真人，還有奴兒干人，西部韃靼人和魚皮韃靼人。」[7]進入中

5　楊賓：《柳邊紀略》卷五。
6　參見侯仁之主編：《黃河文化》，502-506 頁，北京，華藝出版社，1994。
7　衛匡國：《韃靼戰紀》（油印本），中國人民大學清史所編：《清史譯文》，1980 年第 3 期。

原內地的蒙古人和漢族人交錯雜居，為兩個民族的文化交流創造了條件。此外，滿族貴族和蒙古王公在政治上結成聯盟，這使得一部分蒙古人可以在政府中任職，和漢族官員有了較多的接觸。作為清政府中的官員，這些蒙古族人不能不受漢族文化的影響。還有一種情況，就是內地漢族人來到蒙古族居住地區。本來，在順治、康熙、雍正三朝，清政府對漢人前往蒙古地區墾殖，是有嚴格限制的。但是，清朝初年，由於內地連年戰爭，社會經濟受到嚴重破壞，出現了許多飢民。大量在內地無法生存的破產漢族農民，便紛紛來到漠南蒙古沿邊地區，開荒種地，定居下來。陝西等地的農民起義軍被清政府打散以後，為逃避緝捕，也紛紛向漠南蒙古地區移居。這樣，「自張家口至山西殺虎口沿邊千里，窯民與土默特人咸業耕種」[8]。「歸化城南，間有山、陝人雜處。」[9]蒙古地區喇嘛教廣為傳播，為修建寺廟，從河北、山西、陝西等地招來許多工匠，他們大部分是破產農民，寺廟修好後，便在蒙古地區定居下來。由於滿族貴族和蒙古王公聯姻的關係，清朝皇室的公主、格格下嫁到蒙古地區時，帶來了一批又一批工匠、侍女、莊頭等漢族人口。鑑於上述原因，到康熙年間，清政府對前往蒙古地區的漢族人的限制，不僅日益放鬆，而且默認允許。[10]這樣，更多的漢族人來到蒙古地區。康熙四十六年（1707 年），康熙帝北巡途經喀喇沁三旗曾說：「今巡行邊外，見各處皆山東人，或行或商，或力田，至數十萬人之多。」[11]漢族人大量來到蒙古地區，也使蒙漢兩族文化得到了廣泛交流。

漢族和蒙古族的文化交流，在編纂各種書籍方面得到了充分的反映。清政府曾編纂《五體清文鑑》、《西域同文志》、《四體合璧清文鑑》、《三合便覽》等大型字典和辭典。在這些字典和辭典中，都有漢文和蒙文的對照，當然，也有漢文和其他少數民族文字的對照。這反映了清前期多民族統一國家發展鞏固過程中，漢族、蒙古族等文化的交流情況。這時期許多蒙古文歷史著作譯成了漢文，最具有代表性的是康熙元年（1662 年）成書的《額爾德尼·脫卜赤》。該書作者是鄂

8　方觀錄：《從軍雜記》，《小方壺齋輿地叢鈔》第二帙。
9　范昭逵：《從西紀略》，《小方壺齋輿地叢鈔》第二帙。
10　參見趙雲田：《清代蒙古政教制度》，291-293 頁，北京，中華書局，1989。
11　《清聖祖實錄》卷二三〇，康熙四十六年七月戊寅。

爾多斯部的薩岡徹辰。後來這部書被譯成滿文和漢文，定名為《欽定蒙古源流》。在一些蒙古文歷史著作中，還廣泛使用了漢文史料，例如《水晶鑑》、《寶貝念珠》、《恆河之流》、《大元盛朝史》等。在漢族譜系學的影響下，《蒙古世系譜》得以問世。許多蒙古族學者還用漢文撰寫學術著作，蒙古八旗人法式善的《清秘述聞》、《槐廳載筆》、《陶廬雜錄》，博爾濟吉特氏希哲的《西齋偶得》、《鳳城瑣錄》，蒙古正藍旗人松筠的《綏服紀略》等，具有代表性。

蒙、漢兩族的文化交流，在文學作品中也得到了反映。清前期許多漢文小說被譯成了蒙文，例如《聊齋志異》、《今古奇觀》、《水滸傳》、《紅樓夢》、《三國演義》、《西遊記》等，有人統計約有一百多種。在蒙古族的民間文學中，一些說書藝人還把漢族小說當成自己說書的主要內容。

在藝術領域，蒙、漢文化交流也很突出。蒙古地區的許多寺廟、王府、官邸、房屋，建築風格既具有蒙古族的特點，也具有漢族的特點，是蒙、漢合璧式。建築中的各種手工藝品，包括塑像、畫像、壁畫、雕刻、彩繪、工具等，既有鮮明的蒙古族風格，也有漢族文化影響的痕跡。

在文化教育方面，蒙古王公的子弟以及蒙古八旗將領的後代，在清政府設立的蒙古官學中，既學習蒙文、滿文，也學習漢文及儒家經典。在農區和半農半牧區，一些蒙古封建主和富裕農牧民，還不顧清政府的禁令，聘請漢族塾師授課，有些人甚至起了漢族名字。

在科技方面，清前期蒙古醫學有了很大發展，這與漢族醫學的影響不無關係。漢文的《本草綱目》、《牛馬經》等被譯成蒙文，從而增加了蒙古醫生用藥的種類，以及治療的經驗和方法。與此同時，蒙古族醫學中治創傷和接骨的療法傳到了中原內地漢族居住區，提高了漢族醫生的醫術水平。蒙古正白旗人明安圖是著名的天文學家和數學家，曾任欽天監監正。他每年都要把漢文本的《時憲書》譯成蒙文，由清政府頒布後在蒙古地區使用，從而豐富了蒙古族的天文曆算知識。[12]

---

12 參見《蒙古族簡史》，308-318 頁，呼和浩特，內蒙古人民出版社，1985。

由於蒙、漢兩族人民在生產和生活中相互依存，蒙古族的一些生活習慣發生了變化，這顯然是受漢族人影響的結果。在漠南蒙古地區，蒙古族人民「由酬酢而漸通婚姻，因語言而兼習文字」[13]，服食起居，與內地漢族人無大區別。從服飾上看，穿的布衫長僅及膝，束腰帶，與漢族農民一樣。從飲食上說，有的蒙古人由過去的牛羊肉及乳製品為主食，改為經常吃穀物蔬菜，少吃肉食。在居住方面，王公貴族的府第開始變成漢式宮室建築，或者蒙式氈幕和漢式宮室相混合。從事農業的一般蒙古人，由於久已定居，住的是漢式平房，房間院落的布局和漢族人的幾乎沒有區別。同樣，來到蒙古地區的漢族人在蒙古族的影響下，生活習慣也發生了很大變化。他們「習蒙語，行蒙俗，入蒙籍，娶蒙婦」[14]，與蒙古族人民完全融合為一體了。

（三）漢族和其他少數民族的文化交流

清代前期，作為主體民族的漢族除了和滿族、蒙古族有著文化交流外，和其他少數民族也有著廣泛的文化交流。

首先，是和東北地區少數民族的文化交流。東北地區除滿族外，還有鄂倫春、鄂溫克、達斡爾、赫哲、錫伯等少數民族。鄂倫春人以狩獵為生，漢族商人經常到鄂倫春人居住地購買貂皮，於是出現了集市。史載：「商販舊與鄂倫春互市，地名齊凌，轉為麒麟，因有麒麟營子之號。」[15]在漢族人的影響下，一些鄂倫春人學會了漢語，開始注意農業生產。「且該牲丁附近黑龍江城，多通漢語，亦頗有因捕獵日艱，講習農事者」[16]，講的正是這種情況。康熙、乾隆年間，一些鄂倫春青年被徵召當兵，到全國各地作戰，和漢族文化有了更廣泛的接觸，因而他們受漢族文化的影響也最深。鄂溫克族的軍隊也被清政府徵調到新疆等地作戰，被徵部隊可以攜帶家屬，這使鄂溫克族的居住區域變得極為分散，和漢族有

---

13 徐世昌撰：《東三省政略》：「蒙務下，紀實業。」
14 沈鳴詩等：《朝陽縣志》卷二十六。
15 西清撰：《黑龍江外記》卷五。
16 張伯英等：《黑龍江志稿》卷二十六。

了廣泛接觸，因而也受到了漢族文化的影響。雍正年間，達斡爾人被編為八旗，建立了佐領，有的上層首領還被提升為將軍、都統。達斡爾族在擴大對外聯繫過程中，密切了和漢族人民的往來，受到了漢族文化的影響。錫伯族原本居住在東北，康熙年間一部分錫伯族軍隊調往京師，乾隆年間三千多名錫伯族軍民被調往新疆戍守。錫伯族居住地的變化，使他們擴大了和漢族人民的交往，於是，他們的住宅建設、喜慶節日，逐漸具有漢族的特點。

其次，是和西北地區各少數民族的文化交流。清前期西北地區生活著十多個少數民族，維吾爾族居住的阿克蘇、葉爾羌、哈密等地，是著名的商業城鎮，許多內地漢族商人到這裡做生意，對維吾爾族文化發展產生了一定影響。回族已經使用漢字和漢文，許多回族學者對儒家經典非常熟悉，在文學藝術和學術上很有造詣。土族和漢族人民雜居，在文化上受漢族影響也很大，有的和漢族聯姻結社，不再講土語而說漢話。裕固族「或種田，或牲畜，亦有充伍者」[17]，在和漢族接觸中，

藏族龍柄銅執壺

也受到了漢文化的影響。東鄉族在形成過程中，就有漢民族成分，因而在其文化中亦有許多漢族文化特點。撒拉族人民長期和漢族等民族雜居，在漢文化影響下，許多撒拉族人會講漢語，使用漢文。

再次，和西南各少數民族的文化交流。清前期漢族文化對藏族有一定影響。漢族古代的哲學思想被介紹到藏族地區，一些藏文著作中，專列章節敘述漢族的歷史以及儒學、道學思想。藏族醫學繼續受到漢族醫學的影響，在醫治地方性疾病和牲畜疾病方面產生了好的療效。雍正朝改土歸流以後，一些漢族人遷居到

17 《甘肅新通志》卷四十一。

川、滇、黔三省，和居住在這些地區的彝族人交錯雜居，友好相處，漢族文化對彝族產生了影響。有些漢族人和彝族聯姻，憑借彝族婦女往來彝族村寨，漢族的生活習俗也逐漸被彝族接受。許多府州縣設立了儒學，彝族子弟入學讀書，這對彝族人民學習漢族文化起到了很好的作用。清代前期，許多彝人「知文字，肯讀書，舌音輕便，多冒漢人」[18]，有的甚至和漢族人已經沒有什麼區別。還有一些彝族貴族子弟通過科舉考試入仕為官，在他們的帶動下，漢文化在彝族地區得到了進一步傳播。白族和漢族等雜居在一起，繼續受漢族文化影響，更多的白族人習漢字，說漢語。雍正朝改土歸流以後，一些納西族封建領主在漢族文化影響下，「漸染華風，服食漸同漢制」[19]，習俗發生了很大變化。基諾族居住地區盛產普洱茶，清前期許多漢族商人來到這裡收買茶葉，也推廣了種茶技術，漢族的一些生活習俗影響了基諾族人。在漢族文化的影響下，侗族文化逐漸和漢族接近，「洞苗習華風，編姓氏」，「風俗與漢人同……婚葬俱循漢禮」，「耕鑿誦讀與漢民無異」[20]。侗族和漢族之間普遍通婚，侗族婦女也多改穿漢服。布依族從雍正朝改土歸流之後，更多地接受了漢族文化，到乾隆朝，許多布依族人都能讀漢書、習漢字。仡佬族經過改土歸流，「無土司管轄，皆編入保甲，通漢語，風俗亦為漢民類」[21]，在生活習俗等方面，與漢族人幾乎沒有什麼差別。水族在乾隆年間，更多地受到漢族文化的影響，「婚喪漸易夷風」[22]，「有讀書入泮者」[23]，生活習俗有了很大變化，漢文化水平有了很大提高。苗族經過雍正朝改土歸流，特別是漢族屯軍進入苗族地區，苗族與漢族之間，「婚姻往來，與內地人民無異」[24]，許多漢人娶苗族婦女為妻，苗族文化受漢族很大影響。一些苗族地區設立了學校，學習漢族文化，應試中舉者很多。在漢族文化的影響下，許多羌族人的生活習俗也發生了變化，「言語衣服悉與漢同，亦多讀書識字之人」[25]。在參

---

18 雍正：《順寧府志》卷九。
19 乾隆：《麗江府志》卷上。
20 《黔南識略》卷十三、十二、二十一。
21 《黔南識略》卷三十一。
22 《黔南識略》卷九。
23 《黔南識略》卷十一。
24 光緒：《湖南通志》苗防四。
25 道光：《茂州志》卷二。

加科舉考試時，具有較高漢文化水平的羌族子弟「與漢一體應試，卷面不必分別漢羌，取額不必加增，一體憑文去取」[26]。佤族居住地區曾建有銀廠，數萬礦工多是漢族人。乾隆年間，銀廠關閉，這些礦工便流落當地，建立了漢人村，一些漢族礦工還融合於佤族之中。這樣，漢族文化在佤族當中得到了傳播。阿昌族人在和漢族人交往中吸收了漢族文化，許多人通曉漢語，通用漢文。阿昌族的許多建築物都具有漢族文化的特點。

最後，和中南、東南地區少數民族的文化交流。早在明朝，漢族人就不斷遷入壯族居住的廣西地區，傳播了漢族文化。清朝在壯族地區改土歸流以後，許多地方興辦了學校和書院，還有私塾和義學，這樣，漢族文化在壯族中得到了更為廣泛的傳播。壯族中出現了許多有成就的知識分子，他們或考中了舉人，或用漢文著述，產生了很大影響。其中，韋豐華的《今是山房吟草》、《吟餘瑣記》等書，黎申產的《菜根草堂吟稿》，都具有代表性，是漢族文化和壯族文化相互交流的結晶。仫佬族居住區在清朝初葉就設立了鳳山書院，為漢族文化傳入創造了條件。康熙朝晚期，仫佬族聚居區開始興辦義學、私塾和社學，使漢族文化在仫佬族中傳播更為廣泛。許多仫佬族人成了秀才和舉人。雍正年間改土歸流以後，土家族生活的區域也興辦了很多書院和義學，為土家族人學習漢文和漢語創造了條件。彭秋潭、田泰斗、彭勇行、彭施鐸等一批土家族著名詩人的產生，反映了漢族文化和土家族文化交流的廣度和深度。由於大批漢族人民遷入海南黎族居住區，漢族文化影響了黎族。許多黎族人「直與齊民無異，薙髮著褲，並令子弟讀書」[27]。道光年間，大部分黎族人已經「飲食衣服與漢人同……日往來城市中，有無相異，言語相通，間有讀書識字者」[28]，漢族和黎族的文化交流有了新的發展。

---

26 同治：《理番廳志》卷四。
27 道光：《瓊州府志》海黎志。
28 同上。

二、各少數民族之間的文化交流

清前期除漢族和各少數民族之間有著廣泛的文化交流外，各少數民族之間也有著程度不同的文化交流。這與清前期多民族統一國家中大分散小聚居的民族分布有關。比如蒙古族不僅分布在蒙古地區，還分布在新疆、青海、甘肅、遼寧、吉林、黑龍江；藏族除居住在西藏地區外，還居住在四川、青海、甘肅、雲南；回族既分布在寧夏，又分布在甘肅、青海、陝西、新疆、河北。總之，在許多地區，例如蒙古、新疆、廣西、吉林、甘肅、青海、四川、雲南、貴州、湖南、湖北、廣東等地，都是多民族聚居區。[29]這樣的民族分布狀況，為各民族之間的文化交流創造了條件。

（一）滿族和蒙古族之間的文化交流

滿族和蒙古族有著很深的文化淵源。在滿族形成過程中，一部分蒙古人演化成為滿族人。滿族文字就是在蒙古文的基礎上創制的。努爾哈赤曾說：「滿洲蒙古，語言雖異，而衣食起居，無不相同」[30]，這也反映了滿族和蒙古族的密切關係。清朝建立後，又採取了許多措施，鞏固滿族貴族和蒙古王公政治上的聯盟，從而為滿蒙兩族的文化交流奠定了新的基礎。

首先，是滿蒙聯姻不斷。這包含兩個方面，一是清朝統治者從蒙古王公家族中選擇后妃，這使很多蒙古族女子走進清朝宮廷和王府。二是清朝統治者把公主「下嫁」給蒙古王公，使滿洲貴族包括皇室之女來到蒙古草原。清朝還有一個備指額駙制度，指的是專從漠南蒙古科爾沁左翼中札薩克固山貝子等十三旗中，為滿族貴族包括皇室女選擇夫婿。滿、蒙兩族大規模、多層次的通婚，促進了兩個民族的融合和文化的交流。據道光年間統計，當時漠南蒙古有公主子孫臺吉、姻親臺吉共三千多人。[31]這些人既是滿蒙兩個民族融合的表現，也是滿蒙兩族文化

---

29 參見張爾駒主編：《中國民族區域自治的理論和實踐》，2-3頁，北京，中國社會科學出版社，1988。

30 《滿洲老檔秘錄》上編，《喀爾喀遣使問齊賽罪狀》，天命四年八月。

31 參見馬汝珩、馬大正主編：《清代的邊疆政策》，295頁，北京，中國社會科學出版社，1994。

交流的使者。

其次，清朝對蒙古族王公定有「朝覲」制度，也稱「年班」和「圍班」制度。年班制度，即清政府規定蒙古族上層人士每逢年節來京，朝見皇帝、瞻仰聖顏。年班期間，蒙古族上層人士要參加清政府舉行的各種活動，進行經濟和文化方面的交流。圍班制度是年班制度的一種補充形式。清政府規定，未出痘疹的蒙古族王公，每年夏秋到塞外木蘭圍場隨皇帝狩獵，到熱河避暑山莊朝覲。圍班期間也舉行各種各樣的文化活動，包括由蒙古族歌手演奏蒙古音樂，藝人表演相撲，蒙古王公子弟表演騎生駒技藝，等等。乾隆皇帝曾寫有塞宴四事詩，記述了詐馬、什榜、相撲、教跳四項文化體育活動的熱烈場面。[32]朝覲制度的實行，促進了滿蒙兩個民族的文化交流。

最後，清政府實行尊崇喇嘛教政策，也促進了滿、蒙民族間的文化交流。蒙古族信仰藏傳佛教（俗稱喇嘛教），清朝統治者為了撫綏蒙古，便對喇嘛教採取扶植政策。為此，清政府敕封了章嘉活佛、哲布尊丹巴活佛，使他們分別掌管漠南、漠北蒙古地區的喇嘛教事務。清政府還在蒙古地區、京師、熱河等地修建喇嘛寺廟，這些寺廟建築呈現滿、蒙等多民族的風格。一些寺廟舉行的大法會，具有宗教文化交流的特色。

清政府的上述政策和措施，促進了清前期滿、蒙民族的文化交流。前曾指出，滿文是借用蒙古文字母創制成的，後來又有了改進。改進後的滿文又促進了蒙古文的改進和定型，近代蒙古文中有許多是用滿文字母拼寫人名、地名的。清政府纂修了許多包括滿、蒙文互相對照的大型字典和辭典，使滿、蒙兩族的語言文字得以直接交流。很多用蒙文寫成的歷史著作，例如《蒙古源流》，這時期也都譯成了滿文，從而使更多的滿族人了解了蒙古族的歷史。蒙古族的音樂成為清前期宮廷音樂的一部分，每逢大的節日都要演奏。清朝宮廷中設有什榜處，專門管理蒙古族音樂。這一切，使蒙古族音樂為更多的滿族貴族所接受。清代前期，蒙古族制定有本民族的刑法，人們稱之為《喀爾喀吉魯姆》。此外，清政府也制

---

32 參見趙雲田：《清代蒙古政教制度》，第八章「朝覲制度」。

定了管理蒙古族地區的刑法——《蒙古律例》和《理藩院則例》。這些刑法是《大清律》的分支，根本上反映了滿族貴族的利益，同時也容忍保留了蒙古族地方風俗與習慣，是滿族和蒙古族文化交流的結晶。清前期蒙古地區有很多私塾教育，有的是蒙古王公為培養自己子弟聘師在王府設私塾，也有的是民間辦的私塾，教富裕牧民的子女。在這些私塾中，既教蒙文，也教滿文，滿蒙文化得到了直接的交流。在生活習俗方面，清前期蒙古族服飾多受滿族影響，官服中文官和武官不同，其式樣是清政府規定的。便服一般稱之為「蒙古袍」。受滿族的影響，科爾沁、喀喇沁地區的蒙古袍寬大直筒到腳跟，兩側開叉，領口和袖口多用各色套花帖邊。

（二）滿族和藏族之間的文化交流

清朝還在關外的時候，滿族貴族和藏族上層人士就有了來往。清朝在全國的統治地位確立後，對藏傳佛教採取扶植政策，雍正年間又設立了駐藏大臣，這一切，為滿、藏文化交流創造了條件。

清政府扶植喇嘛教，特別表現在對達賴喇嘛和班禪喇嘛的態度上。順治年間，順治帝邀請五世達賴喇嘛來京。五世達賴的隨從人員多達幾千人。這些人到內地後進行了廣泛的經濟和文化交流活動。清政府特意為五世達賴喇嘛修建了黃寺，供他居住，並賞賜大量黃金、白銀、綢緞、珠寶、玉器。五世達賴喇嘛回藏途中行至代噶地方，清政府又派官員前往，送去順治帝冊封達賴喇嘛的金冊金印，冊印均用滿、漢、蒙、藏四種文字書寫。順治年間的五世達賴來京，促進了滿、藏文化交流。黃寺建築具有藏族風格。五世達賴喇嘛回藏後，利用滿族貴族贈送的金銀，在西藏各地新建了許多喇嘛寺廟，促進了藏傳佛教的進一步發展。

康熙年間，清政府冊封五世班禪為班禪胡圖克圖，班禪額爾德尼，如達賴喇嘛例，頒給金冊金印。這樣，班禪成為和達賴一樣的大活佛，在藏傳佛教界具有崇高地位。乾隆年間，乾隆帝又對六世班禪進行了冊封，冊、印用滿、漢、藏三種文字書寫，純金製成。為祝乾隆帝七十壽辰，六世班禪又前來北京和承德。清政府在承德為六世班禪喇嘛修建了須彌福壽廟。該廟布局分前、中、後三部分。

前有山門、五孔橋、碑亭、石獅、白臺等。中部有琉璃牌樓、大紅臺、妙高莊嚴殿、吉祥法喜殿、紅臺。後部有金賀堂、萬法宗源殿，以及琉璃萬壽塔。整個廟的建築形式體現了藏族和內地建築的風格。乾隆帝會見六世班禪時，用藏語說話。六世班禪向乾隆帝敬獻了壽禮，其中多是藏族風格的物品。六世班禪還主持了須彌福壽廟的開光儀式。到達北京以後，六世班禪廣做佛事，乾隆帝對他更是禮遇，皇族大臣以及嬪妃太監對六世班禪也都奉若神明。後來六世班禪因出痘在北京圓寂，清政府建白玉塔以為紀念。該塔塔座的八面各雕藏傳佛教故事畫一幅，景物刻畫細致生動。塔座的轉角處有八尊力士像，大部是赤背赤足，從束髮和面部的輪廓看，具有藏族武士的形象。六世班禪在內地活動期間，乾隆皇帝以及滿族貴族的賞賜和奉獻，達數十萬金，寶冠、瓔珞、念珠、晶玉鉢、鏤金袈裟不計其數。六世班禪的北京和承德之行，對滿、藏文化交流起了促進作用。

雍正朝駐藏大臣設置後，清政府或以蒙古大臣為駐藏大臣，或以滿族大臣為駐藏大臣。在滿族大臣為駐藏大臣的人員中，有許多是敬業者，他們為滿、藏兩族的文化交流做出了貢獻。這其中，和琳具有代表性。和琳（1753-1796 年），字希齋，姓鈕祜祿氏，滿洲正紅旗人。乾隆五十七年（1792 年）春天，和琳任駐藏大臣，到達拉薩。當時，西藏發生了空前的天花病，傳染極廣，死亡人數眾多。但是，西藏僧俗人眾並不知道這種病能夠治愈，因而非常害怕。按照當地風俗，凡是得了這種病的人，都要驅趕到曠野、岩洞或山溪。貧困家庭的病人，一經驅逐，衣食無著，露宿荒野，任其凍餓，無人照管，大多死掉，其境況慘不忍睹。和琳到任後，了解到這一情況，十分不安。他下令在山僻中找一空寨，用自己的薪俸銀購買酥油、糌粑、茶葉、柴薪以及各種器物，並專派弁兵，以及出過痘疹的藏民前往照料，早晚散給，以資病人生活。他還購買藥品，請藏醫為病人看病。和琳及其隨從人員也運用了解到的醫學知識，參加到了搶救病人的行列中。就這樣，只半年多時間，已有數百名天花病人痊愈。和琳還在藏北浪蕩溝等地，捐資修了許多平房，讓天花病人在裡面調養。他又勸令達賴喇嘛、班禪喇嘛捐口糧給病人。大量藏族天花病人的痊愈，使當地僧俗人眾明白了天花病並非不治之症，解除了他們的恐懼心理。總之，滿族駐藏大臣為滿藏文化交流做出了直接的貢獻。

（三）蒙古族和藏族之間的文化交流

　　蒙古族和藏族有著共同的宗教信仰，兩個民族之間文化交流非常廣泛。其中，文學作品《格薩爾傳》被公認為蒙藏文化交流的結晶。《格薩爾傳》是一部蒙藏人民的民間創作，在西藏、青海、四川、甘肅、內蒙古等蒙藏人民居住的地方廣為流傳。這部說唱體史詩唱詞長達一百多萬詩行，一千五百萬字，描寫格薩爾是天神轉世，能呼風喚雨，降妖斬魔，為民除害，威鎮四方。這部史詩在內容上非常豐富，既有古代的史話、宗教信仰以及人民生活習俗的生動描繪，也有階級鬥爭、生產鬥爭的真實記錄，還有人民群眾追求幸福生活的理想寄托。康熙五十五年（1716 年），《格薩爾傳》木刻本在北京問世，產生了很大影響。[33]蒙、藏兩個民族在文學方面的交流，還表現在藏族的許多文學作品譯成了蒙文，為蒙古族的文學領域輸入了新鮮的內容。

　　蒙、藏文化交流在史學領域亦有反映。著名的蒙古史巨著《蒙古源流》在內容上有西藏佛教的內容，這為藏族學者所關注。此外，這部書還記述了蒙古的社會生活，民族之間的關係，僧俗封建主的特權，藏傳佛教在蒙古地區的傳播等，受藏族歷史著作的影響非常明顯。有些藏傳佛教上層人士，用藏文編寫了許多蒙古地區的喇嘛教史，以及大小活佛的傳記，一定程度上促進了蒙、藏文化交流。[34]

　　藏族的建築對蒙古族建築產生了影響。藏式建築的特點是多為方形，樸素、雄偉、壯觀、牆壁呈白色，磚、石結構以石為主。順治年間建成的旦列朋寺大殿堂，乾隆年間建成的額爾德尼召拉布隆，在蒙古地區很有影響，而這些寺廟建築正是體現了蒙、藏兩個民族的建築特點。

　　蒙古族醫學在發展過程中，除吸收了漢族醫學精華外，也吸收了藏族醫學的精華。清前期藏傳佛教在蒙古地區進一步傳播，建了許多新的寺廟，這些寺廟中都有醫學部，它既是醫療機構，又負責培養醫療衛生人員。蒙古族醫生一般都掌

---

33 參見蔡志純等編著：《蒙古族文化》，73-75 頁，北京，中國社會科學出版社，1993。
34 參見《蒙古族簡史》，310 頁。

握藏醫原理和技術。一些蒙醫著作，還是用藏文寫成的。不少蒙醫藥方，就來源於藏醫藥方。蒙古醫學在清前期形成蒙醫學派和藏醫學派，也表明了蒙古醫學受了藏族醫學的影響。

（四）其他少數民族之間的文化交流

清代前期，居住在不同區域的許多少數民族之間，或者因為居住區域的接近，或者因為信仰同一種宗教，在進行經濟交流的同時，也在文化上進行著廣泛的交流。在東北地區，鄂倫春族人和滿、達斡爾等族人有著廣泛的接觸，彼此通婚聯姻，生活習俗等方面相互影響。鄂溫克人和鄂倫春人、蒙古人雜居，在生活習俗方面有很多相近之處，彼此影響。赫哲族在語言、騎射等方面與滿族相近，滿族貴族一方面向赫哲族征收貂、狐等貢物，另一方面又以嫁女對赫哲族首領進行籠絡。史載：「以魚皮等部俗荒陋，令其世娶宗室女以化導之，歲時納聘，吉林將軍預購民女代宗女，乘以彩輿嫁之。」[35]這樣，赫哲族在社會習俗方面受滿族影響越來越大。達斡爾族人和滿、鄂溫克、鄂倫春等族人生活習俗也很接近，一些達斡爾族首領被滿族貴族提升為軍隊中的高級將領，在經濟、文化等方面和滿族貴族更加趨於一致。

在西北地區，土族、裕固族人大多信仰藏傳佛教。由於宗教的影響，兩族在文化方面有許多共同之處。東鄉、撒拉、保安等族多信仰伊斯蘭教，在婚喪節日、家庭生活以及社會習俗等方面，有許多相同的地方。另外，保安族族源有一部分是接受伊斯蘭教的蒙古人，所以，保安族還保存著與蒙古族相似的摔跤、善騎等習俗。維吾爾、哈薩克、烏孜別克、柯爾克孜等族信仰伊斯蘭教，居住區域又相互毗鄰，於是伊斯蘭教文化成為這些民族文化交流的媒介。

在西南地區，由於門巴族、珞巴族也都信仰藏傳佛教，清前期又處於西藏地方政府管轄之下，所以，這兩個民族和藏族的文化十分接近。普米族人一部分受

---

35 魏源：《聖武記》卷一，開國龍興紀，13 頁，北京，中華書局，1984。

納西族土司的管轄，因而和納西族生活習俗很接近；還有一部分人受藏族影響很深，他們「頭戴古棕帽，腰繫兩刀，衣僅齊膝」[36]，和藏族生活習俗相同。

第二節 ·
和亞洲各國 的文化交流

清朝前期，中國和日本、朝鮮、琉球、越南、緬甸等亞洲國家有著廣泛的文化交流。

一、和日本的文化交流

日本是中國東方一衣帶水的近鄰。清前期中日文化交流，首先表現在流寓日本的中國人，通過他們的活動，對日本文化產生了影響。

朱舜水（1600-1682 年）是明末清初著名的學者，浙江餘姚人，名之瑜，字魯璵，晚號舜水。順治十六年（1659 年），他來到長琦，從此留居日本。在二十多年的時間裡，他向日本傳播了中國文化，主要表現在兩個方面：一是修史，二

---

36 乾隆：《永北府志》卷二十五。

是講學。

朱舜水參加了《大日本史》的編纂工作。《大日本史》是日本江戶時代水戶藩主德川光圀主持編纂的一部史書。德川光圀等人是朱舜水的學生，在朱舜水的指導下曾研讀《小學》、《論語》、《孝經》等書，深受中國儒家思想的影響。朱舜水本人對程朱理學也很精熟，特別提倡封建的倫理道德，講求忠君、大義、名分。在朱舜水的學生中，安積覺受朱舜水影響最大，任《大日本史》編纂總裁，出的力也最多。《大日本史》以《史記》為楷模，採用紀傳體，設論、贊，宣揚名分論和尊王思想。《大日本史》在編纂過程中，曾在江戶設史局，開彰考館。於是，通過《大日本史》的編纂，水戶學派逐漸形成。水戶學派提倡尊王、名分和大義，與朱舜水的影響密不可分。

朱舜水通過講學，廣泛傳播了中國的文化，包括服制、禮制、官制、學制、科舉制度等內容。德川光圀欲興辦學校，朱舜水認為這是「古今天下國家第一義」[37]，便積極為德川光圀作《學宮圖說》，請木匠縮為模型，從而把中國古代工程設計、建築技藝的許多經驗傳給了日本。朱舜水把祭孔的實際典禮情況也傳授給了日本的學界。他還模仿中國西湖、盧山等著名風景，為德川光圀在江戶的後樂園興建了石橋。在養蠶製絲、醫藥、種痘等具體操作技術上，朱舜水也貢獻了自己的聰明才智，從而提高了這些領域的技術操作水平。朱舜水的講學實踐在日本產生了很大影響，一些著名的日本學者正是在朱舜水的指導下成長起來的。例如，朱舜水的哲學思想影響了安東守約，教育思想影響了山鹿素行，以及伊藤仁齋、今井弘濟等人。

陳元贇（1587-1671 年），浙江杭州人，字義都，號芝山、升庵。他精通經史，多才多藝，特別對武術和制陶術尤有研究。明末他隨商船到日本，遂定居不歸。陳元贇對日本文化的影響表現在武術和製陶術上。陳元贇青年時在河南登封學習過武術，到日本以後，在康熙元年至二年（1662-1663 年）間，寓居江戶西久保國昌寺，便以少林派武術教授寺中僧人。當時，日本的一些武術家如福野七

---

37 《朱舜水集》卷七，書簡四，北京，中華書局，1981。

郎右衛門正勝、三浦與治右衛門義辰、磯貝次郎右衛門正在寺中居住，便也向陳元贇學武術。這三個人把少林寺武功和日本武術結合起來，加以發展，形成了日本現在的柔道，並分門立派，國昌寺便成為日本柔道中心。陳元贇在家鄉居住時，學習了當地的製陶技術。到日本以後，有一段時間為尾張藩主主持「御庭燒」，選用瀨戶土質，輸入中國的黃色釉料，他自己在上面作書畫，然後施以青白色透明水彩。結果，燒製出的器具別有風格，被人稱為「元贇燒」。在這些器具中，有點心盤、丸皿、葉形皿、扇形缽、酒壺、花瓶，尤以茶具最多，在日本陶瓷史上占有一定地位，產生了較大的影響。

　　隱元隆琦（1592-1673 年），福建省福清縣人，福清縣黃檗山萬福寺主持，著名高僧。順治十一年（1654 年），他率領弟子三十餘人前往日本，主持唐三寺。此前，日本長崎已有華僑和來日本的中國商人居住，這些人為了宗教祈禱和喪葬法事的需要，在長崎興建了三座中國禪寺，即興福寺、福濟寺、崇福寺，總稱唐三寺。這些寺廟的主持按照慣例都是由來自中國的名僧擔任的。隱元隆琦前來日本，就是主持唐三寺事務的。隱元隆琦到達日本以後，除了管理唐三寺事務外，還營建了新的寺廟「黃檗山萬福寺」，並親自擔任主持。這樣，在日本佛教界就出現了一個新的禪宗派別──臨濟禪黃檗宗。這個新的宗教派別以中國福建省黃檗山萬福寺為祖寺，儀式、法規和堂、塔配置，也都仿照黃檗山萬福寺。不僅如此，僧人念佛用漢語，誦經用漢音，生活習俗也都保持中國明朝時的式樣。隱元隆琦及其所創立的黃檗宗，在日本權勢人士的支持下，有了很大發

隱元像

展，使當時日漸衰頹的臨濟禪宗為之一振，出現了新局面。

臨濟禪黃檗宗的興起，極大地影響了日本寺院的建築風格，使其向中國明代的寺廟規格轉化，由以經堂、講堂為主，變為天王殿、大雄寶殿、法堂、走廊等多種建築組合，到處還有楹聯和匾額。此外，隱元隆琦還從中國請來多名雕塑工匠，例如方三官、范道生、林高龍、吳真君等。這些雕塑方面的能工巧匠在寺廟中安置的佛像，栩栩如生，風格奇特，為日本許多佛教寺廟所仿造，進一步擴大了黃檗宗的影響。不僅如此，隱元隆琦以及來日本的其他黃檗山萬福寺的僧人，幾乎都精於書畫，他們來到日本後，也把具有黃檗山風格的書法繪畫藝術帶到了日本，影響了日本的書法界和繪畫界，促進了日本書法繪畫的發展。

明末清初寓居日本的中國人，還有陳明德、王寧宇、戴笠等醫學家。陳明德是杭州人，擅長小兒科，到日本後改名潁川入德，寫了《心醫錄》等專著。王寧宇在順治年間來到日本，他的醫術影響了許多日本人。由於他別號五雲子，所以一些醫者的藥包也稱為五雲子包。戴笠字曼公，到日本後改名獨立。他精通醫學，把治痘的醫術傳給了日本的學子，對日本醫學的發展做出了貢獻。

清前期中日文化交流，還表現在當時中國的學術影響了日本的學術界。以考據著稱的乾嘉學派，在清代學術史上占有重要地位。這個學派的考據學風對日本學術界產生了影響。從日本學者太田錦城（1765-1825 年）在其著述中引用中國學者曹溶所編《學海類編》看，不僅乾嘉學派，而且清初的考據學者閻若璩等人也都對日本學術界產生了影響。正是在清前期考據學的影響下，日本學術界出現了考證學派。這個學

日本黑漆描金山水大筆筒

派崇信古典，埋頭於日本歷史、日本文學文獻的考證，有的人甚至對藥物學、民俗學也進行考證。清前期編輯的許多大型圖書傳到日本後，對日本的編書事業也產生了影響。日本長達三千部的《群書類叢》《續群書類叢》，就是在清前期《古今圖書集成》影響下編成的。江戶幕府纂修的《法度書》、《公事方御定書》，也是受了清前期康熙朝《大清會典》的影響。

還應當指出的是，清前期許多中國畫家前往日本，對日本的繪畫界產生了影

響。伊孚九擅長中國南宗山水畫，風格清新。他到日本後，影響了日本畫家池大雅、與謝蕪村等人。池大雅、與謝蕪村通過向伊孚九學習，成為日本著名的畫家。沈南蘋是寫生大師，他畫的花卉精致豔麗。雍正九年至十一年（1731-1733年）間，沈南蘋留居日本，向日本畫界傳授畫法，結果，長崎譯官熊代繡江以及圓山應舉等人，通過向他學習，技藝明顯長進，並影響了更多的日本畫家，以致日本畫界產生了寫生畫中的南蘋派。[38]

二、和朝鮮的文化交流

朝鮮是中國東方的近鄰。清代前期，作為清朝「屬國」的朝鮮，和清朝在政治、經濟等方面有著密切的交往，與此同時，在文化上也有著廣泛的交流。

朝鮮青花雲龍紋瓷瓶

首先，是語言文字方面的密切聯繫。古代朝鮮沒有文字，以漢字作為表達和記述的工具。十五世紀中葉，朝鮮李朝世宗和鄭麟趾、成三問、申叔舟等人，參考中國音韻學的書籍，並得到中國學者黃瓚的幫助，共同研製成拼音字母，即「諺文」。「諺文」出現後，漢文仍然作為正式文字在朝鮮流行，因此，許多文人著述、官府公文、國史記錄等仍用漢文。朝鮮政府和清政府的國書往來，甚至於長達一千七百〇九卷的《李朝實錄》，都是用漢文寫成的。

其次，是在中國學術界經世致用思潮的影響下，朝鮮出現了「北學派」[39]。

---

38 參見陳玉龍等：《漢文化論綱》，326-336 頁，北京，北京大學出版社，1993。
39 以下參見《漢文化論綱》，241-251 頁。

清朝都城北京位於朝鮮李朝王都漢城的北面，一些朝鮮文人便稱從清朝傳播過來的學問為「北學」。清朝乾隆、嘉慶年間，儘管清政府已危機四伏，國家開始由盛轉衰，但是，在前來中國的朝鮮使團一些人看來，社會仍很繁盛，於是，他們主張向中國學習，代表人物有朴齊家（1750-1805 年）、朴趾源（1737-1805 年）、洪大容（1731-1783 年）、李德懋（1740-1793 年）等人。朝鮮北學派是帶有經世致用性質的學術派別，這個學派的主張，從一個側面反映了當時中朝文化交流的情況。

再次，是中朝學者之間的直接交流。清代前期，朝鮮政府經常派遣使團前來中國，使團中有不少人是學者，柳得恭就是一個。柳得恭（1749-？年），朝鮮奎章閣檢書官，多次前來中國，著有《灤陽錄》、《燕臺再游錄》等書，詳細記載了他一七九〇年、一八〇一年出使北京購買書籍以及交結中國文人學者的情況。李德懋也做過奎章閣檢書官，並多次前來中國。原來，北京有一條著名的文化街，即琉璃廠街，那裡有許多書店。朝鮮文人學者到北京後，都到琉璃廠街去買書，並借此機會和中國文人訂交。他們「日出市中，各寫書目，逢人遍問，不惜重金購歸」[40]。乾隆四十一年（1776 年），李德懋前來北京，到後的第三天便走訪了琉璃廠的十二家書店，記下一百三十多種預購書目。嘉慶六年（1801 年），柳得恭在琉璃廠街買書過程中，認識了中國當時著名學者陳鱣。陳鱣精於版本目錄學和語言文字學。二人便在書店筆談學術，討論《說文長箋》一書的得失，以及顧亭林對該書批評的確當與否。柳得恭在出使北京期間，還受到了清政府《四庫全書》館總纂官紀曉嵐的接見。紀曉嵐是著名學者，學問淵博，有「通儒」之稱。紀曉嵐告訴柳得恭：《四庫全書》別集類中，已收入朝鮮文人徐敬德的《花潭集》，外國詩集入《四庫》的，只有他一個人。柳得恭在琉璃廠街還認識了著名的畫家、「揚州八怪」之一的羅聘（字兩峰），他們相互題詩告別。羅聘贈詩中寫道：「才逢欲別意遲遲，後會他生或有期。殘月曉風容易散，柳耆卿對不多時。」柳得恭和詩中說：「榆關黃葉若為情，秋雨秋風信馬行。記取當年斷腸處，羅昭諫別柳耆卿。」中朝文人的交往，促進了朝鮮文學作品在中國的刊行。

---

40 轉引自周一良：《中朝人民的友誼關係及文化交流》，北京，中國青年出版社，1954。

清前期中國文人收錄、刊行過不少朝鮮文學作品，除吳明濟的《朝鮮詩選》外，還有錢謙益的《列朝詩集》，朱彝尊的《明詩綜》，沈德潛的《明詩別裁集》，褚人獲的《堅瓠集》等。因為上述情況，朝鮮文學作品，特別是其中的漢詩，得以在中國廣為流傳，產生了廣泛而久遠的影響。

複次，是中朝兩國書法、繪畫方面的交流。由於歷史文化的影響，朝鮮書法界相當長的一段時間裡，籠罩著因陋沉滯之風。清前期，隨著兩國文化領域交流的深入和擴大，特別是書法家的相互往來，朝鮮的書法界風氣逐漸發生了變化。朝鮮書法家李麟祥等前來清朝，受到當時中國書法界的影響，特別是在篆隸方面大有長進。清朝著名學者葉志詵、翁樹崑等人也訪問過朝鮮，帶去了中國的書法藝術。這樣，朝鮮書法界發生了很大變化，因陋凝滯之風為之一掃，而變成欣欣向榮，異彩紛呈。劉鏞、翁方綱等清前期著名書法家的作品都出現在了朝鮮的書壇上。金正喜、姜世晃等新一代朝鮮書法家成長起來，他們以擅長的漢隸，推動了朝鮮書法的發展。

順治二年（1645年），清朝畫家孟冰光來到朝鮮，並在那裡留居四年。朝鮮畫家李明郁向孟冰光學習作畫技巧，從而使清初的繪畫技藝和風格影響了朝鮮。此外，清前期王時敏、王鑑、王翬、王原祁、吳曆、惲壽平的畫風，在朝鮮也有著廣泛的影響。在中國畫風格的影響下，朝鮮產生了一批文人畫家，代表人物有李麟祥（1710-1760年）、姜世晃（1713-1791年）、申緯（1769-1847年）等人。李麟祥作畫構圖簡潔。姜世晃多次來過北京，他的畫在中國很有影響，特別是山水畫、花鳥畫，具有中國南宗畫派的風格。申緯的畫文人氣息濃厚。

最後，是活字印刷術在中朝兩國人民之間彼此流傳，互相推進，更反映了中朝文化的息息相關。中國發明的活字印刷術傳到朝鮮後，朝鮮人民在泥、木活字的基礎上，創用了銅活字印書，以後又開始用鉛鑄字。中國受朝鮮印刷術影響，也開始用銅活字印書。乾隆年間，中國又用木製活字印書，這就是著名的武英殿聚珍版。這種木活字法又傳入朝鮮，給了朝鮮印刷事業的發展以很大促進。

三、和琉球的文化交流

琉球位於中國東方,「在福建泉州府東海中」[41],是清朝的「屬國」。琉球和清朝在政治、經濟方面關係密切,在文化上也有著廣泛的交流。一般說來,琉球每隔二年派使團前往清朝一次,清政府在福建建有柔遠館驛,接待琉球使臣。

清前期琉球和中國的文化交流,主要表現是琉球國王派陪臣子弟前來北京入國子監學習。康熙二十一年(1682 年),康熙帝命翰林院檢討汪楫、內閣中書舍人林麟焻為正副使,齎詔敕銀印往封琉球國世子尚貞為王,尚貞提出「願令陪臣子弟四人來京受學」[42],清政府同意了他的要求。康熙二十五年(1686 年),琉球國王尚貞派遣官生梁成楫、蔡文溥、阮維新、鄭秉鈞四人前來北京,入國子監讀書。康熙帝命成楫等人照都通事例,「日廩甚優,四時給袍褂、衫袴、韡帽,被褥咸備,從人皆有賜,又月給紙筆銀一兩五錢,特設教習一人,令博士一員督課」[43]。康熙三十二年(1693 年),成楫等四人學成歸國,清政府賜宴送行。此後,琉球國王派遣陪臣子弟前來北京入國子監讀書,從未間斷,直至近代琉球王國被滅為止。

在中國文化的影響下,康熙十二年(1673 年),琉球在其國內久米村泉崎橋北創建了文廟,廟中制度俎豆禮儀完全遵照中國典籍《會典》中的有關規定。康熙五十八年(1719 年),琉球國又在文廟南建明倫堂,稱府學,以久米大夫通事一人為講解師,每月吉日讀中國典籍《聖諭衍義》,三六九日,紫金大夫到講堂,整理中國往來的貢典,察看學生的勤惰,選擇其中才能突出的人作為官員的候選人。對於八歲剛入學的人,則從通事中選擇一人為啟蒙老師進行講授。

嘉慶三年(1798 年),琉球國王尚溫在他的王府北面建立了國學一所,鄉學三所,系統學習中國文化。琉球國的學生先入鄉學學習,然後再選拔一部分成績優秀的進入國學學習。嘉慶七年(1802 年),琉球那霸地方的官民集資,經過琉

---

41 《清史稿》卷五二六,《屬國傳一》。
42 同上。
43 同上。

球國王批准，又建立了四所鄉學。琉球王國興建鄉學、府學和國學，促進了中琉兩國的文化交流。

　　琉球王國醫藥學家吳繼志和中國北京同仁堂醫藥專家周之良、鄧履仁、吳美山交流醫藥學知識的事情，是中琉文化交流史上的一段佳話。原來，琉球醫藥學家吳繼志仰慕中國文化，對中國醫藥學尤有研究。他歷經多年，採集了琉球各島嶼的藥材一百多種，或畫詳圖，或製標本，寫成《質問百草》一書，在琉球很有影響。吳繼志的父親也精通中國醫藥學，且多次前來中國，搜集藥方，購買藥材，對中國醫藥學界的情況比較清楚。為了驗證《質問百草》一書的學術水平，吳繼志經過父親同意後，決定前來中國北京同仁堂藥鋪，向同仁堂的專家徵求意見，進行辨證。除同仁堂外，吳繼志還通過來過中國的人介紹，和江蘇、浙江、江西、福建、廣東、山西等地的醫藥學家取得了聯繫，總計有四十六人。就在吳繼志要啟程來中國的時候，他突然病倒，只好把校正《質問百草》的事情托付給準備前來中國北京的紀之誠、金文和二人。乾隆四十九年（1784年）一月下旬，紀之誠、金文和到達中國北京後，立即通過禮部進行安排，會見同仁堂中醫藥專家。同仁堂中醫藥專家周之良、鄧履仁、吳美山三位藥劑師進行了認真的準備，抓緊時間研讀《本草綱目》，選讀同仁堂以往的配本。眾所周知，《本草綱目》是中國明代著名醫藥學家李時珍編寫的，全書收載藥物一千八百九十二種，載入藥方一萬一千〇九十六個，還繪製了一千一百六十幅插圖，形象地表現了各種藥物的複雜形態。該書問世後，很快傳到包括琉球在內的許多國家。乾隆四十九年二月一天，琉球使者紀之誠、金文和來到同仁堂，獻上了吳繼志著《質問本草》一書，並請周、鄧、吳三人給以校正。雙方經過筆問筆答後證實，《質問百草》前半部分所列草本、木本共五十品，《本草綱目》中有十四品，同仁堂藥目中有二品。這十六品藥材的製法在《本草綱目》中都有說明，其他數品不見於《本草綱目》和同仁堂藥目，當為琉球王國特產。對於同仁堂專家的鑑定，紀之誠、金文和非常感動。半年以後，周之良等人收到了來自琉球王國吳繼志署名的親筆信，信中飽含著琉球醫藥學者對同仁堂人的深深尊敬。[44]

---

44 參見魯波等編著：《濟世養生同仁堂》第 17 節，知書房文化事業有限公司，1997。

四、和越南的文化交流

越南是中國南方的近鄰。清代前期，越南是清朝「屬國」，在政治、經濟、文化各方面都存在著廣泛的聯繫。

清初，為了反抗滿族貴族的民族壓迫，有許多中國人進入越南境內。著名學者朱舜水在定居日本以前，在順治二年（1645 年）和八年（1651 年），曾兩度寓居越南，還和越南國王會見，受到禮遇。越南廣南中部會安地方，「沿河長街三、四里，名大唐街，夾道行肆比櫛而居，悉閩人」[45]。「會安、明鄉二社，南濱大江，岸兩旁瓦屋蟬聯二里許，清人居住，有廣東、福建、潮州、海南、嘉應五幫，販賣北貨中有市亭會館，商旅湊集，其南茶饒潭為南北船停泊之所，亦一大旅會也。」[46]大量的中國人進入越南，為中越兩國的文化交流創造了直接的條件。

清前期中越兩國文化交流，首先表現在語言文字方面。在相當長的時間裡，越南都用漢字作為表達記述的工具。越南人民後來創造了本國文字「字喃」，與中國漢字關係也很密切。它以漢字為素材，運用形聲、會意、假借等造字形式表達越南語言。清前期越南出現了許多用字喃寫成的文學作品，以及大量碑刻，其中保存了不少中國古代音韻的材料。

越南象牙

由中國傳入越南的印刷術在清前期有了長足的發展。越南民間刊刻的許多佛經，大多仿中國式樣，注明某堂、某齋、某地藏版。

中國的曆法對越南產生了影響。康熙六十一年（1722 年），清政府重修曆

---

45 大汕和尚：《海外紀事》。轉引自《漢文化論綱》，401 頁注 44。
46 《大南一統志》卷五，《廣南篇》。轉引自《漢文化論綱》，369 頁。

法，編成《曆象考成》一書。後來，越南使臣來到北京，得到該書，帶回國內。參考《曆象考成》，越南編成了《協紀曆》。在《協紀曆》中，採用了中國曆法家創造的二十四節氣，以及干支紀日。

中越兩國在文學藝術上相互影響。越南黎貴惇（1726-1784 年）是著名的漢文文學家，曾出使中國。他的《北使通錄》、《全越詩錄》等著作在清朝有一定影響。鄭懷德（1764-1825 年）也是越南著名的漢文文學家。他曾組織「平陽詩社」，以詩會友。他的詩具有濃郁的時代氣息，在清朝亦有一定的影響。中國的文學在越南影響很大，《紅樓夢》等著作在越南人民中廣為流傳。此外，越南戲劇服裝、音樂、演出方式等，同中國戲劇也有許多相似之處。越南製造的文房四寶很有特色。雍正八年（1730 年），越南為了答謝雍正皇帝所賜書籍等物，貢奉了金龍黃紙二百張，玳瑁筆一百支，斑色硯二方，土墨一包。[47]

越南的史學是在中國史學影響下發展起來的。張登桂等編纂的《大南實錄》，多達四百五十三卷，記載了不少清朝的史料。中國的方志學也影響了越南的學術界。由於乾隆年間清政府所編《大清一統志》的影響，越南陸續編出了《嘉定通志》、《一統地輿志》、《大南一統志》等著作，這些書的體例完全仿照了清朝的《大清一統志》。

中國的數學在越南早已廣泛傳播。清代前期，算盤又傳入越南，直接推動了越南數學的發展。特別是康熙五十五年（1716 年）明代著名數學家程大位編寫的《直指算法統宗》一書翻刻後，傳入了越南，這部關於珠算的入門書更有力地推動了珠算在越南實際生活中的應用。[48]

---

47 《越南輯略》卷一。轉引自《漢文化論綱》，397 頁。
48 參見《漢文化論綱》，第 5 章第 5 節。

五、和緬甸的文化交流

緬甸也是中國南方的近鄰。明清交替之際，隨著抗清鬥爭的失敗，一部分中國人隨永曆帝進入緬甸境內。順治十八年（1661 年），吳三桂率清軍入緬，擒拿永曆帝，一部分清軍官兵流落在緬甸。乾隆年間，清朝和緬甸發生戰爭，戰後，清朝官兵「二千五百人仍羈緬京，或事種植，或事工藝，並娶緬婦為妻」[49]。此外，在和平的歲月裡，隨著兩國邊境貿易的開展，一部分中國人也留居緬甸。在緬甸的中國人對緬甸的經濟發展做出了貢獻，也促進了中緬之間的文化交流。

首先，移居緬甸的中國人，把大乘佛教思想傳入了緬甸。康熙二十年（1681 年），雲南景東府貢生張保太在雞足山修行，他的弟子張曉宣傳彌勒佛降生的教義，這樣，佛教的這一教派遂在雞足山地區盛行。這期間，正值雲南人移居緬甸的高峰期，移民中大部分信仰雞足山的彌勒降生說。於是，在中國移民的影響下，緬甸也興起了信仰彌勒佛的高潮。[50]

其次，移居緬甸的中國人，把中國的建築藝術傳播到了緬甸。緬甸都城曼德勒有許多中國風格的建築物，它們的設計者和督造者多是中國移民。旅緬滇僑尹蓉建造的騰越會館，門前刻寫著中國對聯：「蒼山東崎，回首多情；黑水南來，同舟共濟。」[51]中國移民還把修造百葉窗以及車輛的技術傳播到了緬甸，使緬甸人的日常生活中具有中國人的習俗。同樣，由於中國移民的影響，緬甸人的服飾、工藝美術品，也都具有中國人服飾和工藝品的特點。這些正是中緬兩國文化交流的產物。

從乾隆朝後期起，直到道光朝前期，中緬兩國使者往來不斷。乾隆五十二年（1787 年），緬甸使團一百餘人，攜帶金葉表文、金塔及馴象八頭，以及寶石、金箔、檀香、大呢、象牙、漆盒等物，前來中國。乾隆帝賜使團佛像、文綺、珍玩器皿等物。乾隆五十四年（1789 年），緬甸使團前來中國祝賀乾隆帝八十壽

---

49 〔英〕哈威：《緬甸史》，姚枬譯，陳炎校，298 頁，北京，商務印書館，1957。
50 參見周一良主編：《中外文化交流史》，30 頁，鄭州，河南人民出版社，1987。
51 尹文和：《和順鄉史概述》，轉引自《中外文化交流史》，32 頁。

辰，乾隆帝賜使團敕書、印信以及御製詩章、珍珠手串，並敕封緬甸國王。乾隆六十年（1795年），緬甸國王派遣使團前來中國，進奉物品中有緬石長壽佛、貝葉緬字經、福字鐙、金海螺、銀海螺、金鑲緬刀、金柄塵尾、黃緞繖、貼金象轎、洋槍、馬鞍、象牙、犀角、孔雀、木化石、玄猴皮、各色呢、各色花布，都是十八種。[52] 從上述可以看出，緬甸使團對清朝的進奉和清政府的回賜，不僅是中緬兩國的經濟交流，在很大成分上也是文化交流。

特別應當指出的是，在前來中國的緬甸使團中，有些人是多次前來中國的，他們精通漢語，為中緬文化交流做出了直接貢獻。例如乾隆六十年來中國的緬甸使團中，有名叫孟干的，就曾把中國的《康熙字典》、《淵鑑類函》、《朱子全書》、《本草綱目》等書帶回緬甸[53]，促進了中緬文化的交流和發展。

第三節 ·
和歐洲的
文化交流

清前期中國和歐洲的文化交流，與天主教在中國的傳布有很大關係。正是那些傳教士，把歐洲文化傳播到中國，又把中國文化傳播到歐洲。

---

52 《清史稿》卷五十八，《屬國傳三》。
53 周一良主編：《中外文化交流史》，35 頁。

一、天主教在中國的傳布

　　隨著西方殖民主義勢力的東來，還在明朝中葉，天主教就開始較大規模地在中國傳布。明朝末年，全國十五省除雲南、貴州外，13 省都有了傳教士和信徒，人數總計十餘萬人。[54]順治元年（1644 年），清朝定鼎北京。德國耶穌會傳教士湯若望（Johann Adam Schall von Bell）以在戰亂中保全曆書板片、參與制定曆法而受到順治帝的信任。順治二年（1645 年），湯若望成為清朝欽天監第一任外國人監正。順治帝稱湯若望為「瑪法」（滿語：可敬之父），賜號「通微教師」，相繼封授太常寺少卿、通政使司通政使、光祿大夫。湯若望身為北京耶穌會會長，如此受朝廷恩寵，遂使天主教在北京的教務得以順利開展，在北京宣武門內、阜成門外各建天主堂、聖母堂一座。湯若望和天主教傳教士取得清政府寵幸後，便排斥「大統」、「回曆」和「東局」三家曆法，企圖由「西局」把持曆局。順治十六年（1659 年），吳明烜、徽州新安衛官生楊光先聯合起來攻擊天主教，向禮部控告湯若望所製新曆封面刻印「依西洋新法」是暗竊正朔之權以予西洋。經過激烈辯論，康熙三年（1664 年），湯若望和其他傳教士以潛謀造反、邪說惑眾、曆法荒謬等罪狀，被捕監押，各省傳教士也被拘禁候處；信奉天主教的朝廷大員許之漸等被罷官，一些教徒被處斬；各省拘禁的傳教士送廣州安插；楊光先則升任欽天監監正。這就是清初的「欽天監教案」。湯若望後來雖然免予懲處，但是不久便在宣武門內天主堂南堂去世。

　　康熙七年（1668 年），欽天監監正楊光先所造一六六九年曆法有誤，又測正午日影不驗，而供職欽天監的比利時耶穌會士南懷仁（Ferdinandus verbiest）卻推算的不差分毫，測驗星象也很准確。於是，康熙帝將楊光先革職，為欽天監教案平反。許之漸等官復原職，許多傳教士奉旨開釋，南懷仁升任欽天監監副、監正，加授太常寺卿、通政使司通政使、工部右侍郎。由於南懷仁受寵於清政府，天主教也得以在中國重振。康熙十五年（1676 年），南懷仁出任天主教中國教區副區長後，便積極要求耶穌會派教士前來中國，開展傳教工作。康熙二十七年

---

54 徐宗澤：《中國天主教傳教史概論》，238-240 頁，上海，上海聖教雜志社，1938。

（1688 年），李明、白晉、張誠、劉應、洪若翰五名耶穌會士到達北京。康熙三十八年（1699 年），雷孝思、馬若瑟、巴多明等十餘名法國傳教士來到中國。此後，又有蔣友仁、宋君榮、馮秉正、錢德明等著名傳教士相繼到達中國。至康熙四十年（1701 年），天主教在中國的傳教活動又有了新的發展，前來中國的傳教士已達四百餘人，教徒約有十餘萬人。

康熙四十三年（1704 年），天主教羅馬教廷發出禁令，不准教徒敬天法祖，並要求清政府服從禁令。康熙帝十分震怒，諭示：傳教士非持有朝廷准予傳教的印票，並服從中國禮儀，不得在中國傳教；傳教士若不遵守利瑪竇的規定，斷不準在中國居住，一律逐出國境。[55]康熙五十六年（1717 年），清政府重申：天主教除南懷仁等照常自行外，直隸各省立堂傳教者，一律嚴禁。[56]此後，雍正、乾隆、嘉慶、道光年間，清政府又多次頒布限禁天主教傳教的命令。由於羅馬教廷一反利瑪竇所開創的傳教傳統，不尊重中國社會制度和儒家學說，無視中國禮俗和社會特點，終於導致天主教在中國陷於絕境。乾隆三十八年（1773 年）耶穌會取消後，在中國傳教二百餘年的耶穌會傳教士也最終從中國的大地上消失。

二、西學在中國的傳播

隨著天主教在中國的傳布，一些傳教士在知識傳教的旗幟下，把西學，主要是自然科學傳入中國。

在醫學方面，早在明朝末年，歐洲的醫藥學、解剖生理學等著作就已傳入中國，並譯成漢文出版，在中國醫藥學界產生了影響。康熙年間，西醫、西藥在中國已進入實用階段。法國傳教士洪若翰（Fontaney）、劉應（Visdelou）曾在清宮廷中充當御醫，他們用金雞納（即奎寧）治好了康熙帝的瘧疾。另一位充當御醫

---

55 參見《康熙與羅馬使節關係文書影印本》，北平故宮博物院 1932 年版。按：意大利耶穌會士利瑪竇（Matthaeus Ricci）一五八二年來中國傳教，他主張傳教士應當順應中國禮俗。
56 參見《清聖祖實錄》卷二七二，康熙五十六年四月戊戌。

的傳教士羅德先（Rhodes）則治好了康熙帝的心悸症。白晉（Joachim Bouvet）和巴多明（Parrenin）合作，還把一部法國醫書《根據血脈循環及最新發明編寫的人體解剖學》譯成了滿文，供御醫參考。[57]清初，西式醫院在澳門等地已經建立。

在火器製造方面，明末清初，通過西方傳教士的介紹，以及在沿海荷蘭船上發現的實物，西方新式火器傳入中國，以佛郎機、紅夷大炮、西洋大炮等命名。清朝還在關外階段，在和明軍的交戰中，已經得到了紅夷大炮，從此清軍也能仿製西方新式火器，並命名為「天祐助威大將軍」[58]。清政府在平定吳三桂三藩之亂中，南懷仁奉命督造西洋大炮，前後總計七百八十門。隨著西方新式火器的製造，有關著作也開始在中國問世，最初多由歐洲有關書籍編譯而成。其中，湯若望《火攻挈要》，南懷仁《神威圖說》，是清初歐洲傳教士所作關於製炮技術和銃炮戰術的重要著作。

在地理學方面，明末利瑪竇來中國後，應有關官員請求，曾繪製《山海輿地全圖》、《坤輿萬國全圖》等世界地圖，經多次翻印，流傳極廣。圖中宣傳的天文、地理知識，產生了較大影響。意大利傳教士艾儒略（Julius Aleni）到中國後，譯有《職方外紀》一書，介紹五大洲各國的風土、民俗、氣候、名勝。該書共五卷，卷首有萬國輿圖、南北半球圖，每卷中有分圖，是中文著作中第一部系統介紹五大洲地理的專書。南懷仁也著有《坤輿圖說》二卷，是《坤輿全圖》的說明，內容有自然地理總述，五大洲敘說，四海總說等部分。艾儒略還著有《西方答問》二卷，康熙年間南懷仁等傳教士節錄為《御覽西方要紀》，介紹西方風土國俗，流傳較廣。

康熙四十六年至五十七年（1707-1718 年）間，在康熙帝親自主持下，有法國人白晉、雷孝思（Jean Baptiste Regis）、杜德美，日耳曼人費隱（Xarier Frideli），葡萄牙人麥大成（Joannes Fr.Cardoso），法國人梁尚賢（Petrus v.du Tartve）等傳教士以及中國學者何國棟等人參加，繪有《皇輿全覽圖》，共十八

---

57 周一良主編：《中外文化交流史》，50 頁。
58 《清太宗實錄》卷八，天聰五年正月壬午。

排。雍正年間，又編繪了十排《皇輿圖》。乾隆時期，經中國學者劉統勳、何國宗、明安圖以及傳教士宋君榮（Antonius Gaupil）、傅作霖（Felixda Rocha）、高慎思（Josepnd『Esphina）等共同努力，又編繪成《乾隆十三排地圖》。康熙、雍正年間所繪地圖，除標列中國東北、蒙古、新疆、西藏以及內地十五省的地形和政治、軍事情況外，還繪出了西伯利亞、帕米爾以西、地中海以東的中亞山川、居民等地理內容。乾隆朝所繪地圖，則是北抵北冰洋，南至印度洋，西及紅海、地中海和波羅的海的一幅極其完善的亞洲大陸全圖。

在數學和天文曆法方面，還在明末，傳教士利瑪竇和明朝官員徐光啟、李之藻翻譯了《幾何原本》、《同文算指》，歐洲數學開始傳入中國。《幾何原本》是根據德國數學家克拉維斯的注釋本（C.Clavius，Euclidis Elementorumliber.xv）譯出的，對人們了解和研究幾何學非常有益，中國清代數學家方中通、李子金、梅文鼎等都從中受到很大影響。《同文算指》是一部介紹歐洲筆算的著作，主要依據克拉維斯《實用算術概論》（Clavius，Epitome Aritnmeticae practicae）和程大位《算法統宗》編譯而成。《同文算指》介紹的筆算簡便可行，經過清代數學家的改進，在中國得到了普遍推廣。著名的《崇禎曆書》中，大量介紹了西方平面三角學和球面三角學的知識。清初，波蘭傳教士穆尼閣（Jean Nicolaus Smogolenski）又把對數解球面三角形的方法介紹給了中國數學界。對數便於計算，極有實用價值，在曆法計算上被普遍應用。在此基礎上，中國數學家薛鳳祚、方中通等後來均有新的發明。康熙年間編輯的《數理精蘊》，是歐洲數學傳入中國後集大成的著作，雍正元年（1723 年）出版後，中國的數學研究出現高潮。該書對歐洲的代數學，以假借根數、方數求實數、對數比例、比例規解等均有介紹，是一部影響較大的著作。在歐洲數學的影響和啟發下，清中葉的明安圖、董祐成等人在三角函數和反三角函數的冪級數展開式的研究中，都取得了重大成果。

歐洲天文曆法方面知識也是在明末傳入中國的。利瑪竇、龐迪我等傳教士前來中國時，都帶有望遠鏡等天文儀器。到達中國後，根據實際需要，這些儀器或加以仿製，或者重新設計、製造。繼傳教士湯若望監製的第一架望遠鏡「窺筒」正式安裝後，康熙年間，傳教士南懷仁曾主持設計、監造天體儀、象限儀、紀限儀、地平經儀、赤道經緯儀、黃道經緯儀等六件大型銅儀。中國科學家對此給予

很高評價，認為「西法之有驗於天，實儀象有以先之也」[59]。明末，徐光啟起用歐洲傳教士龍華民、鄧玉函，以及精通西方天文學的中國知識分子李之藻等人，編成《崇禎曆書》一百三十七卷。後來，南懷仁等又編成《康熙永年曆法》三十二卷。這兩次曆法編纂，完成了舊曆法改革，從此中國通用西曆。在編纂曆書過程中，歐洲天文學說在中國得到進一步傳播，一些測量方法也被系統介紹給中國天文學界。其中，耶穌會士羅雅谷首先介紹了伽利略學說；法國耶穌會士蔣友仁則對日心說作了明確介紹；清代傑出的天文學家王錫闡「精究推步，兼通中西之學」[60]，在介紹歐洲天文曆法等科學知識方面，做出了重要貢獻。

在動力機械學方面，還是明朝末年，意大利傳教士熊三拔（Sabbathinus de ursis）著有《泰西水法》在北京刊印。該書論述了水庫、龍尾車、玉衡車、恆升車等水利設施與器械，並有圖畫說明，是一部介紹歐洲農田水利技術的專著，體現了歐洲水利工程學的精華。瑞士傳教士鄧玉函（Joannes Terrenz）譯有《遠西奇器圖說錄最》三卷，也在北京印行。這是一部最早譯成漢文的系統介紹歐洲機械工程學的專著。在和歐洲傳教士接觸過程中，一些中國知識分子開始研究和介紹歐洲物理學。王徵著有《新製諸器圖說》一卷，書中收錄的虹吸、輪激、風磑、連弩、自行車、自行磨等，就是他根據歐洲機械原理設計發明的各種新式機械。王徵之後著名的科技發明家黃履莊，發明或仿造新式機械數十種，其中有傳自歐洲的顯微鏡、千里鏡、取火鏡等多種設計。清朝建立後，歐洲的自動機械知識繼續在中國傳播，特別是自動機器與鐘表，更為清朝帝王所喜愛。康熙年間，法國傳教士陸伯嘉（Brocard）任職於朝廷，專門製造鐘表和物理器械，很受康熙帝贊賞。乾隆年間，楊自新（Thebault）製造了一個自行獅，發條藏在獅子腹內，能走一百多步。汪達洪（Ventavon）製造了兩個機器人，可以捧著花瓶走路。他改造的英國奉獻的機器人，竟能書寫蒙文和滿文。[61]

在傳入中國的歐洲文化中，還包括建築學以及語言學、繪畫、音樂等方面內

---

59 阮元：《疇人傳》卷四十五。
60 鈕琇：《觚賸》。
61 參見周一良主編：《中外文化交流史》，51 頁。

容。從明朝末年起，中國一些地方開始出現歐式建築，而清代圓明園歐式宮殿的興建，則是歐式建築中最宏大的工程。主持這項工作的是意大利天主教會的傳教士郎世寧（Giuseppe Castiglione）。圓明園中的西洋樓是一組建築，包括諧奇趣、儲水樓、萬花陣、方外觀、海晏堂、遠瀛觀、大水法、線法牆等。這些建築具有意大利巴洛克風格，秀美可愛，也具有中國建築特色，是中西合璧的產物。[62]在歐洲傳教士的幫助下，中文開始了拉丁化拼音，拉丁語也得以應用，從而解決了中國和歐洲在語言文字上的阻隔。歐洲繪畫技巧傳入中國，西洋畫法在清前期宮廷中占有一席之地。在歐洲畫風的影響下，清代畫壇上出現了新的風格，例如焦秉貞和冷枚的《耕織圖》，熔中西畫法於一爐，人物、盧舍、山水、林木用中國傳統畫法，而景物的遠近、大小用歐洲畫法。在清宮中任職的郎世寧和捷克人艾啟蒙等，還在中國工筆畫與歐洲古典寫實的結合上進行了探索，作品《馬術圖》和《萬樹園賜宴圖》等，就是這種探索的產物。歐洲音樂傳入中國，使中國音樂，特別是宮廷音樂的內容更加豐富。

總之，歐洲文化傳入中國，豐富了中國文化的寶庫，有利於中國文化的發展，促進了中西文化的交流。

三、中國文化在歐洲的傳播

天主教傳教士把歐洲文化介紹給中國的同時，也把中國文化傳播到歐洲，並產生了一定的影響。

歐洲傳教士為了更好地推行知識傳教政策，必須熟悉中國語文和經典。於是，他們開始學習和編譯有關書籍。順治十年到十四年（1653-1657 年），意大利傳教士衛匡國（Martinus Martini）遊歷歐洲各國期間，編有《中國文法》一書，成為歐洲學者深入研究中國的入門書。雍正六年（1728 年），馬若瑟寫成

---

62 同上書，295 頁。

《中國札記》，研究了中國文字學，書中舉證達一萬三千餘條。雍正八年（1730年），聖彼得堡皇家研究院刊印了貝爾（Bayer）的拉丁文《中國大觀》，論述了中國字典和方言，以及中文文法和中國文學在歐洲的進展。雍正十年（1732年），卡斯特拉納（Fr. carolus Horatius a Castarano）編成拉、意、中字典。雍正十一年（1733年），格拉蒙納（P.Bazilius a Glemona）著有中拉字典。著名的傳教士白晉也著有《中法字典》、《中文研究法》。

在研究中國語文的同時，歐洲傳教士開始編譯中國典籍。利瑪竇曾把四書譯成拉丁文寄回意大利。比利時人金尼閣也曾將五經譯成拉丁文。康熙元年（1662年），葡萄牙傳教士郭納爵（Ignatius da Costa）和意大利傳教士殷鐸澤（Prosper Intercetta）合譯的《大學》，取名《中國的智慧》出版。二人還合譯了《論語》。康熙六年（1667年），殷鐸澤又將《中庸》譯成《中國政治倫理學》在廣州印行。康熙二十六年（1687年），比利時傳教士柏應理（Philippus Couplet）在巴黎刊印了《中國哲學家孔子》，中文標題為《西文四書解》，書中有中國經籍導論、孔子傳和《大學》、《中庸》、《論語》的拉丁文譯文。康熙五十年（1711年），比利時傳教士衛方濟（Franciscus Noel）在布拉格大學印行了他的四書譯本和《中國哲學》，比較系統地介紹了中國的儒家經典和古代哲學思想。歐洲傳教士還比較早地研究了《易經》。白晉曾用拉丁文著《易經要旨》。雍正六年（1728年），劉應著有《易經概說》。雷孝思也譯有《易經》著作，附有研究和注疏，取名為《中國最古典籍〈易經〉》。歐洲傳教士對《書經》、《禮記》、《詩經》等儒家經典也給以極大關注。白晉著有《詩經研究》，劉應也有拉丁文《書經》譯本。《禮記》中的一些篇章也被譯成拉丁文。馬若瑟（JosMaria de pr mare）所譯《書經》、《詩經》，被收入《中華帝國志》一書中出版。乾隆三十五年（1770年），法國傳教士宋君榮譯的《書經》在巴黎刊印。乾隆四十九年（1784年），錢德明法文本《孔子傳》及《孔門弟子傳略》在北京刊印。

奧斯丁會士門多薩（Juan Gonzalez de mendoza）曾在羅馬出版西班牙文的《中華大帝國史》，這是一本最早系統介紹中國歷史和地理的書，幾年內相繼印行了英文、法文、德文、拉丁文和意大利文多種版本。順治十一年（1654年），衛匡國《中華帝國圖》在奧格斯堡出版，它是八幅大型掛圖。順治十二年（1655

年），《中國新地圖冊》又在阿姆斯特丹出版，計有地圖十七幅，附有地志一百七十一頁。順治十五年（1658 年），衛匡國用拉丁文寫的中國上古史《中國歷史》在慕尼黑出版，康熙六年（1667 年），在巴黎又印行了法文譯本。安塔納西·基爾契的《中國》，是一本圖文並茂的手冊，也在這一年於阿姆斯特丹用拉丁文出版，後來還譯成了法文和德文。乾隆四十二年至四十八年（1777-1783 年），馮秉正根據中國《通鑑綱目》一書編寫的十二卷本《中國通史》在巴黎出版，乾隆五十年（1785 年）又出版了第十三卷，名為《中國概況》，論述了清朝十五省的人文地理和地形。唐維爾的《中國新圖冊》，包括地圖五十頁，圖畫十四頁，附有歷史參考地圖，是一部流行歐洲的最完善的中國地圖集。

這一時期介紹中國科學的著作也相繼問世。康熙十年（1671 年）在格萊諾爾出版的法文本《中國脈訣》一書，譯自中國醫學名著《脈經》。雍正十三年（1735 年）在巴黎出版的《中華帝國志》第三卷，是中醫專輯，譯出了《脈經》、《脈訣》、《本草綱目》、《神農本草經》、《名醫必錄》、《醫藥匯錄》等部分內容，還列舉了許多中醫處方。中國醫學逐漸成為歐洲人的一種新認識。雍正十年（1732 年），蘇詢業編輯的《中國天文學簡史》在巴黎出版。乾隆四十一年至嘉慶十九年（1776-1814 年）刊印的《北京耶穌會士報告》一書中，介紹了中國的地質、礦物、化學和動物、植物的有關情況。

雍正十年，傳教士馬若瑟翻譯了元曲《趙氏孤兒》，法譯本取名《中國悲劇趙氏孤兒》。雍正十二年（1734 年），巴黎《法蘭西時報》雜志刊登了其中的部分內容。不久，英譯本、德譯本、俄譯本相繼問世。乾隆二十年（1755 年），伏爾泰將它改編成一個新的劇本《中國孤兒》在巴黎公演。乾隆二十六年（1761 年），在英國刊印了第一部英譯的中國小說《好逑傳》，被評為才子書之一。《今古奇觀》等中國小說的一些篇章也被譯成德文、英文和法文，在歐洲許多國家流傳。

中國的瓷器、漆器、絲綢、轎子、壁紙、摺扇等帶有工藝美術性質的物品，這一時期也傳到歐洲。從明末到康熙朝前期，僅荷蘭東印度公司從中國輸往歐洲各國的瓷器就高達一千六百萬件以上。康熙六十一年（1722 年），運到英國的也

有四十萬件。中國的繪畫技巧和庭園建築風格也傳入歐洲。乾隆二十二年（1757年），英國建築師威廉·查布斯（William Chambers）從中國考察回國後，出版了一部《中國建築、家具、衣飾、器物圖案》的著作。幾乎同時，哈夫佩尼（W.HaifPenny）也出版了《中國廟宇、穹門、庭園設施圖》專著。

中國文化傳到歐洲以後，產生了深遠的影響。德國哲學家萊布尼茨（Gottfried Wilhelm Leibnitz）非常崇拜中國儒家哲學的自然神論，認為遠在希臘哲學很久以前建立的這種哲學學說或自然神論，極有權威，倫理更完善，立身處世之道更進步。他還認為，中國的天命、天道是天在其運行中確定不移的法則，要服從理性的法則就必須順天，以達到先定的和諧。萊布尼茨追求中國理學崇奉的自然法則，和歐洲的教會神學思想徹底決裂。在貫徹中國實踐哲學的過程中，他倡導成立了柏林、維也納、彼得堡的科學院，將對中國的研究列入研究項目。中國哲學成為萊布尼茨開創的德國古典思辨哲學源泉之一。

法國哲學家伏爾泰主張自然神論和開明君主專制，對中國文明的覺醒作用極力推崇。他把孔子的儒家學說當作一種自然神論，認為是理性宗教的楷模。伏爾泰指出，孔子使世人獲得對神的最純真的認識，而無須求助於神的啟示。[63]他贊揚中國是舉世最優美、最古老、最廣大、人口最多和治理最好的國家，當中國已是廣大繁庶、具有完善而明智的制度治理國家時，歐洲的基督信徒還只是一小撮在阿爾登森林中流浪的野人。[64]他還贊揚中國的歷史記載幾乎沒有絲毫的虛構和奇談怪論，從一開始起便寫得合乎理性。[65]伏爾泰是法國的啟蒙學者，他通過對中國思想和政治的讚美，表示了反對神權統治下的歐洲君主政治的殘暴統治。中國儒家的自然觀、道德觀和政治理想，成為伏爾泰及其所屬法國百科全書派中的無神論者或自然神論者的有力武器。

中國的儒家學說對法國十八世紀六〇年代興起的「重農學派」也產生了重大影響。重農學派主張在政治經濟學領域以自然法則和自然秩序替代上帝的神示。

---

63 《伏爾泰全集》第 3 卷，25、26 頁，巴黎，1865。
64 同上書，76 頁。
65 同上書，72 頁。

乾隆三十二年（1767 年），該派創始人魁奈（Francois Quesnay）發表《中國的專制制度》後，被譽為「歐洲的孔子」。魁奈認為，自然法則是人類立法的基礎和人類行為的最高準則，但所有的國家都忽視了這一點，只有中國是例外。[66]他非常讚賞中國的重農主義和歷代君主重視農業的政策，曾鼓動法王路易十五在一七五六年仿效中國皇帝舉行春耕「籍田」儀式。由於重農學派的活動，中國一些農具和儲藏糧食的方法，以及花草和嫁接技術等都傳到了歐洲，更直接影響了歐洲的農業。

中國的藝術風格和生活習慣也給予歐洲以很大影響。隨著中國瓷器傳入歐洲，歐洲出現了仿中國瓷而建立的製瓷業。從明朝末年到康熙朝前期，佛羅倫薩設廠製造了藍花軟瓷，比薩瓷工製成了軟質青花瓷碗，盧昂生產了黃色而透明的軟瓷器，產品以中國福建白瓷為標本。康熙四十八年（1709 年），歐洲正式製造成功真正的硬瓷，康熙五十六年（1717 年），又製成藍瓷。從此，模仿中國瓷色彩和繪畫的瓷器便風靡歐洲。隨著瓷製飲具及茶葉銷往歐洲，飲茶的風氣也傳到歐洲，茶成為歐洲社會不可缺少的飲料。

除瓷器外，中國的漆器、金屬器、琺瑯器都成為歐洲效法的榜樣。歐洲上層社會的家具陳設多採用中國漆器。法國路易十四時代，凡爾賽和特里亞納宮中都採用整套中國漆製家具。康熙十九年（1680 年）以後，英國家具製造商開始仿造中國漆器家具的圖案和色彩，打造中國式家具。康熙三十一年（1692 年），法國聖安托萬地區開始仿照中國式樣製造漆器。仿照的漆器都照中國風格，多以牡丹花鳥、中國婦女、中式欄桿、房舍等作為裝飾圖案。中國的轎子和轎式馬車開始在法國流行，貴族官吏出行乘轎，轎身以漆繪流行牡丹、芍藥等中國花卉。中國山水、人物畫對歐洲繪畫產生了很大影響。最傑出的法國畫家華托（Jean Antoine Watteau）、英國山水畫家柯仁（John Robert Cozen）的許多作品都具有中國畫的風格。中國的園林建築也影響了歐洲。德國華肯巴特河旁的費爾尼茨宮首先按照中國式屋頂建築，此後德國波茨坦和荷、法、瑞士等地也多競相修築中國

66 《魁奈經濟著作選集》，304 頁，北京，商務印書館，1979。

式鐘樓、石橋、假山、亭榭。

伏爾泰曾說：「歐洲王公和商人們發現東方，追求的只是財富，而哲學家在東方發現了一個新的精神和物質的世界。」[67]由此可見中國文化在歐洲文化發展過程中的激發作用。[68]

---

67 〔德〕科奇溫：《十八世紀中國與歐洲文化的接觸》，79 頁，北京，商務印書館，1962。
68 以上內容參閱《中外文化交流史》等書寫就。

第五章

博大精深的學術

　　王國維在論及清代學術時指出：「國初之學大，乾嘉之學精，而道咸以來之學新。」除道咸以下屬晚清外，他以博大、精深概括清前期學術，若加上嘉道之際今文經學經世思潮就更為準確了。

清初學
術流派

清初學術指順、康兩朝八十年的學術。這一時期的學術博大是指人才輩出，學派眾多，開出學術上的一片新天地。

一、理學諸流派

清初的理學，經歷了明清之際的歷史劇變，以及內部的危機，帶著鮮明的時代特徵走上歷史舞臺，體現為批判改造理學，大體經歷了從融合朱熹和王陽明到尊朱熹的過程。

會合朱熹、王陽明的有孫奇逢、李顒。

孫奇逢（1585-1675 年），字啟泰，號鐘元，學者尊其為夏峰先生，河北容城人。主要著作有《四書近指》、《夏峰集》、《理學宗傳》等。他試圖以《周易》所謂元、亨、利、貞循環軌跡對理學史進行總結，謀求儒學發展的新途徑。他說：「近古之統，元其周子，亨其程、張，利其朱子，孰為今日之貞乎？」「蓋仲尼歿，至是且二千年，由濂洛而來，且五百有餘歲矣，則姚江豈非紫陽之貞

乎！」「接周子之統者，非姚江其誰與歸。」[1]以元、亨、利、貞比喻周敦頤、二程、張載、朱熹、王陽明，雖有表彰王陽明的色彩，但更重要的是把理學看成一個有機系統，諸家都是這一系統中不可缺少的環節，發揮自己的作用。因此，孫奇逢能超越門戶之見，從理學總體上把握朱、陸、王之間的關係，進而主張合朱、王於一堂。他還認為調和朱、陸、王就必須躬身實踐，不說空話。孫奇逢為北學代表。清初北方學者均受其影響。

李顒（1627-1705 年），字中孚，號二曲，學者尊為二曲先生，陝西周至人。著作有《二曲集》、《四書反身錄》。他也調和朱、王，說：「孟氏而後，學術墮於訓詁詞章，故宋儒出而救之以主敬窮理。晦庵之後，又墮於支離葛藤，故陽明出而救之以致良知，令人當下有得。及其久也易，至於談本體而略工夫，於是東林顧、高諸公及關中馮少墟出，而救之以敬修止善。」[2]李顒反對把王補朱，以及朱子後學補王看作是簡單地向朱學回歸。在他看來，程朱和陸王，猶車的左右輪，不可缺少。學問兩相資則兩相成，兩相辟則兩相病。他在批判理學道德修持主張的基礎上提出「悔過自新」說。強調，古今儒家「倡道救世」，雖各家宗旨不同，大體不出「悔過自新」四字，總是以悔過自新來開啟人為學的門路。他的「悔過自新」不是狹隘的個人修持道德論，而是立足於現實的「倡道救世」學說。李顒還提出「明體適用」說，指出：「窮理致知，反之於內，則識心悟性，實修實證；達之於外，則開物成務，康濟群生」[3]，把為學和經世結合起來。李顒為清初關學代表。他企圖重振關學，但其「明體適用」等思想已非關學所限。

尊朱熹的有陸世儀、陸隴其、呂留良、張履祥。

陸世儀（1611-1672 年），字道威，號桴亭，江蘇太倉人。著有《思辨錄輯要》等。他尊朱，但不爭門戶，說：「鵝湖之會，朱陸異同之辨，古今聚訟，不必更揚其波。」[4]學術爭論是正常的，不應大驚小怪。至於後儒各立宗旨，各分

1 孫奇逢：《理學宗傳》卷首，《自敍》。
2 李顒：《二曲集》卷十，《南行述》。
3 李顒：《二曲集》卷十四，《周至答問》。
4 陸世儀：《思辨錄輯要》後集卷八。

門戶，互相詆毀，非朱陸之爭原貌。他認為，程朱的「居敬窮理」和王陽明的「致良知」，都是入門工夫，皆可以至於道。當有人問及陸世儀的為學宗旨時，他答道：沒有宗旨。大儒絕不立宗旨，應觸類旁通，博大精深。陸世儀反對空談積習，主張經世，把封建、井田、學校視為治國的大綱。他也重視教育，在所主持的書院聘請諸專家名士主講，積極倡導「切於用世」的六藝實學。

清初談朱學的還有陸隴其。他與陸世儀並稱「江東二陸」。陸隴其（1630-1693 年），初名龍其，字稼書，浙江平湖人。著有《三魚堂文集》。他早年徘徊於朱王之間，受呂留良影響，成為朱學的篤信者。與陸世儀不同，陸隴其以欽定的「洙泗干城」、「程朱嫡派」為理學正統宗師。他認為，陽明之學不熄滅，則朱子之學就不會受尊重。

呂留良像

呂留良（1629-1683 年），字用晦，號晚村，浙江崇德人。著有《四書講義》、《呂晚村先生文集》。他通過「尊朱黜王」以期正人心，救風俗，喚起知識界的民族意識。他指出：「凡天下辦理道、闡絕學，而有一不合於朱子者，則不惜辭而辟之耳。」[5] 呂留良生於明清之際，明亡的現實促使他致力於經世之學，把探尋「治亂之源」作為為學宗旨，尊朱從屬於其經世的目的。他借助時文評選的形式闡發朱熹《四書集注》中的政治思想，不僅主張恢復三代封建、井田、學校舊制，重申「君臣皆為生民也」，而且更進一步強調「夷夏之際」。在他看來，「君臣之義，域中第一事」，但「一部《春秋》大義，尤有大於君臣之倫，為域中第一事者」[6]。這種民族意識既是明清鼎革的社會現實的反映，也是清廷高壓政策的結果。

5　呂留良：《呂晚村文集》卷一，《答吳晴岩書》。
6　呂留良：《四書講義》卷十七。

張履祥（1611-1674 年），字考夫，號念芫，學者尊為楊園先生，浙江桐鄉人。著述收入《楊園先生全集》。他早年信奉王學，後由劉宗周的「慎獨」、「誠意」轉向朱熹的「格物窮理」。為了表彰朱學，他批評王學說：「姚江以異端害正道，正有朱紫苗莠之別，其弊至於蕩滅禮教，今日之禍，蓋其烈也。」[7]由張履祥首倡，陸隴其、熊賜履、李光地等人努力，朱學遂為清代的廟堂之學。

二、諸子學的復興

　　清初諸子學復興的代表人物是傅山。傅山（1607-1684 年），初名鼎臣，字青竹，後改青主，山西陽曲人。主要著作有《霜紅龕集》、《荀子評注》等。他以先秦諸子為中國學術的源頭，倡導並身體力行地研究先秦諸子學說，開啟了清代子學復興的先河。

　　儒家以古代聖人經典作為道統源頭，以注釋《四書》、《五經》為承續道統，認為「天不變，道亦不變」，賦予儒家經典神聖性。傅山則認為《四書》、《五經》不過是「一代之王制」，不是聖賢心相傳的道統。他為了打破獨尊儒術的局面，倡導諸子學與儒家經學抗衡，認為經與子相同，有子而後有作經者，子是源，經是流，經本是子，是子的一部分，子比經更根本。傅山把學術的重點放在子學研究上，其意義重大，不僅開啟了清代子學研究之先河，而且也標誌著哲學從經學中逐漸脫離出來。

　　傅山的諸子研究本身也多具獨創精神。

　　傅山對荀學的研究強調，《荀子》一書「不全儒家者言，而習稱為儒者，不細讀其書也。有儒之一端焉，是其辭之復而嘽者也，但其精摯處則即與儒遠而近於法家，近於刑名家；非墨，而有近於墨家者言。」他還認為，荀子的《天論》

7　張履祥：《楊園先生全集》卷四，《答沈德孚》。

與後期墨家相通在於「荀子屢有非墨之論」[8]，從而讚揚了荀子不受儒家束縛、兼收並蓄的精神。

傅山重視發揮諸子中的功利思想，與把戰國時期的縱橫家視為謀取私利、唯利是圖小人的傳統見解截然相反，他主張不管什麼馬，能騎就是好馬，以社會功利為標準來衡量人才的優劣。傅山在注《莊子》時重視發展觀。認為社會在不斷地變化，事在變、道在變，是非觀念也在變，這是客觀自然的。道的變化永無止境，對道的體認也不應自設界限，故步自封，應根據時代的發展與變化調整自己，使之適應這一發展。傅山還分析公孫龍的邏輯思想。他在指出公孫龍與老莊相同之處後，揭示公孫龍思想的核心是「離」。

總之，傅山的子學研究於經、史之外另闢新徑，在清初可謂獨樹一幟，對清代諸子學復興產生了積極影響。

三、顏李學派

清初，以講求實習、實行、實用的「習行經濟」之學為特徵的流派，為顏李學派。代表人物是顏元和李塨。

顏元（1635-1704 年），初因其父養於朱氏，遂姓朱，名邦良，字易直，號思古人。後歸宗復姓，改今名，字渾然，號習齋，河北博野人。著作有《四存編》、《四書正誤》、《朱子語類評》等。

顏元為學早年受孫奇逢的影響，後來受刁包的影響，一度出入於程朱、陸王之間。他五十七歲那年南遊中州，目睹「人人禪子，家家虛文」的現狀，開始批判朱學。

顏元批判理學人性論，認為天命附於人體方是性，脫離人形體的「天命之

8　傅山：《荀子評注》。

性」是不存在的。他還認為，氣惡理亦惡，理善氣也善，氣即理之氣，理即氣之理，理純一至善而氣質卻惡的情況是不存在的。在回答惡的來源時，顏元認為，人的惡行由後天的引蔽習染所致。因此為善去惡在於後天的學習教化。顏元批判宋儒只講讀書和靜坐是脫離實際。他以學琴為例，說明脫離實際死讀書是毫無意義的。他指出：書本是求道的「譜」，而非道本身，把書上的文字與聖人的大道等同起來是幼稚可笑的。他還指出了宋儒空談誤國的危害。

顏元摒棄理學後，一意講求經世致用，形成了獨特的「習行經濟」之學。他的習行表現在致知上，強調格物的格，「即手格猛獸之格，手格殺之之格」，只有「手格其物，而後知至」[9]。必須付諸實踐，才能獲得知識。習行也表現在致用。他將董仲舒的「正其誼不謀其利，明其道不計其功」改為「正其誼以謀其利，明其道而計其功」[10]。說明習行具有強烈的功利主義色彩。顏元習行經濟之學的內容是「三事」、「三物」。「三事」即「正德、利用、厚生」。「三物」即六德（知、仁、聖、義、忠、和），六行（孝、友、睦、姻、任、卹），六藝（禮、樂、射、御、書、數）。還有「六府」，即水、火、木、金、土、穀。三事、三物與六府是一致的。他的習行經濟之學也是博學，包括兵、農、錢、穀、水、火、工、虞、天文、地理等，把生產、軍事等領域的知識都列為博學的內容。顏元主持漳南書院時所設的課程也體現了以實用為宗旨的原則。他把講學堂稱為「習講堂」。講堂東第一齋曰「文事」，課禮、樂、書、數、天文、地理等科。西第一齋曰「武備」，課黃帝、太公以及孫、吳王子兵法，以及攻守、營陣、陸水諸戰法，射御、技擊等科。東第二齋曰「經史」，課十三經、歷代史、誥制、章奏、詩文等科。西第二齋曰「藝能」，課水學、火學、工學、象數等科。文事、經史、武備、藝能為主科，此外，又設「理學齋」、「帖括齋」，為反面教材。這種課程設置是顏元實學思想的具體化。顏元還把其習行經濟之學運用於政治、經濟領域，進一步發展了清初開始的經世之風。

李塨（1659-1733 年），字剛主，號恕谷，河南蠡縣人。著有《大學辨業》、

9　顏元：《四書正誤》卷一，《大學》。
10　同上。

《聖經學規纂》等。他師從顏元，與顏元一樣批判理學，主張經世致用之學。他認為：「紙上之閱歷多，則世事之閱歷少；筆墨之精神多，則經濟之精神少。」[11]他學禮，學琴，學騎射，學數，學書，學兵法，以踐履經世實學。李塨曾一度光大顏學，在他周圍聚集了一批顏李學說的崇拜者，形成顏李學派。但李塨逝世後，顏李之學不傳。這既有清廷獨尊朱學的原因，也與當時學術發展內在邏輯有關。李塨三十七歲時南遊，受正在方興的考據學影響，接受了經學考據的縝密方法。並用考據方法「遍考諸經，以為準的」[12]，完成《大學辨業》，又引經據典，講《禮》、辨《易》，從而改變了顏學本來的面貌。這是當時經世之風終結、經學考據勃興的大趨勢所致，非個人意願所能轉移。

四、經學考據學諸家

清初經學以顧炎武、費密、閻若璩、胡渭、毛奇齡等為代表。顧炎武、費密倡導通經致用，閻若璩、胡渭、毛奇齡側重訓詁、考據。學術門徑有所不同。

顧炎武（1613-1682 年），原名絳，字忠清，明亡，改名炎武，字寧人，亦自署蔣山傭，學者稱為亭林先生，江蘇昆山縣人。主要著作有《日知錄》、《音學五書》、《天下郡國利病書》、《肇域志》等。

顧炎武為清初經學的主要倡導者。在批判理學基礎上提出「理學，經學也」的主張，把經學視為儒學的正統，後世理學不究心於《五經》，而沉溺於理學家的語錄，為不知本，是禪學。後來全祖望把其主張概括為「經學即理學」[13]，道出顧炎武以經學濟理學之窮，代替理學的實質。

顧炎武在倡導經學的同時，也對諸經進行研究。他說：「《五經》得於秦火之餘，其中故不能無錯誤，學者不幸而生乎二千餘載之後，信古而闕疑，乃其分

---

11 馮辰等：《李恕谷先生年譜》卷二，29 歲條。
12 李塨：《大學辨業》卷首，《自序》。
13 全祖望：《鮚埼亭集》卷十二，《亭林先生神道表》。

也。」[14]從「信古而闕疑」出發，他以務實的態度精研群經。於《周易》，他駁斥易學為方術之書、道家之易的主張，認為這是強孔子之書以就己之說。他對程頤《易傳》和朱熹《周易本義》給予肯定，主張恢復程朱的易學。對於《尚書》，他斷定《泰誓》之文出於魏晉間人之偽撰，主張「盡信書不如無書」，不盲目崇拜經典。對於《詩》，他不同意今文家「王魯」說，也不信詩依年代為先後之說。他把四詩解釋為南、豳、雅、頌。至於孔子刪詩，不過是「選其辭，比其音，去其煩且濫者」[15]罷了。於《三禮》，他尤重視《儀禮》。張爾歧著《儀禮鄭注句讀》，他為之寫序大加讚揚。於《春秋》，他破今古文壁壘，博採眾家之長，兼取後儒所得。針對宋明儒譏諷唐人啖助的《春秋》學，顧炎武認為啖助對《春秋》的研究多有獨到心得。

顧炎武主張從歷史角度治經。他認為經學有其源流。他還從考音、文字角度治經。以為讀九經應從考文開始，考文則應從知音開始，強調治經的手段、工具的重要意義。顧炎武治經尤重經世，反對單純的訓詁、考證。在他看來，經書不過是天下後世用以治人之書。他潛心數十年研究古音學，也在於使道德風俗有所轉變，把通經博古與經世結合起來。後來，乾嘉漢學尊顧炎武為清代經學開山，不過是看重並光大其考據、訓詁等治經方法，而對其通經致用一面避之不提，是片面的。

費密（1625-1701年），字此度，號燕峰，四川新繁人。著有《弘道書》等。

與顧炎武一樣，費密也倡導經學。與乾嘉漢學只重經文不重經中所包含的大道不同，費密強調經道合一，把道傳與經傳視為是一致的。費密治經也重視考據、訓詁，把考據、訓詁當作是解釋古代聖賢大道的手段或工具。他治經尤主張經世致用，這一點與純粹以考據治經的學者不同。在他看來，經書本身就是經世方面的佳作。費密進而倡導六藝實學。對後儒不懂六藝，只會高談性命，工於文辭的學風進行批判。在教書時，他勉勵進學士子應習實事，對禮樂、兵農、漕

---

14 顧炎武：《日知錄》卷二，《豐熙偽尚書》。
15 顧炎武：《日知錄》卷三，《孔子刪詩》。

運、河工、鹽法、茶馬、刑算等要細心講求，以期對國家有用。只有這樣才能成為經世有用之人。費密倡導經學，主張通經致用，與顧炎武學風大體相同。

閻若璩（1636-1704 年），字百詩，號潛丘，祖籍山西太原，客居江蘇淮安。主要著述有《古文尚書疏證》、《困學記聞》等。閻若璩以考據學名家，主要貢獻是考訂晚出《古文尚書》為偽作。閻若璩承前人遺緒梳理《古文尚書》疑案，潛心數十年，撰成《古文尚書疏證》一書，得疏證一百二十八條。他就史籍所載《古文尚書》篇數、鄭玄注《古文尚書》篇名，以及梅本《古文尚書》內容、文句等，引經據古，一一指出其矛盾之處，揭出東晉晚出本作偽依據。由於閻若璩此書在考據學上的貢獻，江藩撰《漢學師承記》冠之為卷首，尊他為清代考據學開派宗師。

胡渭（1633-1714 年），原名渭生，字朏明，晚號東樵，浙江德清人。主要著作有《禹貢錐指》、《易圖明辨》、《洪範正論》等。胡渭的考據學成就體現在易學上。清初，黃宗羲作《易學象數論》，黃宗炎作《圖書辨惑》，毛奇齡作《河圖洛書原舛編》，駁宋易圖書派之非。胡渭採眾家之長撰《易圖明辨》對宋易進行系統批判。他認為，《易》「無所用圖」，不必區分「先天」、「後天」。對於《繫辭》說的「河出圖，洛出書」提出質疑，認為《河圖》、《洛書》不是作《易》本旨，因此治《易》不可拘泥。他還把伏羲、文王、周公、孔子之《易》視為一脈相承，指出：「九圖乃希夷、康節、劉牧之象數，非《易》之所謂象數也。」[16] 強調朱熹《周易本義》所冠的九圖與陳摶、邵雍、劉牧諸圖不是聖人之《易》，不過是先天之圖罷了。由此他主張先天之圖與聖人之《易》應分道揚鑣，離之則兩美，合之則兩傷，力圖還《周易》之本來面目。胡渭《易圖明辨》一書對宋易圖書說進行徹底批判，開清代漢易復興之先河。

毛奇齡（1623-1713 年），一名甡，字大可，又以郡望稱西河，浙江蕭山人。一生著述豐厚，經史子集多有涉獵，共約五百卷匯為《西河合集》。毛奇齡早年尊王學。但隨著以經學濟理學之窮這一學術潮流，其為學也開始轉變，走上表彰

---

16 胡渭：《易圖明辨》卷十，《象數流弊》。

漢學，崇尚考證，回歸儒家經典之路。他治經不限於一經一書，而是博覽群經。對群經，尤重《周易》。他治《易》，兼採漢魏六朝諸家之長闡發己說。認為：《易》畫卦、重卦、演易繫辭本有五法，即變易、交易、反易、對易、移易。移易又稱推易，指據爻象分聚、往來而上下推移，為演易系統的根本方法，也是解《易》的關鍵。他以推易把文王、周公、孔子，乃至漢魏六朝連成一個系統，並以此出發建立自己的易學體系。

閻若璩、胡渭、毛奇齡等人治經與顧炎武、黃宗羲、王夫之諸家通經致用不同。他們重經不重道，把經學的微言大義淹沒在對經書的訓詁、考據中。這表明經學研究，由通經致用向對經籍考辨的轉變，它預示著從考據、訓詁入手對古代典籍進行整理和總結的時代來臨。

第二節 ·
乾嘉學派

清代乾隆、嘉慶時期的學術，包括經學、史學、語言文字學，金石考古、天文曆算，以及輿地、詩文等學科，都籠罩在漢代經師所倡導的樸實考據學風之下，在中國學術史上形成了與先秦子學、兩漢經學、魏晉玄學、隋唐佛學和宋明理學相媲美的清代漢學。因它產生於乾嘉時期，學術界稱其為乾嘉學派。又因其學以樸實考經證史為特徵，也稱樸學。

一、乾嘉學派的形成

自康熙朝起，以崇儒重道的文化政策的具體實施為標誌，清廷開始大力表彰宋明理學，可是理學始終沒有發展起來，形成風氣。相反，與理學異趣的經學考據學逐漸興起，經雍正朝發展到乾隆時期形成風氣，產生乾嘉學派。這既有社會方面的原因，也有學術上的需要。

就社會條件而言，乾嘉學派是康乾盛世的產物。康熙中期以後，清王朝國力漸趨強盛。至乾隆時期，鼎盛之勢達到高峰。在政治上，清朝政權鞏固，國家統一，民族矛盾得到緩解，社會安定。在經濟上，清廷採取了許多有利於發展經濟的舉措，促進了經濟的繁榮，使國庫日益充足。政治的鞏固、經濟實力的增強，以及國家統一、社會安定，為乾嘉學派的形成提供了良好的社會環境，也奠定了雄厚的物質基礎。此外，乾嘉學派的形成與乾隆帝的重視和提倡也有關係。乾隆帝進一步發展了由康熙帝開啟的重視儒家典籍之風，把漢學的地位升至理學之上。乾隆帝為倡導經學，不僅下詔推舉經術之士，又詔刊十三經注疏於太學。先後欽定《三禮義疏》，御纂《周易述義》，欽定《詩義折中》、《春秋直解》、《四庫全書總目》，以經部列十類之首。乾隆帝的大力提倡、積極扶植，對乾嘉學派的產生不無影響。也應看到，康熙後期開始推行「禁教」閉關鎖國政策，經雍正到乾隆時期愈演愈烈。對外實行封鎖，禁止中西之間的交流，這便阻礙了知識界吸收外來思想文化，束縛了知識分子的眼界。加之政治上的專制高壓，使學術界不去過問社會問題，一頭扎進純學術領域，窮心於考據、訓詁。由此帶來的是學術向單一、精深方向發展。

從學術方面看，乾嘉學派的出現有其內在的發展邏輯。傳統學術以儒學為主幹。作為古代學術最一般的學說，儒家在古代社會發展的不同歷史階段，呈現出不同的學術形態。如儒學在先秦表現為子學，只是諸子之一，在漢代表現為經學，在宋明時期又表現為理學。清初，具有哲理化色彩的理學已經完成了自己的學術使命。社會現實和學術發展的邏輯要求創立新的學術形態，以便取代理學。隨著理學的衰微，學術領域開始醞釀起與傳統理學不同的新思潮。這一思潮肇始於明末以來的實學之風，以樸實考經證史為方法，以經世致用為宗旨，希望達到

挽救社會危機的目的。這種思潮是理學沒落的產物，具有鮮明的批判理學特徵，成為乾嘉學派產生的根源。

　　清初的批判理學思潮之所以成為乾嘉考據學派的先導，這與其自身所具有的雙重性有關。其一，對理學的批判表現為強烈的經世色彩。這是決定批判理學思潮的性質及其歷史價值的方面。它是使批判理學思潮既不同於先前的宋明理學，也有別於其後的乾嘉考據學的根據所在。其二，對理學的批判又具有濃厚的法古傾向。批判的目的是為了重建，在沒有建立新的學術形態代替理學之前，只有以原有的理論形態為批判的武器，而漢代經學中樸實考證經史方法正是反對理學空虛之風的最好武器，於是學者們選擇漢代經學，開始向儒家經典回歸。這種回歸經典的法古傾向使清初學術界在方法論上逐漸拋棄宋明理學的哲學思辨，朝著樸實考經證史的道路走去。開始，批判理學的這兩個方面，以經世致用為主，至於樸實考證經史，不過是為學的方法。但是，隨著清廷文化專制的加劇，使得批判理學這兩方面發生地位轉換。經世致用逐漸消沉，而樸實考證經史的方法成為主導。由此看出，清初諸儒對理學的批判並沒有超越傳統儒家漢學與宋學的框架而進一步發展，只是通過一次「研究法的運動」[17]，轉向對傳統學術進行全面整理和總結，最終形成乾嘉學派。

二、乾嘉學派的分野

　　乾嘉學派之所以稱之為一個學派，在於該派具有大體相同的學風，基本都恪守「讀九經自考文始，考文自知音始」[18]的治經原則，以訓詁明義理明為共同的價值取向。但乾嘉學派也非鐵板一塊。在共同的前提下，不同學者治經宗旨、方法不盡相同，側重點有差異，由此形成不同風格的流派。一般地說，學術界把乾嘉學派分為吳派、皖派、揚州派和浙東派。

---

17 梁啟超：《清代學術概論》十一。
18 顧炎武：《亭林文集》卷四，《答李子德書》。

吳派創始人是著名經學家惠棟。惠棟（1697-1758 年），字定宇，號松崖，江蘇吳縣人。主要著述有《周易述》、《易漢學》、《易例》、《九經古義》等。惠棟治學有其家學淵源，以漢學為宗，尤精易學。他治《易》，以虞翻世傳的《孟氏易》為主，又參以古文家荀爽、鄭玄所傳的《費氏易》，對漢易不加辨別，也不分今古，全盤繼承，相互抵觸。惠棟治經以古為是，因此強調述而不作。在他看來，治經應學孔子，闡述聖賢的見解，不要摻進己說，只有這樣才能客觀地反映、保存先聖的旨意。惠棟治經重視音韻訓詁，從考古文字入手。長期以來，人們治經不重視對經的古音古訓研究，使得經書中的文字句讀、名物典章制度不清楚，不辨經書真偽，造成隨意釋經、改經，出現訛誤。惠棟等乾嘉學者都主張從音韻訓詁入手解經，使以音韻、訓詁為特徵的小學逐漸脫離經學，發展為獨立的學科。

吳派中的其他人物有沈彤、余蕭客、江聲、江藩等。沈彤（1688-1752 年），字冠雲，又字果堂，江蘇吳江人。惠棟摯友。著述集為《果堂全集》。他於群經多有撰述，尤精於治禮。所著《周官祿田考》詳究周制，對周朝的官爵數、公田數、祿田數考核甚細，辨歐陽修《周禮》官多田少，祿且不給之疑。其說精密淹通。所著《儀禮小疏》宗鄭玄、賈公彥禮說，兼採元敖繼公注，訂正舊注訛誤，與惠棟泥古學風迥然不同。江聲（1721-1799 年）本字鱷濤，後改字叔沄，號艮庭，江蘇元和人。他治經服膺漢學，長於旁徵博引。拜惠棟為師。治《尚書》成《尚書集注音疏》。閻若璩、惠棟辨

惠棟像

《尚書》旨在揭露晚出《古文尚書》偽作證據，而江聲治《尚書》側重在刊正經文，疏明古注。余蕭客（1732-1778 年），字仲林，別字古農。江蘇吳縣人。他曾師從惠棟。著有《古經解鉤沉》等。他治學精於輯佚，鑑於唐以前經籍注疏後世多有遺失，便從史傳、類書中廣泛搜集古經籍注疏，加以排比考辨，纂輯經

書。江藩（1761-1830 年），字子屏，號鄭堂，江蘇甘泉人。他受業於余蕭客、江聲，為惠棟再傳弟子。江藩所著影響最大者為《國朝漢學師承記》、《國朝宋學淵源記》。他把經學分為漢學和宋學兩大派，崇漢抑宋，不脫門戶之見。

與吳派關係密切的有王鳴盛和錢大昕。他們與皖派等乾嘉學者交往也甚密。

王鳴盛曾與惠棟講論經義，知訓詁必以漢儒為宗。精研《尚書》，專宗鄭玄、馬融之說。在他看來，兩漢經人專一經，經專一師的情況，直到鄭玄兼採眾經才改變。遺憾的是鄭玄《尚書》注早已亡佚，於是他博覽群書搜羅鄭注，不得已則採納馬融、王肅《左傳》的傳疏加以補充。如果馬、王傳疏與鄭注不同，便「折中於鄭氏」，對鄭氏之學非常推崇。

錢大昕治經也從文字訓詁開始，主張有文字以後才有訓詁，有訓詁以後才有義理。訓詁是義理的根源，義理不存在於訓詁之外。他治經雖然以漢學為宗，但反對把漢儒絕對化，主張以古為師，師其是而已，為學的目的在於「訂訛規過，非以訾毀前人，實以加惠後學」[19]。由此出發，錢大昕明確提出治學應實事求是。錢大昕治經也注意對經義理的發揮，提出了一些大膽的主張。《左傳》有「凡弒君，稱君，君無道也，稱臣，臣之罪也」。他評論說：「後儒多以斯語為詬病。愚謂君誠有道，何至於弒，遇弒者皆無道之君也。」[20]傳統觀念認為夫死婦應守節不嫁。他則主張「去而更嫁，不謂之失節」、「使其婦不在婦歟，而嫁於鄉裡，猶不失為善婦。不必強而留之，使夫婦之道苦也。」[21]錢大昕治學，不專治一經，也不專攻一藝，但無經不通，無藝不精，可謂通儒。

皖派導源於江永，成於戴震，段玉裁、王念孫、王引之為主要代表。皖派與吳派在治學上有所不同。王鳴盛曾問及戴震：子之學與定宇（惠棟）有什麼不同。戴震答道：惠棟之學在於求古，我之學在於求是。戴震自認為求古與求是是吳派與自己為學的分野。兩派的學風不盡相同，治經的側重點也有差別。吳派多

---

19 錢大昕：《潛研堂文集》卷三十五，《答王西莊書》。
20 錢大昕：《潛研堂文集》卷七，《答問四》。
21 錢大昕：《潛研堂文集》卷八，《答問五》。

治《周易》、《尚書》，皖派多治《三禮》，尤精小學、天文、曆算。

江永（1681-1762 年），字慎修，婺原人。著作有《禮經綱目》、《古韻標準》、《四聲切韻表》、《音學辨微》等。他精於《三禮》和聲韻。所著《禮經綱目》，仿朱熹《儀禮經傳通解》體例，博考群經，洞悉條理，以補朱熹不足。他論聲韻分平上去三聲為十三部，入聲八部，糾正顧炎武之疏。他的弟子有金榜、程瑤田、戴震等。金榜專治《三禮》，以鄭玄為宗。程瑤田長於旁搜曲證，綜核名實，不為經傳注疏所束縛。戴震影響最大。

戴震（1723-1777 年），字東原，安徽休寧人。主要著作有《孟子字義疏證》、《聲韻考》、《方言疏證》等。戴震治經主張由文字訓詁入手，把文字訓詁當作治經的門徑，治經主張從《爾雅》入手，不能主觀臆斷，應在文字學上下工夫。文字又與音韻相連。他也精通古音，確立了韻類正轉旁轉之例。他從《廣韻》入手，創造了九類二十五部之說和陰陽對轉理論。戴震精於考據。《尚書·堯典》有「光被四表」一語，前人未產生過疑問。他根據《孔安國傳》、《爾雅》等書，指出「光」為錯字，應作「橫」。古代「橫」與「桄」通，「桄」被誤作「光」。斷定《堯典》古本必有「橫被四表」。這一結論後來得到證實。

戴震治經也重視義理。戴氏之學並非以諸經訓詁自限，他是要以訓詁為手段，去探求六經蘊涵的義理，通經以明道。戴震所著《孟子字義疏證》是用文字訓詁的方式闡發孟子學說，為批判理學的佳作。他指出：「理者，察之而幾微，必區以別之名也，是故謂之分理。在物之質，曰肌理，曰腠理，曰文理（亦曰文縷，理、縷，語之轉耳）；得其分則有條而不紊，謂之條理。」[22]把理視為事物的條理，由此推導出「理在情中」、「理在欲中」的結論，有力地批判了理學。

戴震在算學、天文學、地理學方面也頗有研究。《九章算術》為古代數學名著，已失傳，戴震從《永樂大典》中將其零散錯亂的文本整理成編，使這部數學名著重放光彩。他又從《永樂大典》中輯出諸種算經校正《五經算術》。所著《勾

---

22 戴震：《孟子字義疏證》卷上，《理》。

股割圜記》採用西方數學對勾、股、弦與圜的關係作了詳盡的論述。

繼戴震以後，皖派嫡傳主要師承戴氏音韻、文字、訓詁等治經方法，但戴氏的義理之學後繼乏人。

段玉裁（1735-1815 年），字若膺，號茂堂，江蘇金壇人，曾師從戴震，以文字訓詁學見長。著述有《六書音韻表》、《說文解字注》等。顧炎武把古韻分成十部，江永又分為十三部。段氏採用客觀歸納法，把古韻分為六類十七部，比顧、江二家更為精密。他又治文字學，成《說文解字讀》，為《說文解字》作注，其訓釋音義及引申假借義，考證其訛誤甚為准確。

王念孫（1744-1832 年），字懷祖，號石臞，江蘇高郵人。著有《廣雅疏證》、《讀書雜志》等。幼年受業於戴震，得聲韻訓詁之學。王念孫治《廣雅》，改正原書錯字五百八十個，補漏字四百九十個，剔除衍字三十九個，修正顛倒錯亂一百二十三處，正文誤入音內十九處，音內字誤，誤入正文五十七處，使《廣雅》一書有善本可讀。所著《讀書雜志》考訂各種古書中文字訛誤及音訓句讀，指出不懂文字假借、不通音韻、不辨各種書體差別，以及正文、注文混雜等，是致誤的原因。

王引之（1766-1834 年），字伯申，號曼卿，王念孫之子。他幼受庭訓，發展其父學說，以小學名家。所著《經義述聞》是依據其父王念孫《爾雅疏證》的成果，以及平日趨庭所聞而撰成的。此書是研究古書中音韻訓詁、勘訂訛誤的名著。另外所著《經傳釋詞》是研究古文虛詞之書。他引《經義述聞》中的訓詁方法，遍搜《九經》、《三傳》，以及周秦、兩漢書中虛字一百六十個，考訂其淵源流變，闡釋其意義、用途。「前人所未及者補之，誤解者正之，其易曉者則略而不論。」[23]當時，方東樹作《漢學商兌》，與經學為難，然而對王氏之學十分欽佩。他認為王氏《經義述聞》可令鄭玄、朱熹俯首，漢唐以來諸儒無法與之相比。

---

23 王引之：《經傳釋詞》卷首，《經傳釋詞序》。

揚州學派對吳派和皖派的治學精神都有繼承，與這兩派有著淵源的學術關係。但其學術也非吳、皖兩派所限。主要代表有汪中、焦循、阮元。

汪中（1745-1794 年），字容甫，江蘇江都人。著有《述學》、《尚書考異》、《大戴禮記正誤》、《春秋述義》等。汪中與其他漢學家不同，善於從訓詁入手以求經義，對後儒一味用古而行事採取批判態度，認為這是不識「古之道不宜於今」。針對婚姻制度中歧視婦女的積弊，他提出「私奔不禁」、「女子許二嫁」等主張，倡言「婚姻之道，可以觀政焉」[24]。表現出鮮明的反禮教精神。

在乾嘉學者中，汪中尤以治諸子學著稱。他治《荀子》，考訂荀學紹發於孔子弟子子夏、仲弓，為學主禮，兼採《周易》，對儒家經學有承上啟下之功。汪中治《墨子》，把兼愛看作是人人都應孝敬父母。他還發揮墨學救世之意，說：「國家昏亂，則語之尚賢、尚同；國家貧，則語之節用、節葬；國家喜音沉湎，則語之非樂、非命；國家淫辟無禮，則語之尊天、事鬼；國家務奪侵陵，則語之兼愛、非攻。」[25]他認為，儒墨兩家不存在正統與異端之分，不過為學不同罷了。在先秦，只有墨子能與儒家抗衡，其餘諸子，皆無法與墨子相比。汪中對墨學的表彰。引來正統衛道士的反對，翁方綱斥責他為名教的罪人，聲稱要奪去其生員衣頂。但汪中仍率性而行。總之，他對諸子學的研究，發展了清初復興諸子學的傳統，開晚清諸子學大興之先河。

焦循（1763-1820 年），字理堂，一字里堂，江蘇江都人。著有《孟子正義》、《雕菰樓集》等。焦循治經不贊成以考據補苴代替經學研究。他認為清代經學盛興，前面有顧炎武、萬斯大、胡渭、閻若璩，近世以來，在吳有惠棟之學，在徽有江永之學、戴震之學，精而又精。另有程瑤田、段玉裁，王念孫父子，錢大昕叔侄。他們都是名家。焦循認為，缺乏獨立思考是盲目尊信漢儒經學的症結所在。因此在方法論上，他主張證之以實而運之於虛。學求其是，貴在會通，是焦循治經方法的體現。

---

24 汪中：《述學》內篇一，《釋媒氏文》。
25 汪中：《述學》內篇三，《墨子序》。

焦循治《易》尤表現學術其是，貴在會通的精神。他治《易》從研究程頤、朱熹易學出發，逐漸探求服虔、鄭玄。自漢魏唐宋元明，乃至同時代惠棟、張惠言等諸家治《易》之書，他都細讀，採其精華寫成專書。尤其是運用數學方法解《易》，用數的比例，來求《易》學比例，又把文字訓詁學中的假借、轉注諸方法引入《易》學，創立獨特的易學體系。焦循不同意朱熹所謂《周易》為卜筮之書的說法，而把《易》看作是聖人教人改過的書。他認為《周易》卦爻的推移法有旁通、相錯、時行三條，核心是變通。「能變通則可久，可久則無大過，不可久則至大過。所以不可久而至於大過，由於不能變通。變通者，改過之謂也」[26]，在他看來，離開變通就無從談《易》。焦循治《易》混淆經傳之分，忽視《周易》的創作是一個過程，但治學主會通、求是的精神，開創了新學風。

阮元（1764-1849 年），字伯元，號芸臺，江蘇儀徵人。所著，大都收入《研經室集》中。另編纂《經籍纂詁》，校刻《十三經注疏》，刊刻《皇清經解》等。阮元治經從考據訓詁入手，認為聖賢之道存於經，經非訓詁不明。他以形象比喻說明文字訓詁是理解聖人道的門徑。「聖人之道，比若宮牆，文字訓詁，其門徑也。門徑苟誤，跬步皆歧，安能升堂入室乎？」他雖然強調訓詁考據的重要性，但不泥於考據訓詁。在他看來，「或者但求名物，不論聖道，又若終年寢饋於門廡之間，無復知有堂室矣！」[27]實際上是主張考據與義理的統一。阮元也肯定實事求是的重要性，把實事求是的落腳點放在「實」上，認為只有從實際出發才能實事求是。

阮元從訓詁考據出發建立自己獨特的仁學觀。他釋仁旁徵博引，把仁看作人，標誌著人與人的相親關係。他從這一角度對《論語》中的仁字重新界定：「春秋時，孔門所謂仁也者，以此一人與彼一人相偶，而盡其敬禮忠恕等事之謂也。」[28]阮元以後，清代漢學由盛轉衰。

浙東派以史治經，通經致用是其專長。乾嘉時期的主要代表是全祖望、章學

---

26 焦循：《易圖略》卷三。
27 阮元：《研經室一集》卷二，《擬國史儒林傳序》。
28 阮元：《研經室集》卷八，《論語論仁論》。

誠。

全祖望治經主張「薈萃百家之言」，反對「墨守一家堅僻之學者」[29]。全祖望治經也推崇經世，論學則注重人品。他重視學者的「踐履」，認為學者的「踐履」總是與其人品相關，人品如何會影響學術。

全祖望治學主張經史合一。浙東之學，言性命者必究心於史。全祖望繼承這一治學途徑，接受顧亭林「經學即理學」的主張，又重視史學的研究。他潛心續修的《宋元學案》實質上表現了經學與史學的統一。他贊賞楊萬里「以史事證經學」的主張，表明他自己在這方面同樣有所創見。全祖望贊同唐代陸德明《經典釋文》的「力存古儒箋」，不滿孔穎達的《五經正義》依違舊注，不能有所發明。在他看來，編纂文獻資料，「必綜匯歷代所有，不以重復繁見為嫌者」[30]，這表明他的經史研究必求材料豐富、翔實和完整。

章學誠治經主張六經皆史，學以經世。他從學術史角度論證古代學術初無經史之別，六經為後起之稱。章學誠反對性與天道的空談，主張應立足於社會，面對現實，在治學中積極倡導經世致用，認為這才是儒學的經世傳統。章學誠關於六經即史、學以經世的思想對後起的今文經學經世思潮產生了很大影響。

乾嘉學派是一個學術群體，其內部分以上幾派只是相對而言，況且他們也互有學術上的交往或師承。另外，所舉上述諸學者只是代表而已，並非全部。當時著名的學者尚有許多，很難把他們劃歸哪派。

三、乾嘉學派的局限性

如前所述，乾嘉學派雖然取得了一些成績，但也存在著不足。主要表現在治學上把經學片面化，以治經的方法代替整個經學的研究，或者說把小學等同於經

---

29 全祖望：《經史問答》卷二。
30 全祖望：《鮚埼亭集外編》卷四十二，《移明史館帖子》(1)。

學。他們尊漢也只是尊經，而尊經也只是考據、訓詁一途，輕視義理，至於儒家的經世致用學風無從談及。平心而論，古代經學主要在求政治上應用。當時的政治理論，不依託在神權君權上，而別有一套符合人文、社會、歷史演進的理論，這套理論都是從古代經書中推衍出來的。政治措施不倚重當朝的法律或帝王、宰相、大臣等私人意見，必須根據從古經中推衍出來的理論作決奪。乾嘉學派忽視了這一點。他們雖然自稱漢學，其實無論從學術精神，還是從學術風格上看，都與漢學不同。錢穆指出：「兩漢經學注重政治實績，清代經學則專注心力於書本紙片上之整理工夫。」[31]徐復觀也說：「先秦兩漢，斷乎沒有無思想的經學家，無思想的經學家，乃出現於清乾嘉時代。」[32]這話雖然有些過頭，但大體反映出乾嘉學派的特點，他們只在整理古籍方面有貢獻，由於沒有或缺乏思想，所帶來的學術上的繁榮與精深是畸形的。就是說，乾嘉學派多經師而少思想家，多校史者而少史學家，多校注而少著作，多訓詁而少思想，是缺乏歷史意識的學派。只有這樣評估乾嘉學派，才能正確理解嘉道之季以經世致用為己任的公羊今文經學派興起的原因。

---

31 錢穆：《中國學術通義》，12 頁，臺北，學生書局，1984。
32 徐復觀：《中國經學史的基礎》，51 頁，臺北，學生書局，1982。

第三節 ·
嘉道之際學術
思潮的變動

乾嘉時期，是清朝由強盛到衰弱的轉折點。社會日漸衰落使一代學人開始發出對新學術需求的呼喚，具有經世特點的今文經學異軍突起，形成常州學派，經魏源、龔自珍的推崇，發展成一股經世思潮，遂成為嘉道時期的學術主流。

一、今文經學的復興

乾嘉時期，漢學「如日中天」。隨後今文經學異軍突起，「翻騰一度」，遂發展為常州學派。這有其深刻的歷史原因。

「康乾盛世」為清代鼎盛時期，然而統治者為長期的和平享樂所腐蝕，乾隆中期以後出現種種衰象，農民起義此起彼伏。這些起義沉重地打擊了清王朝，揭開其「繁榮」、「盛世」的外表，暴露了腐朽、潰爛的本質。面對社會所出現的政治和經濟危機，統治階級感到有必要進行一次社會改革運動，以期自救。今文經學正是在這種社會條件下開始復興的。

今文經學興起也有其學術原因。乾嘉漢學是在清初批判理學的思潮中發展起來的。清初諸儒對明季理學空疏不稽之風的針砭，使治學之風向敦厚樸實的方向

轉變，開始專心於古代經傳注疏的發掘。顧炎武首導「經學即理學」，力攻音韻訓詁之學，閻若璩辨晚出《古文尚書》之偽，胡渭疑宋《易》圖書之說，動搖漢以下經學的地位，把後繼學者引向漢學，推尊東漢許慎、鄭玄之學。乾嘉學派肇興，「家家許鄭，人人賈馬」，崇漢，以古為是被學術界所認同。惠棟恪守「凡古必真，凡漢皆好」的信條，自皖派出，東漢訓詁考據之學如日中天。在這一以古為是的學風下，一些學者從對魏晉以下經學產生懷疑推及到東漢古文經學。在他們看來，既然崇古，東漢古文經學晚於西漢今文經學，今文比古文更古，不如尊信西漢今文經學。這樣他們便借崇古，由東漢而上推西漢，進而提倡今文經學。這表明，今文經學的復興是崇古學風的必然產物。

從學術與社會的關係看，今文經學代替推崇古文經的漢學是因為它能通經致用，今文經學具有經世的這一特點也是其復興的原因。乾嘉之世，漢學大盛，其學風以訓詁名物考證、章句注疏、佚文鉤輯、言言有據、字字有考為特徵，這種經院式的研究，使學術陷於繁瑣破碎、泥古墨守的窠臼，而忽視了會通和對微言大義的探求。在社會出現危機時，漢學家們不可能擔當起補偏救弊、挽救社會的作用。而乾嘉之際，正是清代由盛到衰轉變的開始，一些有識之士看出了盛世下面所潛伏的危機，思圖補救，便率先起來致力於扭轉學術界風氣，以期達到改革社會的目的。他們所面對的漢學，由於只重文字訓詁，無法濟世，而理學雖講義理，但長期處於批判的地位，一蹶不振，也完成不了這一使命。於是便轉向具有經世色彩的西漢今文經學，以此取代漢學，這既符合當時尊古之風，同時也適應時代的需要，反映了由東漢古文經向西漢今文經轉變的學術趨向。這一趨向既是學術自身邏輯發展的結果，也是由當時的社會條件決定的。

今文經學在學術上與乾嘉漢學不同，有以下幾個特點。首先，推尊《春秋》。把《春秋》視為經世之書。「法可窮，《春秋》之道則不窮」[33]，《春秋》是「禮義之大宗」，通過它能夠「舉往以明來，傳之萬世而不亂」[34]。這是說《春秋》已經不單純是一部史書，而是一部經世致用之書。《春秋》所書，都有微言

33 莊存與：《春秋正辭》卷十，《誅亂辭第八》。
34 莊存與：《春秋正辭》卷末，《春秋要指》。

大義，有其書法，君臣都必須知曉、遵從《春秋》之義。其次，墨守《公羊》。《春秋》的微言大義盡在《公羊》，要知《春秋》必須精研《公羊》義例，如「通三統」、「張三世」等。由此來辨名分，明外內，定尊卑，舉輕重。再次，發揮《春秋》「大一統」思想。《春秋》強調「大一統」是使諸侯國共奉周朝，歸命周天子。董仲舒發揮《春秋》「大一統」，是以儒家獨尊來一統漢代的政治。清代今文經學家發揮「大一統」，是為了維護清代中央集權統治。他們想通過闡揚《春秋》的微言大義，使日趨衰落的清政府重新轉為「盛世」。所希望的「盛世」雖再也沒有出現，卻演成了具有進步意義的社會改革思潮。

二、常州學派的異軍突起

清代今文經復興，以江蘇常州為中心。莊存與為開派祖師，其侄述祖發展他的學說，至其外孫劉逢祿、宋翔鳳進一步發揚光大，遂演成獨立的學派。由於此派獨尊《春秋》公羊學，也稱公羊學派，又因郡望而得名為常州學派。

莊存與（1719-1788 年），字方耕，晚號養恬，江蘇武進（今常州）人。著有《周官記》、《味經齋文稿》等，尤以《春秋正辭》對今文經學復興最有影響。

《春秋正辭》根據明初趙汸《春秋屬辭》撰成，是一部旨在掘發《春秋》「微言大義」的著作。莊存與不贊成把《春秋》只看作「記事之史」，而認為它自成義例，其中蘊涵著「至聖之法」，行文都有所指，是有目的的。讀《春秋》應理解聖人的用心，聖人通過撰《春秋》來為後世立法，因此《春秋》也是聖人的「法律文本」。

莊存與治《春秋》大體超越漢宋門戶之見。莊存與雖說受宋元以來儒家影響，治《春秋》引二程語錄，但已有所不同。他也不限制於東漢經學訓詁考據，而是以今文來說解《春秋》，闡發其中的「微言大義」。他尤發揮《春秋》公羊說「大一統」之義，說：「天無二日，士無二主，國無二王，家無二尊，以一治

之也。」[35]本此，他強調周天子權威性。他對齊桓公、晉文公「尊王攘夷」之功給予積極肯定。莊存與在公羊學沉淪千年後重新闡發它，雖僅限於「內諸夏而外夷狄」，未論及「張三世」、「通三統」，但創闢之功不可沒。

今文經學復興的其他人物有孔廣森、張惠言、莊述祖。

孔廣森（1752-1786 年），字眾仲，號顨軒，又號撝約，山東曲阜人。著有《春秋公羊通義》等。他的《公羊》學與莊存與同源，皆推趙汸《春秋屬辭》。他認為，《左傳》長在敘事，《公羊》長在義理，《春秋》重義理不重事，因此治《春秋》本《公羊》，同時兼採《左傳》、《穀梁》。

莊述祖（1750-1816 年），字葆琛，號珍藝，晚號櫟齋，學者稱為珍藝先生。江蘇武進人。著有《夏小正經傳考釋》等。他治《夏小正》與莊存與治《春秋》公羊學一樣，注重義例的詮釋。他認為，《夏時》為孔子所正，《夏時》是取夏四時之書，猶如《春秋》取魯史。在他看來，《春秋》一經「至何邵公作《解詁》，悉隱括就繩墨」，其中的奇談怪論「皆得其正」[36]。所以莊述祖主張讀《夏時》經傳，「必先條其等例，然後正其文字，離其句度，辨其音聲，各以類從」[37]。步趨何休，探求等例成為他治《夏小正》的特徵。

張惠言（1761-1802 年），字皋文，號茗柯，江蘇武進人。著有《周易虞氏義》、《虞氏消息》、《虞氏易禮》等。張惠言在文學和經學上對今文經學復興起積極作用。張惠言治文學受桐城劉大櫆為文義法的影響，文章由桐城文派而演變，成為清代散文中陽湖文派的開派者之一。他治經以《易》為主。治《易》如同其他今文家治《春秋》一樣，「一條之義，各從其例」[38]。他以傳《春秋》之法來治《易》，其目的是「求其條貫，明其統例，釋其疑滯，信其亡闕」[39]，表彰、光大東漢虞翻的今文《易》學。

---

35 莊存與：《春秋正辭》卷一，《奉天辭》。
36 莊述祖：《夏小正經傳考釋》卷首，《夏小正音讀考序》。
37 莊述祖：《夏小正經傳考釋》卷六，《夏小正等例文句音義》第三。
38 張惠言：《茗柯文二編》卷上，《丁小雅鄭氏易注後定序》。
39 張惠言：《周易虞氏義》卷首，《自序》。

今文經學真正光大者為劉逢祿和宋翔鳳。

劉逢祿（1776-1829 年），字申受，又字申甫，號思誤居士，江蘇武進人。著有《春秋公羊釋例後錄》等。

劉逢祿治經尊《春秋》，把《春秋》當作是五經的鑰匙，於《春秋》尤尊《公羊》，認為《春秋》三傳中「知類通達，微顯闡幽」的是《公羊傳》。對於《左傳》，劉逢祿強調此書非解經之作，而是史籍，主張應與《春秋》分開，「離之則雙美，合之則兩傷」。至於通行本《左傳》，他認為已為劉歆竄亂。在他看來，「左氏以良史之材，博聞多識，本未嘗求附於《春秋》之義，後人增設條例，推衍事跡，強以為傳《春秋》，冀以奪《公羊》博士之師法，名為尊之，實則誣之」。因此，他主張「欲以《春秋》還之《春秋》，《左傳》還之《左傳》，而刪其書法、凡例及論斷之謬於大義，孤章絕句之依附經文者，冀以存《左氏》之本真」[40]。

劉逢祿發揮何休「三科九旨」的思想，他認為沒有「三科九旨」就沒有《公羊》，沒有《公羊》也就沒有《春秋》，《春秋》的微言大義便不能彰顯。於「通三統」，劉逢祿認為夏、商、周三代各有其說，夏是黑統（人統），商是白統（地統），周是赤統（天統），夏、商、周三代制度各有因革損益，《春秋》就是「立百王之制，通三統之義，損周之文，益夏之忠，變周之文，從殷之質」，從而「百世以俟聖人而不惑」[41]。他認為，清代去古雖遠，只要明《春秋》之法來駕馭政治，就能從亂轉治。劉逢祿發揮了「張三世」的思想，表明社會的發展是由亂世進入昇平世，再由昇平世進入太平世，不斷進化的歷史過程。他也闡發了「大一統」思想，強調鞏固大一統，清除弊端，應從皇帝做起。他認為大一統，要「以諸夏輔京師，以蠻夷輔諸夏」，這才是「尊親之化」。劉逢祿從「三科九旨」入手，對「通三統」、「張三世」、「大一統」等《春秋》義例作了系統的闡發，揭示《春秋》公羊學的經世特色，是今文經復興的真正奠基人。

---

40 劉逢祿：《春秋公羊釋例後錄》卷三，《申左氏膏肓敘》。
41 劉逢祿：《劉禮部集》卷二，《論語述而篇》。

宋翔鳳（1776-1860 年），字於庭，江蘇長州人。著有《論語說義》、《大學古義說》、《過庭錄》等，匯為《浮溪精舍叢書》。宋翔鳳從莊述祖治今文經學。在他看來，「《春秋》之義，天法也，其不隨正朔而變，所謂天不變」。至於《左傳》不過是記史之書，對於《春秋》的微言大義，「蓋闕而不言」。要發揮《春秋》微言大義，「舍今文末由」，尤「當用《公羊》」[42]。與其他今文家僅推崇《春秋》有所不同，宋翔鳳也重視《論語》，並認為它與《春秋》相通，其中包含著孔子的微言大義。治《論語》可達到「太平之治，素王之業備焉」[43]。宋翔鳳與劉逢祿一起，把今文經學發揚光大，借《公羊》議政，對當時經世思想產生了很大影響。

三、經世思潮的湧動

今文經學的特點是借經議政，龔自珍、魏源接過其據經議政的通經致用學風，立足於現實，加以發揮，成為嘉道時期經世思潮興起的代表人物。

龔自珍（1792-1841 年），又名鞏祚，字璱人，號定庵，浙江仁和（今杭州）人。嘉慶末，以舉人官內閣中書。道光九年（1829 年）成進士。後累官宗人府主事等。道光十九年（1839 年），迫於仕途險惡，南旋返鄉，置別業於江蘇昆山徐元文故園，又應聘主持杭州紫陽書院講席，兼職江蘇丹陽縣雲陽書院。著作編入《龔自珍全集》中。

龔自珍出身浙江望族，其外祖父段玉裁為著名經學家。龔自珍為學受乾嘉樸學影響，攻於校讎掌故之學。隨著社會危機的日益加劇，他治學逐漸向經世致用方向轉變，選擇學以救世的道路。《明良論》和《乙丙之際著議》是他為批判現實、倡言變法的代表作。

---

42 劉逢祿：《過庭錄》卷四，《元年春王周正月》。
43 劉逢祿：《論語說義·序》。

嘉慶十八年（1813年）四月，龔自珍進京應順天鄉試。九月，天理教起義爆發，起義軍攻打紫禁城。這件事促使龔自珍開始走向社會批判、改造現實之路。翌年，他寫成《明良論》，提出「更法」的主張。鑑於清代社會危機日趨嚴重，統治者回天無術，龔自珍主張「仿古法以行之」，「救今日束縛之病」。他所謂古法，是要求士大夫們講廉恥，培養正氣。「士皆知有恥，則國家永無恥矣；士不知恥，為國之大恥。」把知恥視為正風氣、救社會的出發點。據此，他竭力反對士大夫們貪圖財富，勸告他們應當「忘其身家以相為謀」[44]。龔自珍還進一步探尋釀成社會危機的根源，認為貧富不均導致了社會危機。

嘉慶二十一年（1816年）前後，龔自珍又撰成《乙丙之際著議》二十五篇，進一步描繪清代社會將走向衰世的景象：「左無才相，右無才史，閫無才將，庠無才士，隴無才民，廛無才工，衢無才商」，即使有才士與有民出，「則百不才督之縛之，以至於戮之。戮之非刀、非鋸、非水火。文亦戮之，名亦戮之，聲音笑貌亦戮之」，「徒戮其心，戮其能憂心、能憤心、能思慮心、能作為心、能有廉恥心、能無渣滓心」[45]。為了挽救衰世，他指出：「一祖之法無不敝，千夫之議無不靡，與其贈來者以勁改革，孰若自改革」[46]，再次發出變法改革的呼聲。龔自珍倡言的更法絕非憑空構想，而是鴉片戰爭前夜清代社會內外矛盾日趨激化的反映。龔自珍的更法主張，雖然只是想在不觸動社會根本制度下進行某些變革，以圖緩解社會危機，但不可否認，在當時的歷史條件下，具有進步意義。

龔自珍更法的主張受了今文經學的影響。他援《公羊》以經世，與劉逢祿、宋翔鳳等常州學派有密切的關係。嘉慶二十四年（1839年）春，龔自珍入京應會試，落第後，居京師，曾問學於劉逢祿，劉逢祿向他傳授了《春秋》公羊說。與此同時，他又結識宋翔鳳，受了宋翔鳳的影響。從此以後，龔自珍把今文經學視為「絕學」，決心要敬承其「微言」。

龔自珍借《春秋》公羊學「張三世」、「通三統」微言大義來談變革，尤其

44 龔自珍：《龔自珍全集》第1輯，《明良論一》。
45 龔自珍：《龔自珍全集》第1輯，《乙丙之際著議第九》。
46 龔自珍：《龔自珍全集》第1輯，《乙丙之際著議第七》。

強調「易世」變的意義。他認為，正是變，才有由據亂而昇平，由昇平而太平的社會發展。他的「三世」進化的歷史觀雖說很不完善，但強調發展與變革，把今文經學與經世致用結合起來了。龔自珍也談及「大一統」，他所謂的「大一統」已不是傳統意義上的「夷夏之防」，而含有防止反對西方列強侵略、維護民族獨立的新因素。

因此，龔自珍講今文經學與常州學派有所不同。常州學派以經書為旨歸，根據經書立論。龔自珍主張「不必泥乎經史」，要「通乎當世之務」，他所汲取的不是經師的家法、師法，而是《公羊》中的「微言」精神。進而言之，龔自珍不僅尋求經書中所包含的「微言大義」，而且能跳出經書的框框，站在時代的高度詮釋經書，賦予經書新的意義。梁啟超指出：「晚清思想之解放，自珍確與有功焉」[47]，可見他是位開風氣的人物。

魏源（1794-1857年），原名遠達，字默深，一字漢士，湖南邵陽人。嘉慶時期，魏源曾從胡承珙問漢儒經學，從劉逢祿問《春秋》公羊學，又從姚學㸑問宋儒理學。道光年間，作幕於江蘇布政使賀長齡之府，輯成《皇朝經世文編》一百二十卷。

魏源治學既反對宋學，也不贊同乾嘉漢學。認為它們不是空疏無用就是脫離實際，不能經世。他受今文經學影響，提出「以經術為治術」的「通經致用」主張，反對把經術與治術割裂，只從考據、訓詁角度治經的學風，而強調經術與治術的統一，治經應闡發經中蘊涵的微言大義，以便為經世服務。

魏源的「以經術為治術」的主張也體現在他所作的《詩古微》和《書古微》中。《詩古微》以闡發《詩經》微言大義為宗旨。《書古微》是根據西漢伏生的《尚書大傳》殘本等資料撰成的。著此書的宗旨在於力圖闡揚西漢經師「以《洪範》匡世主」的精神。魏源的《詩古微》和《書古微》雖說有牽強附會武斷之處，但治經求致用的精神值得稱道。他通過對《詩》、《書》經文的分析，以明

---

47 梁啟超：《清代學術概論》二十二。

西漢今文經的「微言」，使《詩》、《書》歸復西漢，不單純是「復古」，而是以復古為手段，達到革新社會的目的。

　　魏源根據今文經「三統」說發揮了社會進化的思想。針對清代社會危機日益嚴重，一些人主張厚古非今，宣傳歷史退化論。魏源與此相反，提出歷史進化的觀點。他告誡人們不能迷戀往古，因為「三皇之事，若有若無；五帝之事，若存若滅；三王之事，若明若昧；時愈古則傳愈少」[48]。相反，「後世之事」則勝於「三代」。在闡述歷史進化時，魏源強調了變的思想。他說：「天下無數百年不弊之法，無窮極不變之法，無不除弊而能興利之法，無不易簡而能變通之法。」[49]法無久不變，運無往不復，倡導更法變革，這符合歷史發展的大趨勢。

　　需要指出的是，魏源並不局限於以「經術為治術」的說教，而是直接參與到經世變革中。他輯成的《皇朝經世文編》（1826 年），本著「欲識濟時之要務，須通當代之典章；欲通當代之典章，必考屢朝之方策」[50]這一宗旨，著錄近二百年間經世文二千餘篇，包括學術、治體、吏政、戶政、禮政、兵政、刑政、工政八綱六十四目，共一百二十卷。此書表明魏源經世思想已趨於成熟。

---

48 魏源：《魏源集》，3 頁，《默觚》上，《學篇》一。
49 魏源：《魏源集》，432 頁，《籌鹺篇》。
50 魏源：《皇朝經世文編》卷首。

第六章

哲學的發展

　　清代前期是總結古代哲學、開啟近代哲學的歷史時期，名家輩出，把中國傳統哲學推向高峰。清初，黃宗羲、顧炎武、王夫之、顏元的哲學思想博大精深，均有超過前人之處。乾嘉時代，雖然考據學大盛，戴震、焦循、章學誠、阮元等在哲學上也不乏獨標新意，達到了理論思維的新水平。他們的哲學思想對近代哲學的興起產生了重大影響。

黃宗羲、
顧炎武的哲學

　　黃宗羲、顧炎武均為清初大學問家。黃宗羲為清代三學改造者，浙東史學開派人。顧炎武則為清代經學首倡者。他們兩人在哲學上也不乏獨到之處，發展了古代哲學思想。

一、黃宗羲的哲學思想

　　黃宗羲（1610-1695 年），字太沖，號南雷，世稱梨洲先生，浙江餘姚人。父黃尊素為東林黨人，因彈劾魏忠賢被誣陷死於獄中。黃宗羲早年從學於明末大儒劉宗周。清兵入關南下，曾參加反清鬥爭。晚年以著書為生。主要著作有《明儒學案》、《明夷待訪錄》等，全部著述收入《黃宗羲全集》中。

　　黃宗羲的哲學是在對明末心學批判改造基礎上產生的。

　　在自然觀上，他主要研究探討了理氣、道器、名實、形神等問題。

　　他的理氣觀是在反對朱熹理本論及明代理氣二元論中產生的。朱熹主張理為氣的本體，又視理氣為二物。明儒曹端用活人騎馬、人馭馬來解釋「理馭氣」。

薛瑄把理氣關係比作日光與飛鳥，說日光與鳥為二物，理氣也為二物。黃宗羲反對上述觀點，提出了自己的理氣思想。他首先對理氣界定，說：「氣之流行而不失其序，是即理也。」[1]又說：「自其浮沉升降者而言，則謂之氣；自其沉浮升降不失其則而言，則謂之理。」[2]「流行」、「浮沉升降」是指氣。「不失其序」、「不失其則」是講氣的運動法則、條理，這便是理。這是從理氣相互聯繫角度界定理氣，表明理氣不可分。他進一步論述理氣關係，認為理為氣之理，無氣則無理。在理氣統一的基礎上，他肯定氣為理的根本，有氣，然後才有理，無離氣之理，理是氣的理，也可以說是氣本論。黃宗羲又把「氣」範疇納入宇宙觀，分析宇宙發生、發展的過程。他說：「氣則合下只有一氣。相生而後有陰陽。亦非合下便有陰陽也。」「陰陽本是一氣，其互生也，非於本氣外又生一氣也。」[3]氣本來就存在，不存在「於本氣外又生一氣」的現象，氣相生才有陰陽，陰陽也是一氣。也就是說，宇宙間充滿了氣，別無獨立的他物，有的只是氣。用他的話來說：「通天地，亙古今，無非一氣而已。」[4]所謂「通天地」，是指氣存在的空間特點。「盈天地間皆氣。」「天地間只有一氣充周。」所謂「亙古今」，是指氣的時間特點。「夫大化流行，只有一氣充周無間。」氣無處不在，無時不有，存在於無限的時空中。他指出：「夫大虛，絪縕相感，止此一氣，無所謂天氣也，無所謂地氣也。」[5]宇宙間運動形式多種多樣，究其根本，不過一氣。

在道器問題上，黃宗羲主張器在道先。他說：「形而上者謂之道，形而下者謂之器。器在斯道在，離器而道不可見。」[6]又說：「一陰一陽即為道，道即太極也，離陰陽無以見道。」[7]這說明道離不開器，器為道之本。在名實關係上，他主張名決定於實。他說：「仁、義、禮、智、樂俱是虛名。人生墮地，只有父母兄弟，此一段不可解之情，與生俱來，此之謂實，於是而始有仁義之名。『知斯

1　黃宗羲：《孟子師說》卷二。

2　黃宗羲：《明儒學案》卷四十四，《諸儒學案上》二。

3　黃宗羲：《梨洲文集》，《答忍庵宗兄書》。

4　黃宗羲：《宋元學案》十二，《濂溪學案下》。

5　黃宗羲：《易學象數論·圖書四》。

6　黃宗羲：《梨洲文集》，《先師蕺山先生文集序》。

7　黃宗羲：《梨洲文集》，《再答忍庵宗兄書》。

二者而弗去」，所謂知及仁守實有諸己，於是而始有智之名。當其事親從兄之際，自有條理委曲，見之行事之實，於是而始有禮之名。不待於勉強作為，如此而安，不如此則不安，於是而始有樂之名。」[8]仁義禮智樂皆名，父母兄弟之情與生俱來皆實。先有父母兄弟之實，才有仁義禮智樂之名，實決定名。對於形神問題，他認為氣形成人的形體，魂魄之質是氣。他以蠟燭為喻；燭為形，火為魄，光為魂，魄魂為神，神依形而存在。他也不承認天有意志，認為自然界「四時之寒暑溫涼，總一氣之升降為之。其主宰是氣者，即昊天上帝」[9]。自然界四季變化是氣運動的表現，昊天上帝不過是氣的別名罷了。

黃宗羲在認識論和方法論上主張求真適用。

黃宗羲治學反對空談性命，主張獨立思考。全祖望認為，與「自明中葉以後，講學之風，已為極敝，高談性命，直入禪障，束書不觀」不同，黃宗羲「謂學者必原本於經術，而後不為蹈虛，必證明於史籍，而後足以應務，元元本本，可據可依，前此講堂錮疾，為之一變」[10]。黃宗羲自己也力主讀書與用心相結合，說：「讀書不多，無以證斯理之變化，多而不求於心，則為俗學。」[11]他雖然倡導博覽群書，「於書無所不窺」，其學涉獵經史百家，但更注重以理性來讀書，與不求於心的俗學不同。把博聞多見與理性思考結合起來。在他看來，讀書執其成說，「以裁古今之學術」，缺乏獨立思考，只是「膚論瞽言」。對於同門陳確「皆發其自得之言，絕無依傍」，這種善於獨立思考的精神，給予肯定。他主張：「學問之道，以各人自用著者為真。凡倚門傍戶，依樣葫蘆者，非流俗之士，則經生之業也。」[12]沒有獨創精神，不求真知，不是為學之道。

黃宗羲治學主張獨立思考，求真，並提出了求真的方法，即工夫。他說：「心無本體，工夫所至，即是本體。」[13]「心無本體」實際上否認了人心中有先驗

8　黃宗羲：《孟子師說》卷四。
9　黃宗羲：《破邪論》，《上帝》。
10　全祖望：《鮚埼亭集外編》卷十六，《甬上證人書院記》。
11　全祖望：《鮚埼亭集外編》卷十二，《梨洲先生神道碑文》。
12　黃宗羲：《明儒學案》凡例。
13　黃宗羲：《明儒學案》自序。

的天理、良知的存在。「工夫所至，即是本體」說明工夫在體認本體中的作用。他也談到體，說：「古今學術不能無異同，然未有舍體而言用者。所謂體者，理也。」[14]這裡所謂的體即理，是事物的內在本質。認識事物的本質，就必須下工夫，也就是認識的方法，通過認識方法獲得對事物本質的認識，這才是真知。他說：「人自形生神發之後，方有此知。此知寄於喜怒哀樂之流行，是即所謂物也。」「格有通義，證得此體分明，則入氣之流行，誠通誠復。不失其序，依然造化，謂之格物。」[15]他所謂的「格」有「通」之義，「誠通誠復」就是工夫所至，達於本體。這既是主體與客體合一、格物的過程，也是感性認識向理性認識的飛躍。

黃宗羲尤其重視學術與事功的關係，提出學術貴在適用、達於事功的思想。

他首先對脫離實際死讀書的學風進行批判。在論及心學和理學空虛疏闊的學風時，他指出：「言心學者，則無事乎讀書窮理；言理學者，其所讀之書不過經生章句，其所窮之理不過字義之從違。」[16]心學不讀書窮理流於空談，理學雖讀書不過經生章句，讀死書，窮理不過字義，均脫離實際，全無用處。心學、理學這種風氣發展到明末愈演愈烈，他們均不關心國事，只重仕途利祿。如「治財賦者則目為聚斂，開闔扞邊者則目為粗材，讀書作文者則目為玩物喪志，留心政事者則目為俗吏」。在這一腐敗成風的條件下，「一旦有大夫之憂，當報國之日，則蒙然張口，如坐雲霧」[17]。束手無策，任人宰割，就是想有經世救國之心，也無其力。

黃宗羲在批判理論脫離實際學風的基礎上，強調學以致用，尤重踐行。他說：「道無定體，學貴適用。奈何今之人執一以為道，使學道與事功判為二途。事功而不出於道，則機智用事而流於偽，道不能達於事功，論其學則有，適於用

---

14 黃宗羲：《梨洲文集》，《張母李夫人六十壽序》。
15 黃宗羲：《梨洲文集》，《答萬充宗論格物書》。
16 黃宗羲：《梨洲文集》，《留別海昌同學序》。
17 黃宗羲：《梨洲文集》，《編修弁玉吳君墓志銘》。

則無，講一身之行為則似是，救國家之急唯則非也，豈真儒哉！」[18]學貴適用，就是要把學道與事功結合在一起，事功不在理論學問指導下進行，必然是偽事功，理論學問不付諸實踐，達於事功，等於無用之學，不能經世救國，其學問是毫無意義的空談。他在發揮王陽明「致良知」時寫道：「聖人教人，只是一個行，如博學、審問、慎思、明辨是行也。篤行之者，行此數者不已，是也。先生（王陽明）致之於事物，致字即是行字，以救空空窮理，只在知上討個分曉之非。」[19]他把王陽明「致良知」的「致」字，解釋為「行」，講行的目的是反對「空空窮理」、「在知上討個分曉」，這些都是脫離實踐的誇誇其談。他認為應在行上問是非，學問只有在事功中接受檢驗，判明是非。總之，把為學與經世統一起來。

黃宗羲的社會歷史觀主要探討了物質生活與禮儀、事功與仁義等問題，提出了富民的思想。

黃宗羲認為物質生活與禮儀密切相關，他說：「民非水火不生活。飲食之事，與生俱生，養生送死，郊天祭地皆取辦於飲食。《禮運》：『夫禮之初，始諸飲食。』」[20]在這裡，物質生活需要是基礎，只有在此基礎上，「養生送死，郊天祭地」等禮儀活動才得以進行。道德活動來源於人們的物質生活需要。接著他又討論了仁義道德與事功的關係。他指出：「古今無無事功之仁義，亦無不本仁義之事功。四民之業，各事其事，出於公者，即謂之義，出於私者，即謂之利。」[21]仁義與事功相互聯繫。仁義離不開事功，事功也離不開仁義。他從公利角度出發解釋義利，儘管分工不同，各自履行自己的職責，出於公心就是義，出於私心便是利。

基於對物質生活的重視，黃宗羲提出了「富民」思想。他把明亡的經濟原因歸結為「奪田」和「暴稅」。認為制止土地兼並的最好辦法是恢復三代田井制，

---

18 黃宗羲：《梨洲文集》，《姜定庵先生小傳》。
19 黃宗羲：《明儒學案》卷十，《姚江學案》中。
20 黃宗羲：《孟子師說》卷六。
21 黃宗羲：《梨洲文集》，《國勳倪君功墓志銘》。

「授田以養民」。為杜絕苛捐雜稅，他主張「重定天下之賦」，就是說：「授田於民，以什一為則，未授之田，以二十一為則。其戶口則以為出兵養兵之賦。」他對於納賦稅，則採取較為靈活的態度：「出百穀者賦百穀，出桑麻者賦布帛，以至雜物皆賦其所出」，可謂「任士所宜」[22]。他對解決貨幣制度積弊提出己見，主張「廢金銀，使貨幣之衡盡歸於錢」，以便流通，「使封域之內，常有千萬財用流轉無窮」[23]。同時也強調移風易俗，培養勤儉節約的社會風尚。黃宗羲還對「崇本抑末」作出新解釋，認為除「為巫而貨」和「為奇技淫巧而貨」以外，其他工商業活動不應視為末業。他說：「世儒不察，以工商為末，妄議抑之。夫工固聖王之所欲來，商又使其願出於途者，蓋皆本也。」[24]把對國家有利的正常工商業提到本業的地位，符合開始興起的商品經濟發展的要求。

黃宗羲在政治上對君主專制政權制度進行批判。在君臣關係上，他提出君臣二者「名異而實同」的道理。他以秦為界，把古代史分為兩段。秦以前為古，秦以後為今，並從主客關係出發探討君民關係。他說：「古者以天下為主，君為客，凡君之所畢世而經營者，為天下也。」所以「天下之人愛戴其君，比之如父，擬之如天，誠不為過」。相反，「今也以君為主，天下為客，凡天下之無地而得安寧者，為君也」。這種主客關係顛倒，造成「天下之人怨惡其君，視之如寇仇，名之為獨夫」的局面，由此他提出了「為天下之大害者，君而已矣」這一頗為激進的主張。他雖抨擊秦以後的君主專制，憧憬「三代之治」，有復古傾向，但認為為君應「不以一己之利為利，而使天下受其利；不以一己之害為害，而使天下釋其害」，這是「為君之職分」[25]。為君應以天下百姓為主，那麼做臣子的也應服務於百姓。進而闡述了君臣關係。他反對「臣為君而設」的觀點，強調，臣應「為天下，非為君也；為萬民，非為一姓也」。又「天下之治亂，不在一姓之興亡，而在萬民之憂樂」。一個人不出仕，則與君形同路人，如果出仕就不應為君「僕妾」，而應為君「師友」。他反對明代不設宰相，試圖以宰相限制

22 黃宗羲：《明夷待訪錄》，《田制三》。
23 黃宗羲：《明夷待訪錄》，《財計二》。
24 黃宗羲：《明夷待訪錄》，《財計三》。
25 黃宗羲：《明夷待訪錄》，《原君》。

君權，把朝廷官員稱為「分身之君」[26]。君臣之間應無不可逾越的界限，兩者「名異而實同」[27]。

在法治與人治的關係上，黃宗羲提出「有治法而後有治人」的主張。他把中國歷史上的法律分為兩種，認為秦以前的法律不是「為一己而立」的，因此是「天下之法」，即「無法之法」。秦以後的法律是為維護一家一姓私利的，因此是「一家之法」，即「非法之法」。正是由於秦以後的「一家之法」，使「天下之亂即生於法之中」。這實質上是說「三代以上有法，三代以下無法」[28]。針對秦以後「有治人而後有治法」的人治思想，他力主「有治法而後有治人」，強調實行法治，法治是治國的基本綱領。他還指出：「天子之所是未必是，天子之所非未必非，天子亦不敢自為是非，而公其是非於學校。」[29]這是對君權至上的否定，突出學校在判明是非中的作用，表現了民主自由的精神。黃宗羲的政治主張得到後人的推崇，對近代改良與革命產生了重要影響。

二、顧炎武的哲學思想

顧炎武不僅是清初經學大師，而且也是著名的思想家，其哲學思想樸實，頗有實證精神，在清初占有重要一席。

在自然觀上，顧炎武提出「盈天地之間者氣也」的主張。他說：「張子《正蒙》有雲：太虛不能無氣，氣不能不聚而為萬物，萬物不能不散而為太虛，循是出入，是皆不得已而然也。」[30]物性的「氣」充滿宇宙，萬物都由氣構成，源於氣又歸於氣，這便是萬物枯榮盛衰、生滅變化的必然規律。從自然之氣出發，他對鬼、神、佛、仙等作出獨特的解釋。他說：「盈天地之間者，氣也；氣之盛者

---

26 黃宗羲：《明夷待訪錄》，《置相》。
27 黃宗羲：《明夷待訪錄》，《原臣》。
28 黃宗羲：《明夷待訪錄》，《原法》。
29 黃宗羲：《明夷待訪錄》，《學校》。
30 顧炎武：《日知錄》卷一，《游魂為變》。

為神。神者，天地之氣而人之心也。」至於鬼，則為「歸也」，什麼是「歸」，即「氣之為物，散入無形，適得吾體，此之謂歸」。又說：「邵氏（寶）《簡端錄》曰：聚而有體謂之物，散而無形為之變。唯物也，故散必於其所聚；唯變也，故聚不必於其所散。是故聚以氣聚，散以氣散。昧於散者，其說也佛，荒於聚者，其說也仙。」[31]這表明，一切存在，包括佛、仙都是以氣為表現形式的物質存在，物質的聚散而已。由此出發，他對迷信思想展開批判。他說：「善惡報應之說，聖人嘗言之矣。」「豈真有上帝司其禍福，如道家所謂天神察其善惡，釋氏所謂地獄

顧炎武像

果報者哉？善與不善，一氣之相感，如水之流濕，火之就燥，不其然而然，無不感也，無不應也。」[32]把上帝「司其禍福」，如道家「天神察其善惡」，佛家「地獄報應」等，統統納入氣的範圍之內，認為這些都是氣化感應的結果。就像水流濕、火就燥一樣，是自然的，非有上帝、天神洞察禍福善惡。這種觀點堅持從自然界本身出發說明自然，是一種無神論。

顧炎武論道器，提出「非器則道無所寓」的命題。他說：「形而上者謂之道，形而下者謂之器。非器則道無所寓。說在乎孔子之學琴於師襄也。已習其數，然後可以得其志；已習其志，然後可以得其為人。是雖孔子之天縱，未嘗不求之象數。故其自言曰：下學而上達。」[33]形而下者就是象和數，即器，形而上者就是道。在道器問題上，顧炎武主張「非器則道無所寓」，就是說道寄寓在象、數，即器之中，也可以說是一般的道理寓於具體的日常生活之中。道並不遙遠，從具體的日常生活中體悟出來，因此說：「下學而上達。」

---

31 同上。
32 顧炎武：《日知錄》卷二，《惠迪吉從逆凶》。
33 顧炎武：《日知錄》卷一，《形而下者謂之器》。

在認識論上，顧炎武主張學思統一，學問與修身一致。他主張多學而識與一以貫之相結合。「多學而識」是說學問要廣博，「一以貫之」是說學問要有一個中心。學問既要博，通覽群經，追求會通，同時也要有中心，這一中心使學問首尾一貫。「多學而識」與「一以貫之」的統一，實際上也是分析與綜合、演繹與歸納的統一。

顧炎武也重視學思並舉。他說：「有弗學，學之弗能，弗措也。有弗問，問之弗知，弗措也。有弗思，思之弗得，弗措也。有弗辨，辨之弗明，弗措也。有弗行，行之弗篤，弗措也。不知年數之不足也，俛焉日有孳孳，斃而後已。」「有一日未死之身，則有一日未聞之道。」[34]這裡強調的是學問與思辨的統一。人生命不停止，就必須不間斷地篤實追求學問，積累經驗，同時也要進行思考。學問與思辨伴隨人生命的整個過程，一直到死為止。

顧炎武不僅注意學思兼顧，而且也論及學問與修養的關係問題，提出「博學於文」和「行己有恥」的主張。「博學於文」就是倡導博覽群書，做學問。「行己有恥」是約之以禮，以禮待人首先貴在知恥、有恥，人不知恥就無法立身，因此「行己有恥」是為人。他主張「博學於文」與「行己有恥」的統一，表現博與約，做學問與為人是一致的，突出儒家做學問在於塑造人的特徵。

顧炎武的社會政治思想獨具特色。他說：「有亡國，有亡天下，亡國與亡天下奚辨？曰：易姓改號，謂之亡國。仁義充塞，而至於率獸食人，人將相食，謂之亡天下。」「是故知保天下，然後知保其國。保國者，其君其臣，肉食者謀之；保天下者，匹夫之賤，與有責焉耳矣。」[35]所謂「亡國」，是指國家主權的喪失，所謂「亡天下」，是指社會道德的淪亡。主權喪失國家就自然滅亡，社會道德也就崩潰，社會道德崩潰同樣導致國家滅亡。保天下，不使社會道德淪喪、崩潰，每個老百姓都有責任。保國，不使國家主權喪失，則是做君臣當官們的事。前者是他的社會思想，後者是他的政治思想。「知保天下然後知保其國」，「有人倫然

---

34 顧炎武：《日知錄》卷七，《朝聞道夕死可矣》。
35 顧炎武：《亭林文集》卷四，《與人書三》。

後有風俗，有風俗然後有政事，有政事然後有國家」[36]，表明他的思想邏輯是：由治社會風俗（保天下）開始，進而達到治國、保國，這是對儒家治國平天下思想的發揮。

顧炎武認為保天下，不使道德淪喪，社會崩潰，就必須注重社會風俗。他提出了改造社會風俗的措施。第一，重視教育，獎勵學術。他說：「目擊世趨，方知治亂之關必在人心風俗，而所以轉移人心，整頓風俗，則教化綱紀為不可闕矣。」[37]在他看來，尤以勸學、獎廉二事為主要。社會道德、風俗的好壞主要在人心，而改造人心，建立良好的風氣離不開教育，知識水平的提高也至關重要。顧炎武倡導教育、獎勵學術的目的在於通過採取名譽上、知識上的誘導，使人人有所欣慕，樂於為善。第二，尊崇清議，提倡廉恥。他說：「天下風俗最壞之地，清議尚存，猶足以維持一二。至於清議亡而干戈至矣。」[38]至於廉恥，他認為是「立人之大節。蓋不廉則無所不取，不恥則無所不為。人而如此，則禍敗亂亡，亦無所不至。」[39]他認為做到有恥就必須排斥鄉愿，崇尚耿介。他崇尚清議、提倡廉恥在於運用社會道德上的制裁，使人有所畏懼，不敢為惡。第三，主張制民之產。他研究社會風俗，一方面倡清議、耿介，重視「禮義廉恥」的培養；另一方面又強調「制民之產」，只有衣食既足，才能做到知廉恥。前者是心理精神層面的建設，後者屬物質利益基礎的鋪墊，把精神和物質結合起來。

在論及封建與郡縣時，顧炎武認為單純的封建制與郡縣制都不完善，存在弊病，「封建之失，其專在下；郡縣之失，其專在上」[40]，只有把兩者結合起來，「寓封建之意於郡縣之中」，天下才能大治。在人治和法治上，他主張人治，反對法治，因為他認為法治將導致權收於上的專治，但他也認為法令不能廢弛。他贊同杜預解《左傳》所持的「法行則人從法，法敗則法從人」[41]的觀點，在這個問題

36 顧炎武：《亭林文集》卷五，《華陰文氏宗祠記》。
37 顧炎武：《亭林文集》卷四，《與人書九》。
38 顧炎武：《日知錄》卷十三，《清議》。
39 顧炎武：《日知錄》卷十三，《廉恥》。
40 顧炎武：《亭林文集》卷一，《郡縣論》。
41 顧炎武：《日知錄》卷八，《法制》。

上是靈活變通的。顧炎武雖主人治，但反對獨治，主張群治。他說：「人君之於天下，不能以獨治也。獨治之而刑繁矣，眾治之而刑措矣。」[42]「獨治」是獨裁專治，「眾治」是發揮民主，獨治造成刑法繁多，眾治就不用刑罰。這體現了平民參政意識，閃爍著民主思想的光輝。

顧炎武也論及君臣觀念。他認為：「為人君者，必先具有人君之德，而後可以堯、舜其君。」他肯定伊尹，「惟尹躬暨湯咸有一德」，也肯定武王，「予有亂臣十人，同心同德」[43]。顧炎武認為治理國家，君臣同心同德是至關重要的。

顧炎武生活的時代，正值明清鼎革之時，國破家亡使他更重視民族觀念。他指出：「君臣之分，所關者在一身；華裔之防，所繫者在天下。故夫子之於管仲，略其不死子糾之罪，而取其一匡九合之功，蓋權衡於大小之間，而以天下為心也。夫以君臣之分，猶不敵華裔之防，而《春秋》之志可知矣。」[44]儒家以天下為心，當然覺得民族觀念更為重要。這一嚴夷夏之防的主張是當時歷史條件下的反映。

顧炎武還提出保民、親民思想。他認為，人主之德在於「莫大乎下人」，「其君能下人，必能信用其民矣」[45]，執政者只有採取親民的政策，才會得到人民群眾的擁護，他引孟子的話，「保民而王，莫之能御也」。這是從積極方面闡發保民、親民的重要性。他又指出，人君若「有求多於物之心」[46]，百姓必然發生混亂，並危及國脈，這是從消極方面談保民、重民的必要性。

顧炎武的親民思想還表現在正德與厚生上。他主張親民、保國並不是空洞的，而是有具體內容的，厚生與正德就是這方面的表現。統治者做到了這一點，自然資源就會得到合理的利用，取之不盡，用之不竭。君民同心同德，「天下為一家」，「中國為一人」。這是顧炎武所追求的理想政治。

---

42 顧炎武：《日知錄》卷六，《愛百姓故刑罰中》。
43 顧炎武：《日知錄》卷一，《九二君德》。
44 顧炎武：《日知錄》卷七，《管仲不死子糾》。
45 顧炎武：《日知錄》卷一，《鳥焚其巢》。
46 顧炎武：《日知錄》卷一，《包無魚》。

顧炎武在社會政治上提出了一些新思想、新建議，但解決問題是以「法古用夏」為標準，大體不出「則古稱先」之舊轍。《四庫全書總目提要》評道：「炎武生於明末，喜談經世之務，激於時事，慨然以復古為志。其說或迂而難行，或愎而過銳」[47]，是有一定道理的。

第二節 ·
王夫之、
顏元的哲學

王夫之、顏元也是清初著名思想家。王夫之是中國古代哲學集大成者，他總結和吸取傳統哲學的精華，建立了博大精深的思想理論體系，把古代哲學思想推向一個新階段。顏元為顏李學派開創者，建立了以重事功、尚習行為特色的哲學，在清初思想界占有獨特的地位。

---

47 《四庫全書總目提要》卷一一九，《日知錄》。

一、王夫之的哲學思想

（一）王夫之的自然觀

王夫之（1619-1692 年），字而農，號薑齋，晚年隱居湖南衡陽石船山（今湖南衡陽縣曲蘭），學者稱船山先生，湖南衡陽人。父王朝聘，為當時著名學者。王夫之從小就受其影響，學兼經史百家。清兵南下，他曾在衡陽舉兵抗清。兵敗，投奔南明永曆政權，授官行人司介子。後清軍入桂，永曆政權西遷，遂返歸湖南，迄於逝世。他隱居不出，潛心著述，罕為世人所知。一時名流著作偶爾涉及王夫之者，僅見於錢澄之《田間詩集》、陸隴其《三魚堂日記》等。康熙三十一年（1692 年），著名學者劉獻廷漫游兩湖，聞王夫之學行，始作雜記表彰，稱王夫之「其學無所不窺，於六經皆有發明。洞庭之南，天地元氣，聖賢學脈，僅此一線耳。」[48]爾後，湖廣學政潘宗洛撰《船山先生傳》再加表彰。乾隆時，官修《四庫全書》，因一時考據學風所蔽，所著錄的王夫之著作只有幾部考據作品，其他著述均未刊入。直到道光二十二年（1842 年），由其裔孫世佺首刻《船山遺書》十八種，同治四年（1865 年），曾國藩又刻《船山遺書》五十六種，才使王夫之學說顯現於世，並產生重要影響。其主要著作有《周易外傳》、《周易內傳》、《尚書引義》、《噩夢》、《讀通鑑論》等。

王夫之的自然觀主要探討了氣理、道器等問題。王夫之論氣繼承了張載「太虛者，氣之體」的思想，提出「太虛即氣」的氣體論。他說：「絪縕之中，陰陽具足，而變易以出，萬物並育於其中，不相肖而各成形色，隨感而出，無能越此二端。」他認為絪縕為「太和未分之本然」，是陰陽具足的物質實體，也即「陰陽未分，二氣合一，絪縕太和之實體」[49]，這種物質實體自身包含陰陽二氣，二氣交感不僅使萬物並育，而且也產生了天地萬物。「天地之化，人物之生，皆具

---

48 劉獻廷：《廣陽雜記》卷二。
49 王夫之：《正蒙注》卷一，《太和》。

陰陽二氣。」[50]在這裡，他肯定氣的客觀實在性，作為世界本原的特點，從而否認了在氣之外有某種別的創造者的存在。王夫之進一步從體用角度分析了氣與萬物的關係。他說：「言太和絪縕為太虛，以有體、無形為性，可以資廣生大生而無所倚，道之本體也。二氣之功，交感而生，凝滯而成物我之萬象，雖即太和不容已之大用，而與本體之虛湛異矣。」[51]充滿太虛的氣，作為「太和絪縕之本體」，它無所依賴而化生一切，它既是實有其體，又虛湛無形。而「物我萬象」不過是氣所凝成的，是「太和」必然表現的「太用」。氣和萬象的關係是體用關係，氣為本體。

王夫之論證萬物統一於氣的主張，說：「陰陽二氣充滿太虛，此外更無他物，亦無間隙，天之象，地之形，皆其所範圍者。」太虛就是無限的虛空，看似虛空無物，其實充滿了氣，是氣的一種狀態。「人之所見太虛，氣也，非虛也。」宇宙天地之間萬物雖說千姿百態，種類萬千，均是氣的表現形式，氣充滿宇宙，在氣之外不存在另一個空間，因此，「虛空者，氣之量」、「凡虛空皆氣也」，「氣彌淪無涯」，「氣在空中，空無非氣，通一而無二者」[52]。不僅自然界充滿了氣，人類也為氣所涵蓋，「天人之蘊，一氣而已」[53]。從自然界到人類社會都是氣的蓄聚。在他看來，心、性、天、理，都必須在氣

王夫之像

上說。如果離開氣，則一切無從談起。萬物統一於氣，堅持了氣的一元論。

王夫之論述了氣的無限性。在論及時間無限性時說：「天地之終，不可得而測也。以理求之，天地始者今日也，天地終者今日也。其始也，人不見其始，其

---

50 王夫之：《正蒙注》卷一，《參兩》。
51 王夫之：《正蒙注》卷一，《太和》。
52 同上。
53 王夫之：《讀四書大全說》卷十，《告子上》。

終也，人不見其終。」[54]「夫天，吾不知其何以終；地，吾不知其何以始也。天地始者，其今日乎！天地終者，其今日乎！」[55]不知道天地的終始，實際是說時間無始無終，宇宙永恆。由此他也闡述了空間的無限性。他說：「上天下地曰宇，往古來今曰宙。雖然，莫為之郛郭也。惟有郛郭者，則旁有質而中無實，謂之空洞可矣，宇宙其如是哉！宇宙者，積而成乎久大者也。」[56]宇宙是無限的，無邊無際，不承認有郛郭（屏障）的存在，如果認為有郛郭，就會得出宇宙有限的結論。他講的「積而成乎久大者」，「大」就是上天下地、空間，「久」是往古來今、時間。宇宙是時間空間無限性的統一。

王夫之還按當時的科學水平，試圖具體證明物質永恆不滅的原理。他舉例說：「以天運物象言之，春夏為生，為來，為伸，秋冬為殺，為往，為屈，而秋冬生氣潛藏於地中，枝葉槁而根本固榮，則非秋冬之一消滅而更無餘也。車薪之火，一烈而盡，而為焰，為煙，為燼，木者乃歸木，水者仍歸水，土者仍歸土，特希微而人不見爾。一甑之炊，濕熱之氣，蓬蓬勃勃，必有所歸；若盦蓋嚴密，則鬱而不散。汞見火則飛，不知何往，而究歸於地。有形者且然，況其絪縕不可象者乎！」[57]這是從自然界春夏生長，秋冬潛藏，以及從薪柴、油、汞等引火加熱後轉化為另一種物質形態的實例，得出「生非創有，死非消滅」[58]這一結論。在這裡，他不僅論證了物質實體是不能「創有」和「消滅」的，只是物質存在的具體形態，它們可以互相轉化，「故曰往來，曰屈伸，曰聚散，曰幽明，而不曰生滅」，而且，試圖把「絪縕不可象」的氣與「有形」的季節變化及薪火、蒸氣、水銀等具體實物區別開來。這些具體的物質形態是可以變化的，作為物質本體的氣是永恆的。它只有往來聚散，而沒有生滅。

王夫之論述氣以後又談及理，肯定天地間理氣並存的意義。他對理進行界

---

54 王夫之：《周易外傳》卷四，《未濟》。
55 王夫之：《周易外傳》卷五，《繫辭上傳》。
56 王夫之：《思問錄》，《內篇》。
57 王夫之：《正蒙注》卷一，《太和》。
58 王夫之：《周易外傳》卷五，《繫辭上傳》。

定：「理者，天之所必然者也。」[59]「理者，天之昭著之秩序。」由此看來，理是一種不以人的意志為轉移的客觀必然性及其秩序。理又是多樣的，每個事物都有其內在的理。他說：「時以通乎變化，義以貞其大節，風雨露雷，無一成之期，而寒暑生殺終於大信。君子之行藏刑賞，因時變通而協於大中，左右有宜，皆理也。」[60]不僅是自然界，而且社會，所有現象都含有理。他還具體把理分為兩大類：「一則天地萬物已然之條理，一則健順五常、天以命人而人受為性之至理。」[61]前者是指自然界事物的內在規律性，後者說的是社會道德人倫法則、規範。自然之理和社會之理（法則）是自然與社會合理存在、有序運行的必要條件。王夫之說的理是有具體內容的，不是空洞無物的抽象。

王夫之還肯定理氣之間的相互聯繫，他認為理氣互相為體，「理不先氣不後」、「理便在氣裡面」、「氣原是有理底」[62]。理「在氣裡面」，是說理為氣中所固有，氣中「原有」理，是說理氣同有。理氣互體表明它們相互包含，共處在一個統一體內，因此是相互聯繫的。在他看來，理氣在其統一體中地位不同。他說：「理本非一成可執之物，不可得而見；氣之條緒節文，乃理之可見者也。故其始之有理，即於氣上見理。」[63]理的特點是不可執、不可見的事物共相，隱藏在事物的內部，是氣的條緒節文，只有在氣上見理。理與氣的關係成了一般和個別的關係，理是一般的共相，氣是個別的具體事物，一般離不開個別，並通過個別表現出來。他把理氣也看成從屬關係，說：「氣者，理之依也。氣盛則理達。天積其健順之氣，故秩序敘條理，精密變化而日新。」[64]氣是理賴以存在的依託，氣壯健繁，理就條暢通順。他還用體用關係解釋理氣，「理只是以象二儀之妙，氣方是二儀之實」[65]。二儀指陰陽二氣，妙為妙用，實即實體。氣是體，理是用，氣為根本。

---

59 王夫之：《正蒙注》卷二，《神化》。
60 王夫之：《正蒙注》卷三，《誠明》。
61 王夫之：《讀四書大全說》卷五，《泰伯》。
62 王夫之：《讀四書大全說》卷十，《告子》。
63 王夫之：《讀四書大全說》卷九，《離婁》。
64 王夫之：《思問錄》，《內篇》。
65 王夫之：《讀四書大全說》卷十，《告子》。

王夫之從氣本論出發，闡述了「天下惟器」的道器論。他首先對道器界說。論道時說：「道者，物所眾著而共由者也。物之所著，惟其有可見之實；物之所由，惟其有可循之恆也。」「物所眾著」、「有可見之實」，指物質的共性，即客觀實在性。「物所共由」、「有可循之恆」，指事物所共同遵循的普遍規律，因此，道是指客觀存在的事物的一般規律。他論器指出：「象日生而為載道之器，數成務而因行道之時。器有小大，時有往來，載者有量，行者有程。」[66]象是指具體事物和現象，也即器。它是有形的，是載道的。道器是統一的。「統此一物，形而上則謂之道，形而下則謂之器，無非一陰一陽之和而成。」[67]道器都是「陰陽之和而成」，因此相互聯繫、相互依賴。

王夫之從不同角度論述道器的相互關係，認為事物都有本末，「本者必末之本，末者必本之末」。在道器關係上，「道為器之本，器為道之末，此本末一貫之說」[68]。這裡講的本末關係是本質與現象的關係。本質是從事物中抽象出來的，它不能脫離現象而存在，只能通過現象表現出來。他又說：「形而上者隱也，形而下者顯也。才說個形而上，早已有一個形字為可按之跡、可指求之主名。」[69]形而上，人無所見，為隱，形而下，成形有跡可循，為顯。前者為道，後者為器，道器關係也通過隱與顯、無與有表現出來。他還從體用相函論證道器關係，說：「器與道相為體用之實」，「道麗於器之中」[70]。器是體，道是用。以車、皿為例：「無車何乘？無器何貯？故曰體以致用，不貯非器，不乘非車，故曰用以備體。」[71]車、器皿為實體，車可乘，器皿能貯藏為用，也即可乘、能貯的這一功能為用，實體和作用是統一的。又說：「故聰明者耳目也，睿知者心思也，仁者人也，義者事也。中和者禮樂也，大公至正者刑賞也，利用者水火金木也，厚生者穀蓏絲麻也，正德者君臣父子也。如其舍此而求諸未有器之先，亙古

66 王夫之：《周易外傳》卷五，《繫辭上傳》。
67 王夫之：《思問錄》，《內篇》。
68 王夫之：《讀四書大全說》卷七，《子張》。
69 王夫之：《讀四書大全說》卷二，《中庸》。
70 王夫之：《正蒙注》卷六，《三十》。
71 王夫之：《周易外傳》卷五，《繫辭上傳》。

今，通萬變，窮天窮地，窮人窮物，而不能為之名，而況得其實乎？」[72]耳目、心思、人、事、禮樂、刑賞、水火金木、穀蓏絲麻、君臣父子等是器，而聰明、睿知、仁、義、中和、大公至正、利用、厚生、正德都是器的功能、表現，也即道。沒有具體有形的器（實體），道（功能、作用）便無處存在。

在道器不可分割的前提下，王夫之更重視器的作用。他說：「天下惟器而已矣。道者器之道，器者不可謂道之器」，「苟有其器矣，豈患無道哉？」「無其器則無其道，人鮮能言之，而固其誠然者也。」[73]這是說事物的法則、規律、功能等，是事物本身所固有的，只有具體事物存在，才有其法則、規律、功能，離開具體事物，就不會有法則、規律、功能。「據器而道存，離器而道毀。」[74]他強調器的重要性，提出「治器」說，指出：「古之聖人，能治器而不能治道。治器者則謂之道，道得則謂之德，器成則謂之行，器用之廣則謂之變通，器效之著則謂之事業。」[75]人能治器不能治道，因為器是有形的具體事物，道是抽象。通過治器，改造事物達到對道的認識，然後根據這一認識去指導治器，使器的效用推廣、變通成就事業。

（二）王夫之的發展觀

王夫之在肯定自然界客觀存在的同時，探討了自然界運動、發展問題。他認為，自然界的運動與發展不是簡單的重覆，而是「氣化日新」的前進過程。

在物質與運動的關係方面，王夫之強調兩者不可分割，說：「動靜者乃陰陽之動靜」[76]。動靜的物質載體是陰陽二氣，動靜是陰陽的自身運動，這樣便把物質與運動緊密地聯繫起來。也就是說，運動是物質本身固有的內在屬性，沒有運動的物質和沒有物質的運動同樣是不存在的。他在論述物質與運動關係的同時，

---

72 同上。
73 同上。
74 王夫之：《周易外傳》卷二，《大有》。
75 王夫之：《周易外傳》卷五，《繫辭上傳》。
76 王夫之：《正蒙注》卷七，《大易》。

又談及運動與靜止的關係，認為靜止也是物質存在的一種形式。在論述運動與靜止的關係時，他提出「動、靜皆動」的動靜觀。王夫之所說的靜止，不是外在於運動中的抽象靜止，而是物質運動過程中所出現的靜止。認為凡是在靜止中，必然有運動，用他的話說「靜即含動，動不舍靜」[77]。這是說運動是無條件的、絕對的，靜止是有條件的、相對的。他還把運動形式分為兩種，把「太極動而生陽」稱為「動之動」，「靜而生陰」稱為「動之靜」[78]，「動之動」指「止而動之，動動也」，「靜之動」指「行而止之，靜亦動也」[79]，前者是運動中的動態，後者是運動中的靜態，表現形式不同，但都在運動。他不承認有絕對的靜止，說：「廢然無動而靜，陰惡從生哉！一動一靜，闔闢之謂也。由闔而闢，由闢而闔，皆動也。廢然之靜，則是息矣。」[80]但承認靜止的相對性。有相對靜止，才有「物我之萬象」。相對靜止是物質存在的必要條件，也是認識和區分事物的前提。

事物總是在運動變化的，王夫之把其原因歸結為事物內部的對立矛盾。「天下之變萬，而要歸於兩端。」[81]所謂「兩端」，是指事物內部的兩面性，正是對立面的矛盾推動事物的發展。他在分析矛盾時提出「合二為一」和「分一為二」的論題。他指出：「故夫天下之頤，天下之動，事業之廣，物宜之繁，典禮之別，分為陰，分為陽，表裡相待而二，二異致而一，存乎其人，存乎德行。德行者所以一之也。」[82]天下萬事萬物雖然複雜紛紜，但均分為陰陽、表裡，構成「相待而二」的兩方面。這兩方面既對立，存在差異，但又是統一的，所以說：「合二以一者，既分一為二之所固有。」這裡實質上講了矛盾的同一性和鬥爭性問題。一方面，「剛柔、寒溫、生殺，必相反而相為仇」，「相反相仇則惡」，「陰陽異用，惡不容已」。承認了對立面雙方鬥爭的性質。另一方面，「陰得陽，陽得陰，乃遂其化，愛不容已」，「互以相成，無終相敵之理」，「非有一，則無兩」，「一之體立，故兩之用行」，注意到矛盾的同一性，矛盾的對立面共存於同一個統一

77 王夫之：《思問錄》，《外篇》。
78 王夫之：《思問錄》，《內篇》。
79 王夫之：《正蒙注》卷一，《太和》。
80 王夫之：《思問錄》，《內篇》。
81 王夫之：《老子衍》，《二章》。
82 王夫之：《周易外傳》卷五，《繫辭上傳》。

體中。他在論及矛盾縱向運動時指出：「合者，陰陽之始本一也；而因動靜分而為兩；迨其成，又合陰陽於一也。」[83]「道之流行於人也，始於合，中於分，終於合。」[84] 概括出一（合）——兩（分）——一（合）的公式，強調矛盾對立面的統一，合一是矛盾的最後歸宿。

王夫之在論述運動變化時更側重其發展、前進的意義，也就是說他把變化理解為一個新陳代謝的過程。他說：「天地之德不易，而天地之化日新。今日之風雷非昨日之風雷，是以知今日之日月非昨日之日月也。」「江河之水，今猶古也，而非今水即古水。燈燭之光，昨猶今也，而非昨之火即今火。水火近而易知，日月遠而不察耳。爪髮之日生而舊者消也，人所知也。肌肉之日生而舊者消也，人所未知也。人見形之不變而不知其質之已遷，則疑今茲之日月為邃古之日月，今茲之肌肉為初生之肌肉，惡足以語日新之化哉！」[85] 他以天地、日月、風雷、水火，以及人體、爪髮、肌肉為實例，證明今非昨，現在不是過去，無論是自然界還是人類自身都在不斷變化日新，整個客觀物質世界始終處於吐故納新、新陳代謝變化之中。「榮枯相代而彌見其新」，可以說是自然和人類發展變化的根本法則。

王夫之進一步論述了發展變化的形式及週期。他區分兩種發展形式。其一是「內成」。他說：「內成通而自成」，「成者內成」[86]。「內成」，指事物自身內部變化。如「一芽之發，漸為千章之木；一卵之化，積為吞網之魚」[87]。芽與樹、卵與魚是同一事物變化，但根本性質沒有變。其二是「外生」。他說：「生者外生」，「外生變而生彼」[88]。此事物變為彼事物。「內成」的特點是「日新而不爽其故」、「質日代而形而如一」。事物保持原樣，其內部新質逐漸代替舊質，這是總量中的部分質變，屬量變範圍。「外生」的特點是「推故別致其新」，「謝故以

---

83 王夫之：《正蒙注》卷一，《太和》。
84 王夫之：《周易外傳》卷六，《繫辭下傳》。
85 王夫之：《思問錄》，《外篇》。
86 王夫之：《周易外傳》卷五，《繫辭上傳》。
87 王夫之：《周易內傳》卷三下，《益》。
88 王夫之：《周易外傳》卷五，《繫辭上傳》。

生新」。舊事物被新事物所代替。在他看來，世界上不存在不變的事物，「守其故物而不能日新，雖其未消，亦槁而死」[89]，「唯其日新」，才能存在發展。王夫之認為發展也是有週期的，以生物為例：「胚胎者，陰陽充積，聚定其基也。流蕩者，靜躁往來，陰在而陽感也。灌注者，有形有情，本所自生，同類牖納，陰陽之施予而不倦者也。其既則衰減矣。基量有窮，予之而不能受也。又其既散滅矣。衰減之窮，予而不茹，則推故而別致其新也。」[90]胚胎、流蕩、灌注、衰減、散滅，為事物變化發展的一週期，其中胚胎、流蕩為事物的發生時期，灌注為事物的成長發展時期，而衰減、散滅為事物衰亡時期。舊事物滅亡，新事物產生，循環往復，以至無窮。

王夫之也注意到事物發展的規律性問題，提出「奉常以處變」的思想，也即掌握事物發展常規來面對變化。他既承認「天地固有之常理」，「運行之常度」，同時也指出：「乘之時者，變也。」[91]常是一種客觀必然性、規律，變是不經常的、迅速變化的現象。在他看來，常與變是統一的。一方面，「變在常之中」，「常立而變不出其範圍」；另一方面，「常亦在變之中」。常變相互包含，說明事物發展變化及其規律是複雜的。他主張認識事物的變化及其規律性，就必須「執常以迎變，要變以知常」，「取常以推變」[92]。既要掌握和運用事物的發展規律把握事物的變化，同時也要考察事物的變化進一步認識事物的規律。

（三）王夫之的認識論

王夫之在認識論上提出了「因所以發能，能必副其所」、「行可兼知」、「知以行為功」的思想。

王夫之的能所觀是在批判改造佛學能所範疇基礎上提出來的。他說：「『能』

---

89 王夫之：《思問錄》，《外篇》。
90 王夫之：《周易外傳》卷二，《無妄》。
91 王夫之：《周易外傳》卷七，《說卦傳》。
92 王夫之：《周易外傳》卷六，《繫辭下傳》。

『所』之分，夫固有之。釋氏為分授之名，亦非誣也。」[93]肯定佛學區分能、所，但不同意佛學顛倒主、客觀關係，把「所」消融於「能」之中，認為這顯然否認了物質世界及認識對象的客觀存在。他對能、所關係作系統的闡發：「境之俟用者曰『所』，用之加乎境而有功者曰『能』」，「乃以俟用者為『所』，則必實有其體；以用乎俟用，而以可有功者為『能』，則必實有其用。體俟用，則因『所』以發『能』，用，用乎體，則『能』必副其『所』，體用一依其實，不背其故。而名實各相稱矣」[94]。在這裡，「所」是指不依賴人的意識為轉移的客觀對象，而「能」則是主體認識的一種能力。「所」作為客觀事物，是有待於人去認識和作用的客觀對象，人具有認識能力，然而必須作用於客體並發生一定功效，才使這種能力得以實現，因此「能必副其所」，這是一種能動的反映論。

「能必副其所」表明，認識的對象是客觀存在的，認識主體有能力去認識它，由此王夫之提出「即事以窮理」、「以心循理」的論題。所謂「即事以窮理」，就是「無立理以限事。故所惡乎異端者，非惡其無能為理也，同然僅有得於理，因立之以概天下也。」[95]強調應從事物的實際情況分析出發，認識事物的本質及其規律，反對預先臆造一個永恆的法則來限制事物。「以心循理」是說：「理者，物之固然，事之所以然也，顯著於天下，循而得之。」[96]「具此『理』於中而知之不昧，行之不疑者，則所謂『心』也。以心循理，而天地民物固然之用，當然之則，各得焉，則所謂『道』。」[97]心可以認識理，「以心循理」是從個別到一般的過程，形成反映事物規律性的理性認識。「即事從窮理」，強調認識應從實際出發，「以心循理」，側重人的主觀能動性的發揮，只有從實際出發，實事求是，同時發揮認識的能動性，才能夠認識事物的理，即規律。

王夫之看到主體自身認識能力的積極作用，就此他探討了感性認識和理性認識的問題。他說：「耳有聰，目有明，心思有睿知，入天下之聲色而研其理者，

---

93 王夫之：《尚書引義》卷五，《召誥無逸》。
94 同上。
95 王夫之：《續左氏春秋傳博議》卷下，《士伯論日食》。
96 王夫之：《正蒙注》卷五，《至當》。
97 王夫之：《四書訓義》卷八，《裡仁》。

人之道也。」耳目感官屬感性認識，心（頭腦）為理性認識，它們具有辨別聲色和進行思考的能力，這種能力離不開認識對象，「聽必歷於聲而始辨，明必擇於色而始晰，心出思而得之，不思則不得也」[98]。心即大腦，大腦有思考能力，如果離開思考對象（指思考材料），其能力發揮不出來。他說：「形也、神也、物也，三相遇，而知覺乃發。」[99]形指感官，神指思維，物指認識對象，前兩者為主觀認識能力，後者為客觀對象，前後兩者溝通，認識就產生了。王夫之肯定感性認識的作用，理性認識是以此為基礎的。如說：「一人之身，居要者心也。而心之神明，散寄於五藏，待感於五官。肝脾肺腎、魂魄、志思之藏也，一藏失理而心之靈捐矣。無日而心不辨色，無耳而心不知聲，無手足而心無能指使，一官失用而心之靈已廢矣。」[100]心雖然是主要的，只有心才能認識事物的規律，但如失去耳目手足這些感覺器官，心便失靈，所以理性認識是以感性為前提條件的。

王夫之論述了認識的方法。他說：「夫知之方有二，二者相濟也，而抑各有所從。博取之象數，遠徵之古今，以求盡乎理，所謂格物也。虛以生其明，思以窮其隱，所謂致知也。非致知，則物無所裁而玩物以喪失；非格物，則知非所用而蕩智以入邪。二者相致，則不容不各致焉。」[101]「格物」是指博覽獲取天文、地理、歷史等方面的知識，以求符合其規律。「致知」則運用人的理性思維去把握隱藏在事物內在的規律。無致知，就不能認識事物的規律，無格物，認識則變為空洞的。這兩種認識方法是統一的。為了理解格物致知，他還把它與認識的感性和理性能力聯繫起來。他說：「大抵『格物』之功，心官與耳目均用，學問為主而思辨輔之，所思所辨者，皆其所學問之事，『致知』之功，則唯在心官，思辨為主，而學問輔之，所學問者，乃以決其思辨之疑。致知在格物，以耳目資心之用，而使有所循也；非耳目全操心之權，而心可廢也。」[102]「格物」雖包括感性認識和理性認識，但以感性活動為主，理性思辨為輔。「致知」主要靠「心官」

98 王夫之：《讀四書大全說》卷七，《季氏》。
99 王夫之：《正蒙注》卷一，《太和》。
100 王夫之：《尚書引義》卷六，《畢命》。
101 王夫之：《尚書引義》卷三，《說命中二》。
102 王夫之：《讀四書大全說》卷一，《大學》。

的理性思辨，但也離不開感性認識，「學問輔之」。致知和格物、思辨和學問、理性和感性不僅相互聯繫、相互依賴，而且也是相互滲透、相互包含的。

知行觀是王夫之認識論的重要內容。他在知行觀上尤重視行，提出「行可兼知」、「知以行為功」的命題。他對知行的基本看法是：「知行相資以為用。唯其各有致功，而亦各有其致，故相資以互用；則於其相互，益知其必分矣。同者不相為用，資於異者乃和同而起功，此定理也。」[103] 知與行相互聯繫、相互區別，又相互作用，構成王夫之知行觀的基本內容。

王夫之首先強調知與行相互對立統一的特點。在反對「銷行歸知」時指出：「知行之分，有從大段分界限者，則如講求義理為知，應事物為行是也。」[104] 義理為知，應物為行，兩者不同。他認為知行又是相互聯繫的，「乃講求之中，力其講求之事，則亦有行矣；應接之際，不廢審慮之功，則亦有知矣」[105]。知行不僅相互聯繫，而且也相互滲透。它們的地位和作用則有所不同。他說：「知之盡，則實踐之而已。實踐之，乃心所素知，行焉皆順，故樂莫大焉。」[106] 在這裡，他承認行對知的產生有積極作用，行是檢驗知的標準，同時也強調知對行的指導意義。

王夫之還分別闡述知、行的作用。他認為知對行有指導作用，「知之不徹者不可以行。」認識不清楚而行，是盲目的行。「夫人知之而後能行之，行者皆行其所知者也」。也就是說行是知指導下的行。在他看來，只有用知來指導行，「察事物變化之所以然之理，察之精而盡其變，此在事變未起之先，見幾而失，故行焉而無不利」[107]。他也論及行的特點及作用。在回答知行先後時，強調「由行而行則知之」。否認離行有知，並舉例，對於飲食，只有通過品嘗，才知其味。學問也是如此，「君子之學，未嘗離行以為知也」。他根據《尚書》「知之非艱，行

103 王夫之：《禮記章句》卷三十一，《中庸》。
104 王夫之：《讀四書大全說》卷二，《中庸》。
105 同上。
106 王夫之：《正蒙注》卷五，《至當》。
107 王夫之：《正蒙注》卷二，《神化》。

之惟艱」這一論題闡發了知易行難說。他說:「先其難,而易者從之易矣」,「艱者先,先難也,非艱者後,後獲也」,行比知更難,「行可兼知,而知不可兼行」[108]。這說明,行是知的基礎和出發點。不僅如此,他還把行看作是檢驗真知的標準,「行而後知有道」[109],通過實踐才能判明認識的是非。他認為行對知的作用尤其表現在功效上。知以行為功,認識依賴實踐,才會有功效。也就是說認識雖然對實踐有指導作用,但認識本身不能起改造社會、改造自然的作用,只有通過實踐,把理論付諸實施,才能達到改造自然和社會的目的。就這一點來說,實踐是重要的。

(四)王夫之的歷史觀

王夫之運用「氣化日新」的觀點去考察歷史,探討了歷史的發展趨勢及其規律性等問題。

在論及歷史發展趨勢時,王夫之提出「世益降,物益備」的歷史進化論。他認為,人類歷史與自然界一樣是一個不斷發展前進的過程。他說:「洪荒無揖讓之道,唐、虞無弔伐之道,漢唐無今日之道,則今日無他年之道者多矣。」[110]人類處於遠古蒙昧時代不存在王位禪讓原則,堯、舜時代也無後來商湯對夏桀、文武對殷紂弔民伐罪之道,漢、唐也不會有當今之道。歷史不會倒退,道總是在變的。這是對所謂「天不變,道亦不變」的批判。本此,王夫之具體描繪了人類由蒙昧、野蠻進入文明的過程。

在論及人類史前的蒙昧、野蠻時代時,他說:「燧農以前,我不敢知也,君無適主,婦無適匹,父子兄弟不必相信而親,意者其僅熲光之察乎?昏墊以前,我不敢知也,鮮食艱食相雜矣,九州之野有不粒不火者矣,毛血之氣燥、而性為之不平。軒轅之治,其猶未宣乎?《易》曰『黃帝堯舜垂衣裳而天下治』,食之

---

108 王夫之:《尚書引義》卷三,《說命中二》。
109 王夫之:《思問錄》,《內篇》。
110 王夫之:《周易外傳》卷五,《繫辭上傳》。

氣靜，衣之用乃可以文。燕民之聽治，后稷立之也。」[111]在史前時代，也就是古史傳說中的燧人氏、神農氏以前，人類茹毛飲血，沒有君臣之分，夫婦、父子之別，還處在蒙昧、野蠻的時代。那時的人類不會用火，也不會耕種，「衣裳未正，五品未清，婚姻未別，喪祭未修，狉狉獉獉，人之異於禽獸未幾也」[112]。他還形象地把此時的人比作「植立之獸」。到了黃帝、堯、舜時代，才脫離野蠻狀態，開始逐步走進文明的社會。他肯定我們的祖先后稷所開始的農業生產，是人類改造自然活動中的光輝業績，正是后稷把農業生產普遍化，才奠定了文明社會的基礎。

人類步入文明以後並沒有停止前進，而是沿著文明大道繼續向前發展。王夫之認為三代雖說比人類史前的野蠻時期有進步，但不是理想的社會，那時「國小而君多，聘享征伐一取之田，蓋積數千年之困敝，而暴君橫取，無異於今川、廣之土司，吸鳖其部民，使鵠面鳩形，衣百結而食草木」[113]。王夫之把三代與自己所處時代的少數民族相對比，證明三代並非像後世所美化的那樣，這是對歌頌三代的厚古薄今論的批判。對於殷紂之世，他說：「朝歌沈酗，南國之淫奔，亦孔醜矣。」[114]至周代，分土建侯，諸侯同姓日益發展其疆域，「漸有合一之勢」。春秋時期禮崩樂壞，弒父弒君，兄弟姻黨相互殘殺，天下大亂。於是孔子出，作《春秋》使亂臣賊子懼怕，刪定《詩》、《書》、禮、樂，才使社會道德風俗向好的方向轉變。經過戰國時期這一「古今一大變革之會」，發展到秦以後的郡縣制，出現了漢、唐、宋、明這樣統一強盛的朝代，終於形成一個「財足自億，兵足自強，智足自名」[115]的偉大民族國家。

王夫之雖然強調歷史發展的總趨勢是前進的，但也注意到前進中的曲折性，這尤其表現為不同時期不同地域發展的不平衡性。如吳、楚、閩、越等地在漢以前為荒陋的夷地，後來由於政治清明，重視仁義教化而變成文明之邦。相反，

---

111 王夫之：《詩廣傳》卷五，《周頌》。
112 王夫之：《讀通鑑論》卷二十，《唐高祖》。
113 同上。
114 同上。
115 王夫之：《黃書》，《宰制》。

齊、晉、燕、趙等地，隋唐以前很文明，後來則由文明退化為野蠻。在分析其變化的原因時，王夫之企圖用「氣一元論」進行解釋，認為這是氣的衰旺更迭所致，顯然是錯誤的。但他也注意到學習、與文教在人類趨於文明中的積極作用。

王夫之不僅認為歷史是前進的，而且也主張歷史前進是有規律可循的。由此他系統闡述了「理勢合一」的思想。

王夫之關於理勢範疇的論述很多，概括地說，「理」偏重說明事物發展的內在規律。「勢」則主要反映事物外在的發展趨勢，也可以說是事物固有的內在規律的外在趨向、態勢。理勢範疇總是相互聯繫、相互依賴的。在談及它們的關係時，王夫之指出：「言理勢者，猶言理之勢也，猶凡言氣者，謂理之氣也」，「故其始之有理，即於氣上見理；迨已得理，則自然成勢，又只在勢之必然處見理」[116]。這是從理氣相依關係引出理勢關係。正如在理氣關係中，理是通過「氣之條緒節文」表現出來一樣，在理勢關係中，理則是從勢的必然處顯現出來的。所不同的是理氣關係側重在說明自然，在自然界，「理與氣不相離」。而理勢關係注重說明社會歷史，在社會歷史領域，「理勢不可以兩截溝分」。

在王夫之看來，理勢也是相輔相成、互動的。他說：「順逆者理也，理所制者道也；可否者事也，事所成者勢也。以其順，成其可；以其逆，成其否，理成勢者也。循其可則順，用其否則逆，勢成理也。」[117]可以看出，他的理勢相成包括「理成勢」和「勢成理」兩方面。事物發展的趨勢合理，事物就有可能成功，事物發展的趨勢不合理，事物就可能失敗，事物是否成功取決於其勢是否順服於理，這是「理成勢」。相反，遵循事物發展必然趨勢，就會合理，不遵循事物發展的必然趨勢，逆潮流而動，就不會合理，這是「勢成理」。也就是說，凡合乎歷史規律的就自然成為發展的必然趨勢，而必然的歷史趨勢也體現了歷史規律。

王夫之也注意到理勢的變化性。他說：「時異而勢異，勢異而理亦異。」[118]

---

116 王夫之：《讀四書大全說》卷九，《離婁上》。
117 王夫之：《詩廣傳》卷三，《小雅》。
118 王夫之：《宋論》卷十五，《恭宗、端宗、禪興帝》。

時機發生變化，歷史發展的趨勢及其規律也將隨之變化，歷史發展的趨勢及其規律以時代條件的變化為轉移。他雖然強調歷史發展趨勢及其規律的客觀性、不可抗拒性，但也意識到歷史是人類的歷史，歷史是人類有目的活動的客觀過程，因此重視人的活動在歷史發展變化中的作用。他說：「此天也，非人之所可強也。天欲開之，聖人成之；聖人不作，則假乎於時君及智力之士以啟其漸。」[119]這是說社會歷史發展的趨勢及其規律在天的「所啟」下，人可以「效之」，而達「以啟其漸」，承認人的實踐活動在歷史中的積極作用。既然歷史發展是在人的活動中實現的，那麼人在尊重其客觀規律的同時也可以認識和利用它，「知時以審勢，因勢而求合乎理」[120]，強調審勢求理的必要性。王夫之還告誡人們要「權以通古今之勢」，靈活地把握歷史發展的趨勢，如果「不明於理，則亦不明於勢」，那麼就會「守株自困」，坐以待斃。

王夫之的理勢觀不局限於理論上的探討，而是把它運用於實際，去分析社會歷史。他在分析三代的分封制取代原始的野蠻時代時認為，三代時的君主，「安於其位者習於其道，因而有世及之理，雖愚且暴，猶賢於草野之罔據者。如是者數千年而安之矣」。這表明古代的分封制取代原始的野蠻時代是一個進步，符合歷史發展的大趨勢，因此是合理的。但演變到後來，尤其是周室東遷以後，諸侯之間「交兵毒民，異政殊俗，橫斂繁刑，艾削其民」，從戰國開始，各諸侯國陷入分崩離析的狀態。他說：「古者之諸侯世國，而後大夫緣之以世官，勢所必濫也。士之子恆為士，農之子恆為農，而天之生才也無擇，則士有頑而農有秀；秀不能終屈於頑，而相乘以興，又勢所必激也。」[121]分封的世襲等級制也束縛了人才的發展。他還通過對學校、鄉里選舉、土地制度、兵農合一、肉刑、什一稅等諸方面的研究，認為分封制已經不再適應歷史發展的需要，得出「封建不可復行於後世，民力之所不堪，而勢在必革也」[122]的結論。

王夫之充分肯定郡縣制取代分封制的合理性。他說：「郡縣之制，垂二千年

---

119 王夫之：《讀通鑑論》卷三，《武帝》。
120 王夫之：《宋論》卷四，《仁宗》。
121 王夫之：《讀通鑑論》卷一，《秦始皇》。
122 王夫之：《讀通鑑論》卷二，《文帝》。

而弗能改矣，合古今上下皆安之，**勢之所趨**，豈非理之能然哉？」[123]郡縣制取代分封制後歷時二千多年而運作正常，這是因為符合歷史發展的大趨勢，是歷史的必然。在談及郡縣制比分封制優越時，他指出：「封建毀而選舉行，守令席諸侯之權，刺史牧督司方伯之任，雖有元德顯功，而無所庇其不令之子孫」，郡縣制下的選舉取代分封世襲制，這便使「才可長民者皆居民上以盡其才」，充分發揮個人的智能與才幹，有一個平等競爭的機會。即便是守令貪殘，民也「有所藉於黜陟以蘇其困」，這與分封等級制相比，無疑是一大進步。王夫之說：「郡縣者，非天子之利也，國祚所以不長也；而為天下計；則害不如封建之滋也多矣。」[124]由此看出，他肯定郡縣制比分封制更合理，不是從帝王的私利出發，而是從天下國家公利來立論的。秦始皇建立郡縣制以後，漢初諸封王想恢復分封制，從而導致異姓王和同姓王叛亂，最後被朝廷鎮壓。恢復分封制的做法以失敗而告終。在王夫之看來，這更證明「夫封建之不可復也，勢也」[125]的結論是正確的。

二、顏元的哲學思想

顏元為清初顏李學派創始人，他不僅倡導重習行、尚事功的實學，而且也建立了重感性、重實踐的哲學。

在自然觀上，他在堅持氣本論的基礎上提出理氣合一的思想。在論述氣與理的概念時，他指出：「為寒熱風雨，生成萬物者氣也；其往來代謝，流行不已者，數也；而所以然者，理也。」[126]這是說，氣是天地萬物生成的本原，其表現為往來代謝、流行不停，這是數，而理指的是天地萬物發展變化的所以然，即內在根據。在這裡，氣是最根本的、具體的，理具有某種抽象性，這種抽象的特徵離不開具體事物，總要通過具體事物表現出來。正如他說：「理者，木中紋理

---

123 王夫之：《讀通鑑論》卷一，《秦始皇》。
124 同上。
125 王夫之：《讀通鑑論》卷二，《文帝》。
126 顏元：《顏習齋先生言行錄》卷上，《齊家》。

也。其中原有條理，故諺雲順條順理。」[127] 紋理是木的紋理，它顯然依賴於木，離開了具體的木，理就失去賴以存在的載體，因此，顏元否定「氣外別有理道」之說。針對宋儒離氣言理之說，他提出了「氣即理之氣，理即氣之理」這一理氣不可分割思想。而理氣的不可分割尤其表現在天道發展變化上。他所謂「天道」，就是自然界發展變化之道。他說：「知理氣融為一片，則知陰陽二氣，天道之良能也；元、亨、利、貞四德，陰陽二氣之良能也。化生萬物，元、亨、利、貞四德之良能也。」天道包括陰陽二氣，陰陽二氣又包含元亨利貞四德，四德也就是春夏秋

顏元像

冬所具備的四種天德，它們交感而後萬物化生。在萬物產生過程中，理氣具有同等重要的意義，起同樣的作用。萬物「莫不交通，莫不化生也，無非是氣是理也」[128]。

顏元認為理是抽象的，氣是具體的，它們之間的關係表現在具體事物上則是「見理於事」[129]。通過對具體事物的分析去體識理。其弟子李塨比較系統地發揮了這一思想。李塨說：「朱子雲：『灑掃應對之事，其然也，形而下者也，灑掃應對之理，所以然也，形而上者也。』夫事有條理曰理，即在事中。今曰理在事上，是理別為一物矣。理，虛字也，可為物乎？天事曰天理，人事曰人理，物事曰物理。《詩》曰『有物有則』，離事物何所為理乎？且聖道只在其然，故曰『無黨無偏，王道平平』。道學專重所以然，不見那物事，不能時習，與異端窈窈冥冥，其中有物等語，不宛同一旨乎？」[130] 朱熹把灑掃應對諸具體事情和灑掃應對的理割裂開來，認為「理在事上」，顛倒了理事的關係。李塨則相反，強調理是

---

127 顏元：《四書正誤》卷六，《盡心》。
128 顏元：《存性編》卷二，《性圖》。
129 顏元：《存學編》卷二，《性理評》。
130 李塨：《論語傳注問》。

事物之條理，「理在事中」，為認識事物的理，提供了現實的客觀基礎。

顏元的認識論尤其強調了人們實踐的積極意義。他認為認識的對象是客觀的事物，說：「『知』無體，以物為體，猶之目無體，以形色為體也。故人目雖明，非視黑視白，明無用也。人心雖靈，非玩東玩西，靈無由於施也。」[131]這是說認識本身不能作為認識對象，認識的真正對象是客觀存在的具體事物。人雖然有各種認識事物的能力，這些能力只有在與事物的接觸、溝通中才能顯現出來，如果失去作為認識對象的客觀事物，認識便會無的放矢，變得毫無意義。這實際上說明人的認識是對客觀事物的反映，反映者依賴於被反映者而存在。既然客觀事物在人認識中具有十分重要的作用，顏元主張通過實踐來認識事物。以行醫為例：醫師治病如果只「讀盡醫書，而鄙視方脈藥餌針灸摩砭」[132]，不進行臨床診斷，是治不好病的。學習音樂也是如此，如果只靠「讀樂譜幾百遍，講問、思辨幾十層，總不是知」。必須經過實踐，也即「搏拊擊吹，口歌身舞，親下手一番方知樂是如此，知樂斯至矣」[133]。

顏元不僅重視實踐在獲得認識中所起的積極作用，而且也注意到實踐是檢驗認識是否正確的標準。他所謂「見之事」、「徵諸物」就是強調實踐標準的特徵。「心中醒，口中說，紙上作，不從身上習過，皆無用。」[134]「心中思過，口上講過，都不得力，臨事時依舊是所習者出」[135]等，都說明，不通過自己實踐而得來的知識，不能解決實踐中所遇到的問題，沒有實用價值。他認為只有經過親身實踐，才能檢驗所學，也即「重之以體驗，使可見之施行」，行之有效的認識是通過實踐驗證而來的。顏元所謂「三事」和「三物」之學就是在實踐檢驗基礎上獲得的。顏元的弟子李塨似乎看到其師過分強調行的作用，轉而也注重知對行的指導意義。他說：「從來聖賢之道，行先以知，而知在於學。」[136]以行路為例，想

---

131 顏元：《四書正誤》卷一，《大學》。
132 顏元：《存學編》卷一，《學辨一》。
133 顏元：《四書正誤》卷一，《大學》。
134 顏元：《存學編》卷一，《學辨二》。
135 顏元：《存學編》卷二，《性理評》。
136 李塨：《大學辨業》卷二。

去燕京的人，如果不知道向北走，如何能到燕京？就指導角度看，知應在行之先，也就是說實踐是有意識、有目的的活動。又說：「非謂盡知乃行也。今日學一禮，遇其禮當行即行之，明日又學一禮，遇其禮當行即行之。知固在行先，而亦一時並進且迭進焉。」[137]就知識的源泉而言，行在知先，就指導作用來說，知又先於行。知行並進、更迭，相互促進，共同發展。

顏元在社會政治領域提效法三代，「有以更張」的治世思想。他說：「昔張橫渠對神宗曰：『為治不法三代，終苟道也。』然欲法三代，宜何如載？井田、封建、學校，皆斟酌復之，則無一民一物之不得其所。是之謂王道，不然者不治。」[138]效法三代實際上是復古，恢復井田、封建、學校就可以實現復古。他所理解的井田是效法三代的井田制，以期達到均田的目的。恢復封建，建立眾多的侯國，可以保護處於侯國中央的君主，使君主統治「長治久安」。興學校則是選拔人才，治國離不開人才，由此他主張大力興辦教育。顏元以上所提的這三條措施唯獨興辦學校教育是可行的，而且也取得了實際效果。顏元在政治上也並非一味守舊，也提出「有以更張」的改良主張。據他的學生記載：「先生鼓琴，羽弦斷，解而更張之，音調頓佳。因嘆為學而惰，為政而懈，亦宜思有以更張之也。」[139]他的「有以更張」雖說是一種改良，但這是對因循守舊世風的一種批判，表現了積極進取、窮則思變的經世思想。

---

137 李塨：《論學》卷二。
138 顏元：《存治編》，《王道》。
139 顏元：《顏習齋先生言行錄》卷下，《鼓琴》。

第三節·
乾嘉學派
的哲學

　　乾嘉學派雖以經學考據學而見長，但對於哲學也不乏獨到之處，尤其是戴震的哲學思想批判繼承了理學的傳統，並在新的歷史條件下有所發展，成為清代中期重要的哲學家。其他如章學誠、焦循、阮元也對哲學頗有建樹，是乾嘉時期有影響的哲學家。

一、戴震的哲學思想

　　戴震早年師從江永。乾隆十六年（1751 年）始補為休寧縣學生。三十二歲因避仇而入京，廣交紀昀、錢大昕、王鳴盛、王昶、朱筠等新科進士，以諳熟天文數學、聲韻訓詁和古代禮制而「聲重京師」。爾後，他在科場上角逐不順，屢次失意，遂南北作幕。乾隆三十八年（1773 年），清廷開《四庫全書》館，戴震以舉人特召入館。不久，再應會試，依然落第。幸得乾隆帝恩准，特許他與當年貢士一道殿試，獲賜同進士出身，官翰林院庶吉士。兩年以後，在書館中病逝。

　　戴震的自然觀以「氣化即道」為基礎。他認為，「陰陽五行，道之實體也」。「道，猶行也。氣化流行，生生不息，是故謂之道。《易》曰：『一陰一陽之謂

道。』《洪範》：『五行，一曰水，二曰火，三曰木，四曰金，五曰土。』行亦道之通稱。舉陰陽則賅五行，陰陽各具五行也；舉五行即賅陰陽，五行各有陰陽也。」[140]道就是行。行是五行即金木水火土，它們與陰陽構成自然界的實體，道則是氣之流行，不離氣，道氣是統一的。「氣化即道」實際上揭示了客觀事物發展變化的規律。本此，戴震闡述了氣化的過程。他說：「陰陽五行之運而不已，天地之氣化也，人物之生生本乎是，由其分而有之不齊，是以成性各殊。」「氣化生人生物以後，各以類滋生久矣；然類之區別，千古如是也，循其故而已矣。在氣化曰陰

戴震像

陽，曰五行，而陰陽五行之成化也，雜糅萬變，是以及其流形，不特品物不同，雖一類之中又復不同。凡分形氣於父母，即為分於陰陽五行，人物以類滋生，皆氣化之自然。」[141]在這裡，戴震肯定天地萬物，包括人類都是氣化的產物。具體地說是氣內部陰陽兩方面和自然界各種事物不斷「雜糅」的過程。但是「由於其分而有之不齊，是以成性各殊」，形成了不同的物種。這些不同的物種各有其特殊性，使其彼此相區別，從而構成了千姿百態的自然界，但究其本源，是陰陽氣化的結果。可以說，氣化生人生物，是從「一本」之氣到自然「萬殊」的過程。這是對張載氣本論的發展。

在「一氣分化論」的基礎上，戴震探討了理氣關係，提出「理在氣中」、「理在物中」的命題。他認為，理不脫離氣而獨立存在，理是天地陰陽之理。「天地、人物、事為，不聞無可言之理者也。《詩》曰『有物有則』是也，物者，指其實體實事之名；罔非自然，而歸於必然，天地、人物、事為之理得矣。」[142]這不僅說明理是天地、人物、事物之理，而且也揭示出作為事物必然性這一理的特

---

140 戴震：《孟子字義疏證》卷中，《天道》。
141 戴震：《孟子字義疏證》卷中，《性》。
142 戴震：《孟子字義疏證》卷上，《理》。

徵。戴震還根據「一氣分化」的思想提出「分理」的主張。他說：「理者，察之而幾微必區以別之名也，是故謂之分理；在物之質，曰肌理，曰腠理，曰文理（亦曰文縷。理、縷，語之轉耳）；得其分則有條而不紊，謂之條理。」[143]他在肯定理的一般性的同時，也注意到不同事物有不同的理，也即理的特殊性，正是事物之間理的不同特點才把事物相互區別開來，說明事物是多樣性的統一。戴震竭力反對程朱離開具體事物空談理的主張，他說：「舉凡天地、萬物、事為，求其必然不可易，理至明顯也。從而尊大之，不徒曰天地、人物、事為之理，而轉其語曰『理無不在』，視之『如有物焉』，將使學者皓首茫然，求其物不得。」[144]理本來是天地萬物、人物之理，程朱卻把理從天地萬物中分離出來，認為理是外在的永恆存在，這便陷入冥冥的抽象之中。這實質上是把理視為氣的主宰，顛倒了理氣關係。

戴震對道器觀也提出了自己獨到的見解。他在發揮《易傳》「形而上者謂之道，形而下者謂之器」時說：「氣化之於品物，則形而上下之分也。形乃品物之謂，非氣化之謂。」又「形謂已成形質。『形而上』，猶曰形以前；『形而下』，猶曰形以後。陰陽之未成形質，是謂形而上者也，非形而下明矣。器，言乎一成而不變；道，言乎體物而不可遺。不徒陰陽非形而下，如五行水火木金土，有質可見，固形而下也，器也。其五行之氣，人物咸稟受於此，則形而上者也。」[145]他把道理解為形而上，「氣有陰陽」，是萬物成形之前的混沌狀態，器是形而下，為「有質可見」的萬物成形以後的階段。程朱把形而上和形而下「截得分明」，使理（也即道）脫離具體的器，作為世界的本源。戴震則否認道獨立存在的可能性，指出道器不過是氣分生天地萬物前後兩個不可分割的階段，比程朱高明。發展了《周易》中的道器觀。

戴震的認識論是以承認認識對象客觀性、可知性為前提的。認識對象的客觀性說明它不以人的意識為轉移，可知性則表明認識主體有能力去認識世界。他

143 戴震：《孟子字義疏證》卷上，《理》。
144 同上。
145 戴震：《孟子字義疏證》卷中，《天道》。

說：「味也、聲也、色也在物，而接於我之血氣；理義在事，而接於我之心知。」在這裡，味、聲、色，以及理義都是客觀的認識對象，而血氣和心知則是人的認識能力，客觀事物與血氣心知相接觸，血氣心知便發揮其認識的功能：「口能辨味，耳能辨聲，目能辨色，心能辨夫理義。味與聲色，在物不在我，接於我之血氣，能辨之而悅之；其悅者，必其尤美者也；理義在事情之條分縷析，接於我之心知，能辨之而悅之；其悅者，必其至是也。」[146]他不僅肯定人能認識客觀對象，而且還區分了兩種認識能力：血氣和心知。血氣往往以感性具體為認識對象，是感性認識，心知則以理性為認識對象，屬理性認識。他說：「心之精爽，有思輒通，魂之為也，所謂神也，陽主施者也。主施者斷，主受者聽，故孟子曰：『耳目之官不思』，『心之官則思』。是思者，心之能也。精爽有蔽隔而不能通之時，及其無蔽隔，無弗通，乃以神明稱之。」[147]在這裡他論述了感性和理性兩種認識能力的關係。「精爽」屬血氣，即感性，「神明」為心知，即理性。耳能聽、目能視、鼻能嗅、口知味均屬感性，雖說具有直接現實性的優點，但也有「各成其能而分職司之」、「精爽有蔽隔而不能通」等不足，這就要通過「學以擴充之，進於神明」，上升為理性認識。只有這樣，才能把握事物的本質。

戴震在研究認識能力時注意到它的有限性和差異性，並以「火光之照」比喻：「凡血氣之屬皆有精爽。其心之精爽，巨細不同，如火光之照物，光小者，其照也近，所照者不謬也，所不照斯疑謬承之，不謬之謂得理；其光大者，其照也遠，得理多而失理少。且不特遠近也，光之及又有明暗，故於物有察有不察；察者盡其實，不察斯疑謬承之，疑謬之謂失理。」[148]人的認識能力是有限的，如同火光照物一樣，由於遠近不同，照到的清晰程度顯然不同，最後所獲得的結果也有差異。他看到主體自身狀態對認識具有一定影響。主體自身狀態（肉體的主要指認識器官，精神的主要指認知結構）使認識成為可能，同時也在一定程度上限制了認識的發展，說明認識能力是具體的、有限的。在戴震看來，這種認識能力也是後天獲得的。正如他指出：「以心知言，昔者狹小而今也廣大，昔者暗昧

---

146 戴震：《孟子字義疏證》卷上，《理》。
147 戴震：《孟子字義疏證》卷上，《理》。
148 同上。

而今也明察，是心知之得其養也，故曰『雖愚必明』。人之血氣心知，其天定者往往不齊，得養不得養，遂至於大異。苟知問學猶飲食，則貴其化，不貴其不化。記問之學，入而不化者也。自得之，則居之安，資之深，取之左右逢其源，我之心知，極而至乎聖人之神明矣。」[149]在這裡，他一方面承認人的天賦存在著差異，另一方面肯定後天學習對人的才能具有重要作用。人的天賦差異極其微小，而智與愚的分野關鍵在後天「得養不得養」，如果後天重視道德修養、學問提高，就會由愚變智，達於聖人的境界，反之「任其愚而不學不思」，將一事無成。

在檢驗認識的是非問題上，戴震把孟子所謂「心之所同然」當成標準。他說：「心之所同然始謂之理，謂之義；則未至於同然，存乎其人之意見，非理也，非義也。凡一人以為然，天下萬世皆曰『是不可易也』，此之謂同然。」[150]以大家是否認同當成判斷是非的標準，這對反對個人專斷、一言堂是有積極意義的。但這種觀點仍然把真理標準限制在主觀範圍之內，不符合真理的本性。戴震還強調，獲得正確的認識應消除私、蔽。在他看來，「天下古今之人，其大患，私與蔽之端而已。私生於欲之失，蔽生於知之失」[151]。這說明認識主體一味地追求物質利益而歪曲事實，以及認識上的片面性，是私與蔽產生的根源。那麼如何消除私、蔽呢？他指出：「去私莫如強恕，解蔽莫如學。」[152]「恕」是一種道德上的修養，「學」屬知識獲得的途徑，只有從道德修養和學習知識出發，才能克服人們的私和蔽。這裡把正確價值觀的樹立與認知能力的提高看成是一致的。

在社會政治領域，戴震發揮儒家的民本思想。他說：「欲出於性，一人之欲，天下人之所同欲也。」[153]人的欲望本於人的天性，人人都有欲望，統治者就不應以滿足自己的欲望為目的，而應該滿足百姓的欲望，與天下人同欲。他認為想要達到與百姓同欲就必須行「王道」，施「人政」，具體內容是「省刑罰，薄

---

149 同上。
150 同上。
151 戴震：《孟子字義疏證》卷上，《理》。
152 戴震：《原善》。
153 戴震：《孟子字義疏證》卷上，《理》。

稅斂」，「必使仰足以事父母，俯足以畜妻子」，「居者有積倉，行者有裹糧」，「內無怨女，外無曠夫」，也就是說，在政治、經濟上採取比較寬鬆的政策，滿足人民的物質生活需要，與民同苦樂，這便是他的理想政治。

二、章學誠的哲學思想

章學誠的自然觀是以《周易》為基礎的。他肯定「道之大原出於天」，說：「故道者，非聖人智力所能為，皆其事勢自然，漸形漸著，不得已而出之，故曰天也。」[154]意思是說，道即是天，天也即是道。天、道都是自然的事勢，出於不得已，而強名曰「天」。章學誠由道進到理，論述理氣關係，提出「理附於氣」的主張。他說：「《易》曰：『一陰一陽之謂道。』是未有人而道已具也。繼之者善，成之者性，是天著於人，而理附於氣。故可形其形而名其名者，皆道之故，而非道也。道者，萬事萬物之所以然，而非萬事萬物之當然也。人可得而見者，則其當然而已矣。」[155]理在事上還是理在事中，明清以來的學者有過爭論。章學誠主張「理附於氣」，表明他贊同理在事中，無論是道還是理，也即事物的法則、規律，總是離不開具體事物的。

章學誠在道器關係上提出「道不離器」的觀點。他說：「《易》曰：『形而上者謂之道，形而下者謂之器。』道不離器，猶影不離形。」[156]與儒者把《六經》視為載道之書不同，他認為「六經即其器之可見者也」。古人學習六藝，「蓋學者所習，不出官司典守、國家政教；而其為用，亦不出於人倫日用之常，是以但見其為不得不然之事耳，未嘗別見所載之道也」[157]。《六經》包括「官習典守、國家政教」等政治，以及「人倫日用」等道德，都是一些不得不然的事，離開天下具體的事物而談《六經》，是不會把握其中所蘊涵的大道的。他從「道不離器」

---

154 章學誠：《文史通義》內篇二，《原道上》。
155 同上。
156 章學誠：《文史通義》內篇二，《原道中》。
157 同上。

的觀點出發得出「盈天地間惟萬物」的結論。

　　章學誠作為史家，其歷史觀不乏新義。他首先肯定歷史是人的歷史，說：「天地之前，則吾不得而知也。天地生人，斯有道矣，而未形也。三人居室，而道形矣，猶未著也。人有什伍而至百千，一室所不能容，部別班分，而道著矣。仁義忠孝之名，刑政禮樂之制，皆其不得已而後起者也。」[158]他反對「離事而言理」，所以認為歷史也應是具體的歷史。天地之前，談不上人類歷史，也無從談道，有了人以後，才有人類的歷史。另外，人類歷史產生後表現為一個漸進的過程。其順序是從天地生人而有道，中經三人居室而道形，部別班分而道著，最後是仁義忠孝之名和刑政禮樂之制的產生。在他看來，人類歷史由低級到高級的演進過程不是主觀人為的，而是客觀的某種「勢」的必然結果。他說：「人生有道，人自不知；三人居室，則必朝暮啟閉其門戶，饔飧取給於樵汲，既非一身，則必有分任者矣。或各司其事，或番易其班，所謂不得不然之勢也，而均平秩序之義出矣。又恐交委而互爭焉，則必推年之長者持其平，亦不得不然之勢也，而長幼尊卑之別形矣。至於什伍千百，部別班分，亦必各長其什伍，而積至於千百，則人眾而賴於幹濟，必推才之傑者理其繁，勢紛而須於率俾，必推德之懋者司其化，是亦不得不然之勢也；而作君作師，畫野分州，井田、封建、學校之意著矣。」[159]他概述歷史的發展進程。人生而群居，群居必然有分，為了分配上的平等，就要制定平均分配的原則，如果出現互相爭鬥，就必須推選年長者來判明是非，由此長幼尊卑之別逐漸形成。由於分群眾多，必選擇傑出者理其事務，推選道德高尚者為表率，作君作師出現。井田、封建、學校等制度也隨之完備。這一切發展與變遷不是主觀的人為，都是「不得不然之勢」的結果。在這裡，他看到歷史發展的必然性，而這種必然性是任何人都不能違反的，即便是聖人也如此。

---

158 章學誠：《文史通義》內篇二，《原道上》。
159 同上。

三、焦循的哲學思想

與章學誠類似，焦循的哲學思想也以《易》為基礎。他說：「余學《易》所悟得者有三：一曰旁通，二曰相錯，三曰時行。」[160]。他所謂「旁通」是指事物可以相互溝通。「相錯」是指相輔相成的兩種事物構成對立統一的關係。「時行」也即變通。這表明事物之間不僅相互聯繫，而且在對立統一中不斷發展。他據此還提出交易循環的觀點。所謂「交」是指「交相愛」、「交由於信乎」，有交易上要守信之義。「易」指「既交之後，易而變通」。交易後「上下應之，則不能一陰一陽，兩兩相乎，必易而成一陰一陽也」，表現為數量對比的意思。他認為交與易的關係是「交而不易，則盈不可久，易而不交，則消不可久也」。交易中的守信和數量等價是交換所必需的。這是他的變通觀點在經濟領域中的運用。

在社會歷史觀方面，焦循依據變通思想探討了道德起源。他說：「以己之心通乎人之心，則仁也。知其不宜，變而之乎宜，則義也。仁義由於能變通。人能變通，故性善；物不能變通，故性不善。」[161]變通是根據客觀環境，自覺地調整行為模式，以求得適合自身的利益。仁、義等道德原則是人們從自身的需要和利益出發而作出的選擇，既不是上天賜予的，也非聖人發明。焦循還進一步論述了物質利益與道德準則的關係：「無恆產而有恆心者，唯士為能，君子喻於義也。若民，則無恆產，固無恆心，小人喻於利也。唯小人喻於利，則治小人者，必因民之所利而利之」、「此教必本於富，驅而之善。必先使仰足事父母，俯足畜妻子，儒者知義利之辨而舍利不言，可以守己，而不可以治天下。天下不能皆為君子，則舍利不可以治天下之小人。小人利而後可義。君子以利天下為義。是故利在己，雖義亦利也；利在天下，即利即義也。孔子言此，正欲君子之治小人者，知小人喻於利。」[162]雖說焦循在這裡從區分君子和小人來談物質利益和道德準則，並認為君子守己以義，而治民以利，小人則只知有利，有利可言義，但他重點在說明道德准則依賴於物質利益。「教必本於富」、「無恆產，固無恆心」都說

---

160 焦循：《雕菰樓集》卷十六，《易圖略自序》
161 焦循：《孟子正義》卷二十二，《性猶杞柳章》。
162 焦循：《雕菰樓集》卷九，《君子喻於義小人喻於利解》。

明物質利益的重要性，這是對離開物質利益空談道德的一種否定。

　　焦循根據變通思想在政治上提出「反經為權」的學說。經是長久之法，不易之則，如倫理綱常等。權是指具體的制度措置，它們可以依據形勢的需要改變。他提出：「法不能無弊，有權則法無弊。權也者，變而通之之謂也。法無良，當其時則良。當極寒而濟之以春，當極暑則和之以秋，此天道之權也。故為政者，以寬濟猛，以猛濟寬。」又「《易》之道，在於趨時，趨時則可與權矣！若立法者必豫求一無弊者而執之，以為不偏不過，而不知其為子莫之執中」。他強調「中即在兩端。執而用之於民，舜之權也」[163]。權，在天道，稱之為流行，在治道謂趨時，法在這裡指具體的政治制度、法規等。統治者要趨時，「不偏不過」執中，改革不合時宜的舊體制，才能順應時代的發展。焦循的哲學思想貫穿著變，他似乎也預感到社會危機來臨，想通過變通來達到社會改良。

四、阮元的哲學思想

　　阮元的自然觀表現為由虛返實。他解釋太極時說：「天地所共之極，舍北極別無所謂極也」，北辰即北極，「天地本於太極，孔子之言，節節明顯。而後儒舍其實以求其虛，何也！實者何？天地之實象也。」[164]他與周敦頤、朱熹舍太一、北辰之「實」而求其為天地根基之「虛」不同，而是務求太極之「實象」，認為北辰就是太極，離開天地的實象無所謂太極。阮元的意思是說，聖人畫八卦，言太極，不是憑空想象，而是根據地理的實象，他是把理學的虛理實象化。阮元對道器範疇的解釋也說明了這一點。他說：「形上謂道，形下謂器。商周三代之道存於今者，有九經焉。若器，則罕有存者。所存者，銅器鐘鼎之屬耳！」[165]在這裡，道是經書中的禮交，器則是具體的鐘鼎等實物。傳統的看法把道器作為哲學的範疇來加以考察，強調它們之間抽象與具體的關係。阮元則從經

163 焦循：《雕菰樓集》卷十，《說權》一。
164 阮元：《研經室一集》卷二，《太極乾坤說》。
165 阮元：《研經室三集》卷三，《商周銅器說》。

驗科學角度把它們具體化，尤其把器實體化，反映他治學注重經驗的特點。理學往往把格物解釋為「窮理」，阮元與此不同，把格物理解為「事」。他認為，《大學集注》「格亦訓至，物亦訓事」。只說「窮至事物之理」，「至」外增「窮」字，「事」外增「理」字，一轉折變成「窮理」，這顯然與實際不同。按照他的理解：「致知在格物，物格而後知至。此二句雖從身心意知而來，實為天下國家之事。天下國家以立政行事為主。」[166]就《大學》的主旨來看，以治國平天下大事為主，強調的是親身實踐。阮元的解釋更符合《大學》原意。

阮元哲學獨特之處是建立了「相人偶」的仁學觀。他是從訓詁出發來解釋仁的，說：「仁字之訓為人也，乃周秦以來相傳未失之故訓，東漢之末，猶人人皆知，並無異說。康成氏所舉相人偶之言，亦是秦漢以來民間恆言，人人在口，是以舉以為訓」。這裡把仁與人、人偶聯繫起來，以人偶來說明人。那麼什麼是人偶？「所謂人偶，猶言爾我親愛之辭，獨則無偶，偶則相親，故其字從人二。」在推本古訓、解釋人偶的基礎上，阮元給仁下了新定義，他說：「春秋時，孔子所謂仁也者，以此一人與彼一人相人偶，而盡其敬禮忠恕等事之謂也。」[167]這樣，他把仁理解為人際關係的範疇，包括君臣、父子、夫婦、兄弟、朋友等，他們之間的關係是一種平等的關係，而且建立在相敬相愛的基礎上，賦予仁以博愛之義。阮元的仁學不限於對仁的訓詁，而論述求仁的途徑。他說：「凡仁必於身所行者驗之而始見，亦必有二人而仁乃見。」本此他反對閉門修持，虛悟遠求，並斷言：「若一人閉戶齋居，瞑目靜坐，雖有德理在心，絕不得指為聖門所說之仁矣。」[168]在求仁過程中，他主張身體力行，積極經世，說明他的仁學觀是一種經世致用的學說。這是對孔子仁學的發展。

---

166 阮元：《研經室一集》卷二，《大學格物說》。
167 阮元：《研經室集》卷八，《論語論仁論》。
168 同上。

第七章

異彩紛呈的宗教

　　入清以來，除了中國現存的道教、佛教、伊斯蘭教之外，西方教會勢力也較以往更大規模地進入中國，形成眾教並駕齊驅、異彩紛呈的局面。它們雖然各有自己的民族特點，並由此構成不同的文化思想體系，但作為一個整體現象，在不同程度上滲入到當時的社會政治、哲學、道德、藝術、民俗諸方面，對人們的道德觀念、思維方式、生活習俗等，產生了深刻的影響。

道教的興衰

清前期的道教發展不如明代。由於清代統治者素無道教信仰，所以對該教採取種種限制措施。清初，順治、康熙、雍正三朝，從維護自己的統治需要出發，在對道教加以限制的同時，也採取了保護和扶植的措施。但好景不長。乾隆伊始，對道教則完全加以限制和貶抑，從而加速了道教衰落的進程。

一、清政府對道教的利用與限制

清朝問鼎北京以前，在尊信薩滿教、佛教的同時，對道教給予一定的重視。例如，努爾哈赤、皇太極曾在地方上修建了一些道教宮觀。為了掌管道教事務，又設立了道教衙門。特別是天聰六年（1632年）皇太極規定由道錄司綜理各地道教宮觀。對了解道教經典、遵守道教清規而又能清靜無為的道士，授予度牒。

定都北京後，清政府出於籠絡漢人的需要，對道教在一定程度上採取保護和扶植的態度。順治六年（1649年），順治帝「封張真人五十二代孫張應京為正一嗣教大真人，賜敕印」[1]。並同時告誡他不許妄行異端邪術，蠱惑愚眾，如有違

---

1 《清世祖實錄》卷四十四，順治六年六月癸丑。

犯，治以重罪。順治十三年（1656年），順治帝諭禮部：「儒、釋、道三教並垂，皆使人為善去惡，反邪歸正，遵王法而免禍患。」[2]親撰《御注道德經》，頒發全國，以宣傳道教教義和思想。另外，順治帝還支持王常月在北京白雲觀布道，規定道士度牒，可以免其納稅。

康熙帝對道教思想採取批評態度。在他繼位的六十餘年裡，對道教基本上沒有多大支持。這是因為，他吸取了宋徽宗因崇道而父子皆成為金人階下囚的教訓。所以康熙帝特別警告教徒們應以清靜修身為主，不得妄求封號。他還規定了京師宮觀不許設教聚會，搭設高臺，演劇斂錢，酬神賽會，等等。不過康熙帝對正一道十分開恩。康熙二十年（1681年），康熙帝封張真人的第五十四代孫張繼宗為正一嗣教大真人，命他去五岳進香。以後又授他為光祿大夫，賜銀修繕龍虎山上清宮。

與清代前幾位皇帝相比，雍正帝算是最信奉道教的了。當皇子時，他就把道士視為先知先覺、能言禍福吉凶、預卜未來的人，並用道教為自己爭奪皇位服務。繼位後，他同樣運用道教鞏固自己的統治。雍正元年（1723年），雍正帝首先封授張真人的第五十五代孫張錫麟為光祿大夫。隨後又把江西名道士婁近垣召入宮中，因婁近垣為雍正帝「設醮禱祈」，「結幡招鶴，頗有左驗」[3]，故受到特別的敬重和寵遇。如雍正帝一開始就封他為四品龍虎山提點，欽安殿住持，後又令其常住大光明殿，封「妙應真人」，並將其語錄收入《御選語錄》。另外，雍正帝還用道士修煉丹藥，以期延年益壽、長生不老。從總體上看，雍正帝對道教的治世作用給予了肯定，他稱道教是「以忠孝為道法之宗」，「蓋其精誠所感，實足以通貫幽明，知鬼神之情狀。故能常垂宇宙，裨益聖功，福國濟人，功驗昭著」[4]。

從順、康、雍三朝看，清政府對道教雖有約束、防範的一面，但也有保護、扶植的另一面，尤其是對道教的首領一直給予相當的禮遇。可是，自乾隆朝始，

2　《清世祖實錄》卷一〇四，順治十三年十一月辛亥。
3　昭槤：《嘯亭雜錄》卷九，《婁真人》。
4　《世宗憲皇帝御製文集》卷十六。

清廷對道教的態度則發生了重大轉變。乾隆帝繼位後，為了穩定政局，對道教採取了嚴厲的限制措施。據《清朝續文獻通考》記載，乾隆四年（1739年），敕令「嗣後真人差委法員往各省開壇傳度，一概永行禁止。如有法員潛往各省考選道士、受籙傳徒者，一經發覺，將法員治罪，該真人一並論處。」[5]並限制凡天師只能率領本山道眾。五年（1740年），乾隆帝規定正一真人嗣後不許入朝臣班行。十二年（1747年），又「復準張氏真人名號，非朝官卿君之稱，存其舊名，正所以別其流品，前因無案可稽，兩遇覃恩，加至光祿大夫，封及三代，邀榮逾分，理應更正。嗣後不許援引假借題給封典」。隨後下令將正一真人之品級由二品降至五品，「從前所用銀印，繳部換給」，「至於朝覲為述職大典，筵宴實惠下隆恩，未便令道流廁身其間，即一概停止，以肅體制」。到了乾隆五十四年（1789年），乾隆帝對正一真人的張天師朝覲的次數加以嚴格限制，敕令嗣後五年來京一次。

嘉、道時期，大體上執行乾隆朝的道教政策。嘉慶二十四年（1819年），嘉慶帝進一步規定：「正一真人係屬方外，原不得與朝臣同列，嗣後仍照舊例朝覲，筵燕概行停止。」道光元年（1821年），道光帝敕令張真人的第五十九代孫張鈺「停其朝覲，著不準來京」[6]。至此，清政府與道教上層集團的聯繫基本中斷，道教日趨衰落。不過它在民間仍有廣大的市場。

二、道教的戒律和經籍

清前期道教宮觀的數目統計不詳。道士的人數據康熙六年（1667年）禮部的奏報，在全國有二萬一千二百八十六人，約占僧人總數的五分之一。乾隆時期，清廷廢除了度牒制度，老百姓可以不受限制和約束地出家當道士。尤其是乾隆中期以後，政治腐敗，經濟不景氣，使得諸種社會矛盾，特別是統治者與被統

---

5 《清朝續文獻通考》卷八十九。
6 同上。

治者的矛盾日趨激化，失去土地的農民在走投無路的情況下，也不得不入觀為道，以求生存。這便客觀地促使道教宮觀和道士人數的增加。

道士除了像平民一樣受《大清律例》條文的約束外，還有自己本教的清規戒律。龍門派的第七代住持王常月在北京白雲觀，對道教進行改革，制定了一系列的律條。他創立了「三壇大戒」又稱「三堂大戒」，即「初真十戒」、「中極戒」和「天仙大戒」。「初真十戒」是初出家的道士所遵守的戒律。授得後可「證真人之果」。若持守言行，絲毫不違犯，便可受「中極戒」。授得「中極戒」後，若努力修持，堅持不懈，則可獲受「天仙大戒」，這是龍門派的最高戒律。行戒期為一百天。如果違犯道教的戒律就會受到懲罰，輕者跪香，重者杖責、逐出。至於觸犯朝廷大法，奸盜邪淫，敗壞教宗、教規者，火化示眾。[7]

道教各派及教士們的具體活動，主要是為前來進香求願的善男善女們設醮、行咒、授符籙等，以此來捉鬼驅邪、治病除災、占卜吉凶、超度亡靈。通過這些宗教活動，道士們既為百姓除災驅邪，慰藉他們的心理；同時又為宮觀帶來了經濟收入，使道教在社會中得以延續下去。另外，由於清廷對道教的不斷裁抑，道教宮觀有時不僅成為民間秘密宗教活動的場所，而且成為一些教首決心發動反清起義時組織力量、進行訓練的基地。因此，道教活動有時也帶有反清的性質。

道教經籍的編纂承緒明代。明正統十年（1445 年），編成了《正統道藏》。萬曆年間，又纂成了《萬曆續道藏》。入清後，由於清廷對輯成道教的經典不太重視，所以，未組織任何道教經籍的編纂工作，更未再續修《道藏》。值得一提的是，康熙年間，彭定求編輯一部《道藏輯要》。該書共二百八十一冊，按二十八宿字號分集錄道書二百九十七種。書中反映了清代道教信仰的特徵，凡例說：「道有宗派，宜分主賓。此編於三清至尊、先天至聖而後，即按道派源流將南北宗祖所傳者經丹決挨次列入」[8]，該書最大特點是提倡三教歸一。所收內容包括道教的重要經典、歷代道教大師的主要著述和道教的清規戒律等，可補正、

7　參見朱越利：《道教答問》，287-288 頁，北京，華文出版社，1989。
8　轉引自卿希泰主編：《中國道教》第 2 卷，33 頁，北京，知識出版社，1994。

續《道藏》之缺。對研究明清兩代道教信仰、流派、思想學術，有參考價值。嘉慶年間，蔣元庭編輯一部《道藏精華錄》，遺憾的是書版後來被焚毀，書也留存甚少。

三、道教的主要流派及代表人物

清前期的道教雖然派別眾多，但大多皆由全真、正一兩大教派衍生出來。

全真道自明代後期開始衰落，直到明末清初，此教派的分支龍門派第七代律師王常月道士的出現，才使全真道得以復興。王常月（1622-1680 年），號昆陽，潞安府長治（今屬山西）人。中年拜龍門六祖趙復陽為師，居華山多年。清順治十二年（1655 年）王常月離華山北上京師。「丙申（1656 年）三月望日奉旨，主講白雲觀，賜紫衣凡三次，登壇說戒，度弟子千餘人，道風大振」[9]，開始了中興全真道的闡教活動，同時也取得了順治帝的信任。康熙年間，王常月又率弟子詹守椿、邵守善等南下傳道，先後在南京碧苑登壇說戒，而後又去杭州宗陽宮、湖北金蓋山、湖北武當山等地傳戒收徒。在二十多年中，王常月度弟子甚眾，使久衰的全真龍門派逐漸振興，被譽為龍門中興之祖。康熙十九年（1680 年），王常月去世，康熙帝贈號「抱一高士」。

王常月的主要道教學說集中體現在《碧苑壇經》（又稱《龍門心法》）和《初真戒說》二書中。他提出入道學仙，須按依三寶、懺悔罪業、斷除障礙、捨絕愛緣、戒行精嚴、忍辱降心、清靜身心、求師問道、定慧等持等共二十個要點，依次修行，並把道教傳戒的「初真十戒」、「中極戒」、「天仙大戒」三個程序稱為「三壇大戒」。初真十戒的功用是「拘制色身，不許妄動胡行」。中極戒的作用是「降伏頑心，不許妄想胡思，七心八意」。天仙大戒在於「解脫真意，不許執著黏縛」[10]。這三者由淺入深，依次修持，便能得道成真。可以看出他的「三壇大

9　《白雲觀志》卷四，《昆陽王真人道行碑》。
10　《碧苑壇經》卷中，《藏外道書》第 10 冊，180 頁。

戒」是以皈依自己的身、心、意「真三寶」為主線的。王常月所謂皈依「身」，是指修道者在修行過程中，以道教戒律嚴格約束自己，要做到耳目不為聲色所動，使色身變為法軀。所謂皈依「心」，是指修道者在修行過程中，要持戒入定，入定後就可以使人心之火化為慧風，使無明轉為良知，使聲色變為空虛，使災難成為吉祥。所謂皈依「意」，是指修道者在修行過程中，「意」要誠、要真，方能執掌生死輪回之權。

王常月在闡述道教理論的同時，還把儒家、佛教糅進道教戒律中去，表現為他倡導的三教同源、三教一理的精神。他所傳授的三壇大戒中的初真十戒第一條就是「不得不忠不孝，不仁不信，當盡節君親，推之成萬物」。第五條「不得敗人成功，離人骨肉，當以道助物，令九族雍和」[11]。中極戒三百條中的許多條目，如第十三戒「不得恚師長」，第十六戒「不得不忠其上」，第二百二十六戒「當念國中清淨，王化太平，無有不道」[12]等，更加具體地把儒家思想納入道教戒律中。王常月的道教也受佛教的影響。他講的身、心、意等修煉理論，顯然吸收了佛教的哲理。

王常月不贊同道教歷來所鼓吹的「長生不死」說。他認為肉體總是要死的，長生不死的是萬劫不壞的真性和亙古長存的法身。這樣，道教的長生不死、得道成仙的信仰被他所改造，從而使道教具有某種世俗化的傾向。王常月的學說不僅從理論上為龍門派的中興做出貢獻，而且對當時及以後的道教，尤其是全真道，具有深刻的影響，使全真道的「教義由偏重丹法清修而轉向以嚴持戒律為主」[13]。

繼王常月復興全真道龍門派後，全真龍門派在江浙、江西、湖北、廣東，以及東北、西北等地廣泛傳播，主要有以下代表人物。

張清夜（1676-1763 年），初名尊，字子還，號自牧道人，江蘇長州（蘇州）人，是龍門派在四川的主要代表人物。張清夜從佘太源為道士。研讀《陰符

---

11 《初真戒說》，《藏外道書》第 12 冊，18 頁。
12 《中極戒》，《藏外道書》第 12 冊，32-37 頁。
13 李養正：《道教概說》，198 頁，北京，中華書局，1987。

經》，常往來於青羊宮、武侯祠之間，為「敷揚道要」，作《雲門戒白》，為闡釋《陰符經》之秘，又作成《陰符發秘》。其指導思想援儒、釋入道，體現了三教合一的精神。張清夜提出，道教應該以清靜為宗旨，一切教義都應出於綱常名教。他說：「孝弟忠信，為三教之主宰，禮義廉恥，實列聖之綱維」，道教也不例外，「須知大道出於綱常，綱常外無大道。廣行方便，多積陰功，庶幾修內丹者，龍虎伏而鬼神欽，專爐火者，魔障消而福緣湊。」[14] 這就是說，道士也應該以綱常德行為立身和修道之本，只有先修道德品行，方可學道施法。

劉一明（1734-1821 年），號悟元子，別號素樸子，又號被褐散人，山西曲沃人，是龍門派在西北地區的主要代表人物。劉一明先後拜龕谷老人、仙留丈人為師。他邃玄教、精易理，為乾隆時期的高道、內丹學家。其主要著述收入《道書十二種》中。劉一明認為，儒、釋、道三教之理相通，儒即道，道即儒，道士應兼儒、釋而用之。他還引用儒家經典的話告訴修道之人，要「苦其心志，勞其筋骨，餓其體膚」才能得道成仙。他在其著《指南針序》中，以中正之道為「貫通三教之理」。所謂中正之道就是「在儒謂之中庸，在釋謂之一乘，在道謂之金丹」。他撰的《周易闡真》、《孔易闡真》，明顯地表現出以易學論金丹、以金丹釋易學的思想，並通過融儒釋於道，來為道教服務。

在修煉方法上，張清夜、劉一明各有其特點。張清夜認為首先制五賊、謹三要，所謂五賊即「色、聲、臭、味、觸」；三要是「耳、目、口」。若嚴防五賊，謹守三要，則可以收神歸舍，進入入靜狀態。他還認為，克服邪念、情欲要知動、知時，若把握住邪念、情欲萌動的時機，連根鏟除之，就能避免身心崩潰的禍患。他又認為，修煉還必須明方辨器，「器」是人身的太極，是擒制和鍛煉精氣神的處所。據此處所，逆天地之造化而修煉精氣神，就可以成聖登真。張清夜對道教煉術在理論上雖無所發明，但其不肖空言、務求實際的精神，仍然被人們稱譽。

劉一明的修煉方法表現在他的內丹學說中。他的內丹學說是以其宇宙觀為理

---

14 卿希泰主編：《中國道教史》第 4 卷，148 頁，成都，四川人民出版社，1995。

論基礎的，他把道視為宇宙的本體，認為道能生出陰陽、四象、八卦，是靠其中含有充滿無限活力的、不斷運動的「先天真一之氣」。由於人的生命形體也是由道派生的先天真一之氣而生的，當人成年以後，人的先天真一之氣就被人的情欲和惡習所剝蝕而消失，人也隨之而漸至老死。所以，劉一明認為人們通過金丹之道，即可逆轉這種由生到死的順行之道，可以一步步追回失去的先天真一之氣，從而還其本來面目。他主張先修命，再修性，循序漸進地修成金丹即先天真一之氣。具體步驟分為煉己築基、凝結聖胎、煉神還虛三個階段。最終要修丹者脫離自然、社會，乃至自我意識，泯滅一切規定性，進到清淨虛空的境界即無極之中去。只有這樣，才使「群陰剝盡，胎圓丹成，瓜熟蒂落，忽的打破混沌，進出清淨法身，跳入太空虛無之境，超出乎三界之外矣」。此時，「形神俱妙，與道合真，大丈夫之能事畢矣」[15]。另外，他還融匯儒道提出鼎器論、藥物論。他把人心神室當作煉內丹的鼎器，把剛、柔、誠、信、和、靜、虛、靈等德行作為修築人心神室的材料。只要「修道者具此一法」大道乃成。劉一明在內丹藥物上，既承襲了內丹家的舊說，又融進了儒家哲學和道德規範的概念。他把先天真一之氣和理學家所謂的良知良能、仁義智信皆作為內丹藥物。認為「五德一氣，渾然天理」，「人能明善復初，採五元五德真正大藥而鍛煉之，未有不能成道者」[16]。在理論上體現出儒道融合的特色。

閔一得（1758-1836 年），原名苕敷，字補之，一字小艮，號懶雲，又自稱閔真仙、發僧際蓬氏，浙江吳興（湖州）人，是龍門派在江浙地區的主要代表人物。首師從高清昱，又從師沈一炳。他著作頗豐，道光十四年（1834 年），撰輯了《古書隱樓藏書》。又作了《金蓋心燈》八卷。閔一得認為，宇宙的本原是真一，天、地、人三才皆是真一所生。而真一是宇宙的本始，無形無象；真元則是先天之氣。閔一得從養生和內丹學出發，闡釋了人的先天性命，來自先天之氣產生的真元，散歸無極；人的後天性命，則成自父母，散歸天地。他提出由於世間的物欲、塵事對人身心的摧殘，來自真一的真元就會喪失，人的性命則會終結。

---

15 《象言破疑》卷上，《藏外道書》第 8 冊，184 頁。
16 《會心內集》卷下，《藏外道書》第 8 冊，657 頁。

只有通過治心止念的扎實工夫，達到虛寂靜篤的境地，然後以此境界與先天真一真元相契合，使人的性命「乃能步步返元，造至虛無可虛，寂無可寂，先天乃現」[17]。

明代中葉以後，正一道派也出現衰落狀態。特別是自清乾隆中葉後，正一道首領的社會地位屢次被貶降，龍虎山正一道組織發展處於停滯狀態，其理論教義也喪失了創新的能力。正一道士中，除受雍正帝寵信的婁近垣在理論上有所造詣外，再也找不到第二人。

婁近垣（1689-1776年），字朗齋，法號三臣，又號上清外史，又稱妙正真人，松江婁縣（今屬江蘇）人。先師從楊純一修道於楓溪仁濟觀，後又師事龍虎山三華院道士周大經。雍正五年（1727年），隨第五十五代天師張錫麟入京，奉命禮斗祈雨。八年（1730年），奉召入宮為雍正帝驅邪治病，因大獲效驗，備受雍正帝的褒獎，被賜封為龍虎山四品提點、欽安殿主持。之後婁近垣隨雍正帝學習佛典，著《性地頌》等詩。雍正十年（1732年），頒給他龍虎山上清宮提點印信。十一年（1733年），諭修大光明殿，並賜其居住，敕封為「妙正真人」。婁近垣在雍正朝大得殊榮，不僅在於他為皇帝醫好了病，也在於他對清廷的一片忠心、誠敬。因此，乾隆帝繼位後，也沿舊例給予他優待，如封通議大夫，食三品俸，帶管道錄司印務，住持北京東岳廟等，風光一時。

婁近垣的著作有《南華經注》、《龍虎山志》，刪定的《黃籙科儀》，校訂的《先天奏告玄科》，以及《語錄》等。他的《語錄》被收入雍正帝選擇古今禪語匯輯而成的《御選語錄》之中。

婁近垣的修道思想主要是通過對丹道的闡發而體現出來的。他的丹道理論上承南宗祖師張伯端丹道學說的餘緒，又融納禪宗，使其道教的丹道思想具有佛、道融合的特徵。他以佛教的「空觀」理論來談道的作用，認為修道在於「覺」，而關鍵要做到「無心」，無心便能泯照而覺圓。「無心」，即明心見性，是婁近垣

---

17 《修真辯難前編參證》，《藏外道書》第10冊，238頁。

修道思想的核心，他說：「皆灼知萬物之備於我，而未嘗有心於萬物也。無心於物，故心心皆佛；無心於道，故處處是道。」他以「無心」闡釋內丹修煉的理論，提出真正得道就在於「非參無悟，非悟無修，非修無證，含萬法於一空，納一空於萬法。」「所謂沖然漠然，而住於無所住者此也。」所以，在他看來，終日瞑目苦悟，寂心枯坐，脫離俗世，都不能得道成仙，只有「自無心於物」，才能「真佛住無心，始悟無心是真佛」[18]。

第二節 ·
佛教的發展

　　清前期佛教沿明朝而來，統治者出於自身的統治需要，對佛教基本上採取扶植和保護的政策。縱觀順治、康熙、雍正三朝，清廷對佛教的態度是相當積極的，尤其是乾隆伊始，度牒制度被正式廢除，僧尼們可以毫無限制地隨意出家。僅此一項就說明，乾隆以後的清王朝，「加惠」於佛教匪淺，並遠遠超過自唐以來的任何一個朝代。另外，在清廷的力倡下，佛教中的一些名僧和禪師自覺地使佛教與儒道合流，形成了佛教發展的興盛時期。

---

18 《龍虎山志》卷十一，《藏外道書》第 19 冊，554 頁。

一、清政府對佛教的政策

清前期帝王對佛教多有保護和利用。清朝統治者最初接觸到的佛教屬藏傳佛教，即中國西藏地區所傳的喇嘛教。早在清入京以前，西藏喇嘛已開始到關外傳教，並受到清太祖努爾哈赤的禮遇，清統治者那時就有了崇佛的活動。明神宗萬曆四十三年（1615 年），太祖努爾哈赤在長期與明朝中央政府較量中，逐漸看清利用佛教的重要性。在建立「後金」的前一年，於赫圖阿拉（俗稱老城）城外興修了七座佛教寺廟，而滿族所崇奉的薩滿教的堂子在當地僅有一座。太宗皇太極即位後，繼續執行太祖時制定的政策，扶植佛教，不斷撥款用以興建或重修佛教寺廟，並在盛京（今瀋陽）與當時西藏的達賴喇嘛第五世（1617-1682 年）建立關係。

清朝定鼎北京後，依然對佛教採取利用和保護政策。順治六年（1652 年）達賴五世應邀入京，受到清廷的冊封。順治帝平生好參禪，於順治十四年（1657 年）春夏間，臨幸京師海慧寺，在這裡與禪僧性聰憨璞邂逅相遇。後召他入宮請教佛法大意。同年十月，再召其入宮，並賜他號「明覺禪師」。此後，順治帝曾說：「朕初雖尊崇象數，而未知有宗門耆舊，知有宗門耆舊，則自憨璞始。」[19]順治十五年（1658 年）、十七年（1660 年），順治帝先後兩次召見禪師玉林通琇，於內廷問道，賜之「大覺普濟禪師」封號、紫衣、金印等。順治十六年（1659 年），又召木陳道忞入京談經說法，賜號為「弘覺禪師」。以後，凡通琇入京，順治帝則命選僧人一千五百人從他受戒，尊其為玉林國師，以此來表示對漢地佛教的推崇。順治十七年（1660 年），寵妃董氏死，順治帝欲削髮出家，雖經勸阻未果，但足見其信佛之篤。在順治期間，清廷還規定每年的四月初八為佛沐浴日，俗稱「結緣日」。

康熙帝在位六十一年間與佛教也有十分密切的關係。他曾先後六次下江南，多次巡視遼瀋，常住名山古剎，延見僧人，賦詩題字，撰製碑文。康熙二十三年（1684 年）、二十八年（1689 年），康熙帝二次南巡，尤其是第二次，他至杭州

---

19 《宗統編年》卷三十二，參見《續藏經》第 1 輯第 2 編乙，第 20 套第 3 冊，246 頁。

本想到寶華山，因雨未能成行，於是御書「清遠」額。《宗統編年》的作者紀蔭在為「清遠」之額寫「跋」時，稱康熙帝是「光揚道化」的「佛心天子」。認為康熙帝二次南巡，曠古難逢之事有五，其中之一就是「山林法席，均荷恩光」[20]。據史籍記載，他在位期間為寺廟寫的匾額多達千餘塊。這也是歷代帝王所不曾有的，表明他對佛教護持的一片苦心。康熙時期，清廷所崇奉的「尊儒重道」的政策已經確立。因此，康熙帝在為重修廟宇書寫碑文、為佛教經典寫序和跋的同時，總是與儒家治國平天下、仁義道德、勸善懲惡之道緊密聯繫起來，表現了他儒釋合流的宗教態度。

雍正帝自幼留心於佛教，喜讀佛學書籍，常與禪僧往來，自號「圓明居士」和「破塵居士」。他撰成《揀魔辨異錄》，干預圓悟與法藏之爭，且欲將多有明末遺民情結的法藏一系鏟除，這顯然是出於政治原因。他又纂成《御選語錄》十九卷，在這裡，雍正帝不僅要主宰人世，而且要表率出世，扮演著人君與「法王」的雙重角色。

乾隆帝對佛教的重視則表現在刻經和譯經上。雍正十三年（1735 年），朝廷特開藏經館，再刻梵筴本藏經。乾隆帝即位伊始，繼續主持這項工作，於乾隆三年（1738 年）十二月完成。在明刻《大藏經》即《北藏》的基礎上，增加了許多種名僧的撰述和宗門的語錄，使該書增至一千六百七十二部、七千二百四十七卷，稱為《龍藏》（經版一直保存在北京柏林寺）。該書是中國古代最後一部官刻佛教大藏經，在佛教史上有一定的影響。乾隆三十八年（1773 年），清廷組織了大批專家學者，把漢文藏經翻譯成滿文，直至乾隆五十五年（1790 年），共完成譯文藏經六百九十九部、二千四百六十六卷。乾隆帝把他主持翻譯藏經與修訂《四庫全書》視為同等重要的兩件大事。據《御製清文翻譯大藏經序》中載，乾隆帝把《大藏經》譯成滿文的目的，不在於要使人們了解「佛之第一義諦」，而在於要「以因緣禍福引之」，從而使人們「皆知尊君親上，去惡從善」。這顯然是利用佛教為其統治服務。

---

20 同上書，253-255 頁。

清政府對於西藏地區的政教事務很重視。在雍正五年（1727 年）設駐藏大臣，管理西藏政務。乾隆五十八年（1793 年）制定章程二十九條，即《欽定章程》，確定了西藏地區政教合一的制度。當時所有西藏地區的寺廟和喇嘛都受理藩院管理。這對於加強滿、漢、蒙民族的團結以及維護國家統一，有著十分重要的作用。

　　清前期統治者對佛教的利用、保護，還表現在承明舊制、從中央到地方普遍設立寺僧衙門，以掌管佛教事務。天聰六年（1632 年），後金規定由僧錄司綜理各地廟宇和佛教徒，凡遵守清規戒律、知曉佛經者，均給予度牒。定都北京後，清政府便把僧錄司當成中央政府掌管佛教事務的衙門。設官有左、右善世二人（正六品），闡教二人（從六品），講經二人（正八品），覺義二人（從八品），這些人都由禮部考選、吏部委任。另外，還在各直省設僧官，府稱僧綱，州稱僧正，縣稱僧會。各州府縣的僧官也都由各省直政司遴選、報送禮部授職。

　　清政府設立寺僧衙門，不僅表現出對佛教的重視和保護，而且也表現出對佛教的限制和鉗抑。順治二年（1645 年），清政府雖宣布廢除度牒納銀條例，但也不允許百姓私自削髮為僧尼。康熙十六年（1677 年），康熙帝諭令僧錄司嚴格管理約束全國的僧侶，不允許私下設教聚會，違者嚴加懲處。禁止京城內外擅造寺廟、佛像，造寺者須經過禮部許批。若已有的寺廟、佛像，亦不許私自拆毀。自乾隆四年（1739 年）以後，隨著人口數量的增加，私度僧尼的人數也逐漸增多，一時難於查補給牒。所以，從乾隆十九年（1754 年）起，通令徹底取消官給度牒制度。此項政令一直延續到清末。此一舉包含著兩面性。「取消度牒制度，固然為僧尼出家大開了方便之門，會為佛教招來更多的僧尼徒眾，但由此而來的，卻是僧尼成分的更加複雜，僧尼情況的更加窳濫，從而為加速佛教的衰亡造成了更為嚴重的內部因素。」[21]另外，清政府對佛教的限制和鉗抑還表現為制定諸多懲處僧尼的法律條文。康熙四年（1665 年）以來，對於私立庵院及私度僧尼都有法律規定。比如《大清律例》卷八的《戶律‧戶役‧私創庵院及私度僧道‧條

21　郭朋：《明清佛教》，298 頁，福州，福建人民出版社，1982。

例》就是關於這方面的專門規定。在《大清會典》中對僧侶也有專門的律條：「僧道不守規列者，聽所司究治；若所犯事涉軍民，聽有司訊鞫。有作奸犯科者，論如法，編管為民。」[22]由於清政府對佛教的種種裁抑，最終致使其衰落下去。

二、佛教的寺院和刻經

清初寺廟、僧尼的數字，據康熙六年（1667 年）七月禮部統計：全國各地官建大寺廟共 6713 處，小寺廟共 6409 處。私建大寺廟共 8458 處，小寺廟共 58 682 處。合計約有大小寺院近八萬所。全國的僧侶共 110 292 人，尼姑共 8615 人。合計約有僧尼近十二萬人。乾隆元年（1736 年）至四年（1739 年）止，順天、奉天兩府及各直省共發出度牒 340 112 張。並令師徒相傳，不再發予。此後私度的人數逐漸增加，乾隆十九年（1754 年），則通令廢止度牒。致使出家漫無限制，僧尼人數有增無減。

清代的寺院內部組織，由主管僧人統一領導，分層管理。主管寺院事物、布教的僧人稱為住持（也稱方丈或長老）。住持之下，分東、西兩序，分別轄有各種執事僧人。東序有六個知事：都寺、監寺、副寺、維那、典座、直歲。其中「都寺」負責寺院內總的事務，並負責接待官吏、施主等；「監寺」負責協助都寺工作；「副寺」負責寺院財務；「維那」負責僧尼紀律事務，以及辨別度牒真偽。西序有六個頭首：首座、書記、知藏、知客、知殿、知浴。其中「首座」分為前堂、後堂首座，主管分統全寺院的僧尼；「書記」則負責全院文翰事務，如繕寫山門榜疏、祈禱詞語等；「知藏」負責保管佛教經籍、文獻事務；「知客」負責接待來寺院的官吏、施主等事務；「知殿」負責殿堂的香火和清潔等事務；「知浴」負責管理全寺院的浴室，為僧尼洗澡服務。此外，還有莊主，管理寺院的莊田；園主，管理寺院的菜園；役僧，擔負寺院的各種繁雜勞務；夜巡，擔任

---

22 《大清會典》卷五十五，《禮部·祠祭清吏司·方伎》。

寺院夜間的警衛；鼓頭，掌管寺院的法鼓；鐘頭，掌管寺院的敲鐘、報時；茶頭，供應僧尼茶水；門頭，負責門衛[23]；等等。

清代佛教徒的習俗和佛事儀式與明代基本相同，唯有「焰口普度」異於前代。焰口是一種餓鬼的名稱。焰口普度是通過念施食經咒來解除餓鬼的痛苦。這種儀式後來也被一般百姓所採納，並轉變為追悼已故先輩亡靈的一種形式。另外，當時的佛事活動有兩大特點。其一，是佛教徒為闡揚佛事而舉行的法會規模擴大化。清以前，佛教法會的舉行一般則持續一週，最多不超過二週。入清以來，其法會規模日趨擴大，舉行時間要持續七週之久，無論從時間還是從場面來看，清以前都無法與之相比。其二，是佛和菩薩等的誕辰紀念日制度化。佛教傳入中國以後，中國的佛教徒便在每年的四月初八舉辦佛祖釋迦牟尼的佛誕慶典。入清以後，不僅沿襲舊制，而且還規定諸佛、菩薩均有自己的佛誕日，並舉行慶賀活動，企望諸佛、菩薩下界探訪人間善惡。[24]

清前期的寺院經濟來源，主要靠從中央到地方的各級官吏和實力人物施予的銀錢和土地來維持。也有靠勾結官府，搶占百姓田舍，甚至兼並、侵占鄰近寺廟來擴充自己的寺院和勢力。還有一部分經濟來源，由下層百姓為了求神佛保佑，以消災避禍而主動為寺廟捐獻的，包括銀兩、土地、房舍等。所以當時的「寺產」也是很可觀的，特別是江南大寺，擁有幾百畝、甚至上千畝土地的，並非是少數。據《大清律例》中記載：「僧道將寺觀各田地……朦朧投獻王府及內外官豪勢要之家，私捏文契典賣者，投獻之人，發邊遠充軍；田地給還應得之人。其受投獻家長並管莊人，參究治罪。」[25]寺僧們還有轉移、典賣以及投獻豪勢之家以求蔭蔽土地的。這雖然只是當時寺院占有土地的一個側面，但由此也反映了當時寺院的經濟狀況。

清前期佛經的翻譯，主要是國內各族文字的互譯。雍正初年，北京黃寺土觀呼圖克圖第一世奉命將藏文藏經甘珠爾部分譯成蒙文。乾隆六年（1741 年）到

---

23 參見李尚英：《中國清代宗教史》，31 頁，北京，人民出版社，1994。
24 參見中村元主編：《中國佛教發展史》上冊，501-506 頁，臺北，天華出版事業股份有限公司，1984。
25 《大清律例》卷九，《戶律·田宅》。

十四年（1749年）又譯成蒙文丹珠爾全部。乾隆三十八年（1773年）至五十五年（1790年）再把藏文藏經譯為滿文。乾隆七年（1742年）工布查布在北京把藏文佛典譯成以下漢文佛經：《造像量度經》、《造像量度經解》、附撰《造像量度經引》及《續補》、《彌勒菩薩發願王偈》、《藥師七佛供養儀軌如意王經》。不久，阿旺札什繼續譯《修藥師儀軌布壇法》、《白救度佛母贊》。還有嘎卜楚薩木丹達爾吉譯的《極樂願文》，薩穆丹達爾吉譯的《釋迦佛贊》等。[26]佛經的互譯對增進各民族間的文化交流是有益的。

清前期的刻經事業。順治、康熙兩朝，民間各地所刻的僧經、語錄等多集中在嘉興楞嚴寺。據一九二〇年北京版《嘉興藏》目錄記載，當時發行的有《續藏經》、《又續藏經》，這些均為清初所刻而附於明版《嘉興藏》的典籍。又據《福州鼓山庋藏經目錄》載，福州鼓山所刻的佛經有：《華嚴經》、《華嚴疏論纂要》、《憨山夢游集》等。雍正時期，清廷開始官刻、刊行官版藏經。雍正十一年（1733年），特開藏經館，延請博通教義的僧人在北京賢良寺校閱編稿。正式開刊始於雍正十三年（1735年）二月，至乾隆三年（1738年）十二月完成，稱為《龍藏》。碩莊親王允祿親自總理藏經事務，參加監造、校閱的人數達七十餘人，版本的形式為梵筴本，全部經版現藏於北京柏林寺內。康熙二十二年（1683年）命刊藏文藏經甘珠爾。雍正二年（1724年）又刊丹珠爾，即現在的北京版《西藏大藏經》。乾隆年間又刊《蒙文大藏經》，後又續成《滿文藏經》。可惜經版於一九〇〇年被入侵中國的八國聯軍所毀。

三、佛教的主要流派及代表人物

清前期佛教的各宗派，承明遺緒，尤以禪宗為最盛，其次是淨土，再次是天臺、華嚴、律宗、法相等。

禪宗派別有臨濟的天童、盤山二系和曹洞的壽昌、雲門二系。而臨濟宗由於

---

26 參見《中國佛教》第1輯，123頁，北京，知識出版社，1980。

在清初出了通琇和道忞，所以其勢力更大一些。

臨濟宗的僧人多出自密雲圓悟和天隱圓修這兩系，前者習稱天童系，後者習稱盤山系。在順治、康熙兩朝，天童系的著名禪師較多，影響較大。雍正以後，盤山系的影響超過了天童系，成為清代臨濟宗的代表。

清初，臨濟宗的密雲圓悟一系（天童系），影響很大，其中以木陳道忞、費隱通容等最有知名度。他們的禪宗思想在佛教內外，曾產生過極大的影響。

道忞（1596-1674 年），字木陳，號夢隱，俗姓林，廣東潮陽人，早年習儒，二十七歲出家後隨圓悟習禪。於崇禎十五年（1642 年）繼圓悟住持天童寺，後在浙江住持過多處大寺院。順治十六年（1659 年）九月，應召進京，被封為「弘覺禪師」。後遊歷各地，以宣揚他與順治帝的問答機緣，號召歸順新朝。道忞未被應召前，深懷故國之思，應召以後，思想發生轉變，被時人認為是錢謙益式的人物。道忞在順治十六年十月十五日奉旨說法時指出：「遇川廣人與他說川廣底話，遇閩浙人與他說閩浙底話，遇江淮人與他說江淮底話，遇長安人與他說長安底話，方可謂之我為法王，於法自在。何故？人居大國方為貴，水到滄溟徹底清」[27]。意思是說，人要成為自己的主人取得自由，就要見什麼人說什麼話，並把清朝廷喻為「大國」，而南明的一些小朝廷和抗清組織都是微不足道的。這顯然是頌揚清王朝的統治，把禪學導入維護新統治者的政治軌道，受到當時一些參禪士大夫和禪僧的抨擊。道忞的主要著作，除由其門徒編輯的《天童弘覺忞禪師語錄》、《天童弘覺忞禪師北游集》外，尚有《奏對錄》、《禪燈世譜》等。

隱元隆琦（1592-1673 年），福建福清人，俗姓林，是費隱通容一系的門下。二十八歲出家後，遊學於南北各地，聽講《涅槃》、《法華》和《楞嚴》等經。曾應請住持黃檗山的萬福禪寺、崇德縣的福岩禪寺、長樂的龍泉禪寺。順治十一年（1654 年），還應日本長崎僧人之邀，赴日本傳禪弘教，為中日佛教交往做出了重要貢獻。主要著作有《雲濤集》，海寧等編的《隱元禪師語錄》。隆琦的禪

---

27 真樸等編：《天童弘覺忞禪師北遊集》卷一。

學思想很突出。他雖然不反對禪僧學習經典，但對當時「講席混濫」的情況很不滿，認為：「經中實乃徑路，直示人要，行則到家矣，不行，聽到驢年亦無益。」[28]意思是說在教與禪關係上，主張禪行的重要，教禪最終要落實到禪行上。他特別推重《禪林寶訓》，並讓弟子重刻此書，以示「急救像季之流弊，摧邪扶正，恢復上古之真宗」[29]。因為此書匯集了宋代禪師論述禪僧道德修養的三百條語錄。由此可見隆琦對加強禪僧道德、禪行的重視。另外，隆琦在對待淨土信仰上，則堅持禪宗的唯心淨土說，認為「心」的染淨是衡量淨土世界和娑婆世界的標準。他說：「念不淨不往極樂，心不染不來娑婆，娑婆極樂，只在當人心念染淨之間矣。」[30]這一點在當時有對盛行念佛求生淨土的風氣作讓步的傾向，認為修行淨土的念佛法門也是返照自心見佛的通路。

清初，天隱圓修一系（盤山系）的影響不如密雲圓悟（天童系），但清中葉以後，盤山系就成了臨濟宗最重要的一派。盤山系創自圓修的弟子箬庵通問和玉林通琇。它有比較嚴整的傳承法系和比較穩定的禪院，從而形成了禪宗中知名度很高的叢林。雍正以後，在禪宗日趨衰落的總趨勢下，這一系也沒有更多的作為了。

通琇（1614-1675 年），字玉林，俗姓楊，常州江陰縣（今江蘇江陰縣）人。早年接觸禪學，信仰淨土，十九歲隨天隱圓修出家。明末他的地位並不「顯赫」。順治二年（1645 年），通琇令弟子代管湖州報恩寺（今在浙江吳興縣），自己到江南各地遊歷弘教，其影響逐漸擴大。順治十六年（1659 年）應召進京住萬壽殿，先後奉旨「請上堂者四」，成為通琇禪系的轉折點。據《大覺普濟能仁國師年譜》記載，通琇與順治談禪，應對謹慎而善巧，「上如不聞，則不敢強對，語不及古今政治得失、人物臧否，惟以第一義諦啟沃聖心」。順治帝深受其影響。順治十七年（1660 年），他再次蒙召入京，並受「大覺普濟能仁國師」號。通琇晚年曾住持浙江的西天目山和江蘇宜興的國山。著有《辨魔錄》、《普

---

28 《隱元禪師語錄》卷十。
29 《隱元禪師語錄》卷十六。
30 《隱元禪師語錄》卷十一。

濟玉林國師語錄》等。

通琇一生以好辯著稱，他往往通過辯駁闡述自己的觀點。通琇之前，多數禪師認為高峰原妙所證悟的「物我俱忘」為中心的般若空觀，只是「有主初進步」，是「悟」的初級階段，與最高的悟境無關。通琇反駁這種見解說：「禪必以虛空粉碎、絕後再蘇為正悟，悟後必須透脫末後牢關，方可出世為人。」「虛空粉碎」是指心境空寂，由心境空寂，形成認識上的空觀，即「絕後再蘇」。通琇認為，從空寂的體驗到空的觀念，都是「正悟」，「正悟」後，還必須「透脫末後牢關」，即「悟後重疑」，才能將空寂之心貫徹到現實生活的所有方面，達到「出世為人」。因此，在通琇看來，「悟」不能「一悟為休」、一次完成；「悟」也不能被分裂，更不能把「虛空粉碎」的心境當成非悟。由於通琇對禪師多有批駁，因此，受到曹洞宗僧人的反對，甚至受到臨濟宗同門僧人的指責。特別是與明雪的弟子百愚淨斯結冤，最終釀成了爭奪善權寺的酷烈的宗派主義鬥爭。這在禪學史上是不多見的。儘管參加此類爭論的禪師很多，但所涉及的多屬細枝末節理論，並沒有產生出什麼新思想。然而，這也是禪學史上最後一次較大的禪學活躍期。清中葉以後，像這樣的禪學爭辯已經沒有了。

通琇對修禪和讀書的關係也有獨特的見解。其門人稱：「師自出世以來，大事未明者，惟專一參究，內外典籍，概不許私閱。」但這不是說他反對讀書。他引「古德」的話說：「通宗不通教，開口便亂道。」在他看來，證悟是重要的，「未明大事」，讀書就會走入「邪魔」；悟後不讀經教，就會胡說八道。所以，他要求讀書要有明確的目的，讀什麼書要有輕重次序。他說：「看書當先究明諸家宗旨，次及諸祖語錄。宗旨洞明，語錄遍覽，方可看教。」[31]這對近、現代佛家教育理論有直接影響，對推動佛教適應社會發展是有益的。

清前期曹洞宗僧人多出自湛然圓澄和無明慧經門下，前者稱雲門系，後者稱壽昌系。雖然雲門系的法系延續時間較長，但最初具有影響力的禪師，仍出自壽昌系。

---

31 《玉林禪師語錄》卷七。

雲門系的湛然圓澄在江南弘教傳禪二十年，其門下弟子眾多，枝派繁盛，可與臨濟宗的天童系相比。他的最知名的弟子是三宜明盂（1599-1665 年），著有《語錄》、《雜著》等。他在「癸未至丁亥（1643-1647）五年，度僧累千百人，秉戒者數千人，請益者萬人，開悟者數十百人」。明盂還十分注重講經：「吾恥近世禪者高心空腹，不明一經，故勞勞講席。」[32]這也是當時禪僧中的一種風氣。明盂有弟子數十人，知名者為偱亭淨挺、西遁淨超。

　　雲門系中影響較大、流傳時間最長的，當推瑞白明雪（1564-1641 年）一支。知名的弟子有元潔淨瑩（1612-1672 年）、百愚淨斯（1610-1665 年），他們都曾在江南一帶活動，並住持過多處寺院，嗣法弟子四十多人。元潔淨瑩批評臨濟宗天童系僧人作禪宗史書，是「翻亂青原南岳以下統系」，並遵師指，「依《龍藏》五宗世系而正之」[33]，作了《傳燈世譜》。百愚淨斯先後住持江浙八處寺院，「凡所至地，數千衲子，而糧糧自充，師名振珠林」[34]。著述由弟子編成《百愚斯禪師語錄》、《蔓堂集》。

　　壽昌系分了無明慧經的弟子博山元來、鼓山元賢和晦臺元鏡這三支。

　　博山元來的知名弟子長慶道獨（1600-1661 年）的兩個徒僧天然函昰和祖心函可，影響最大。

　　函昰（1608-1685 年），字麗中，號天然，出身於番禺望族，俗姓曾。崇禎七年（1634 年）從道獨出家為僧。後在廣州約八處佛教寺院宣講曹洞宗旨。「丙戌（1646 年）清兵入粵，明諸王孫多見疑被戮，屍橫於野，師遍拾骸骨，別建冢以瘞之。」[35]大有明末遺民的氣節。著作有弟子編《盧山天然禪師語錄》，注疏《楞伽》、《楞嚴》、《金剛》等經。另外，他在弘揚禪宗的同時，也大力宣傳儒家的忠孝節義，主張儒釋道三教合一，把忠孝節義糅進禪宗宗旨裡闡揚，他不單純是為了挽救佛教的衰落，而是為了抗清鬥爭的需要。正像《粵東遺民傳》稱：

32　《雲溪偱亭挺禪師語錄》所收《愚庵先和尚行實》。
33　《元潔瑩禪師語錄》卷十。
34　《百愚斯大禪師塔志銘》。
35　《本師天然昰和尚行狀》。

「函昰雖處方外，仍以忠孝廉節垂示，每於死生去就多受其益。」[36]因此，他特別受到明末遺民的歸依，信眾日多，執弟子禮及問道者不下數千人。

函可（1611-1659 年），字祖心，號剩人，廣東惠州博羅人，俗姓韓。二十九歲出家為僧，歸入曹洞宗。他曾遊廬山等地習禪，後至羅浮參見道獨，與函昰一直要好。函可曾到南京刻《藏經》，弘揚佛法。後來當他聽到「甲申之變，悲慟形辭色」：又當聽說「江南復立新主」，擬去投奔。順治二年（1645年），函可在金陵被捕，受酷刑後被押送京城，不久又被流放千山（今遼寧鞍山市東南）。函可到千山後仍不斷傳禪，給這個「禪宗針錘未及於遐方」的地區，帶來了「大事因緣」。他在此地建立了以譴謫明臣為主的冰天詩社；他身邊常聚集有五百至七百僧人，並時常與在嶺南的函昰保持密切的聯繫。函可先後在當地的七座大寺院宣講曹洞宗旨，被奉為遼沈地區曹洞宗的「開宗鼻祖」。時人稱他一生為「七坐道場，全提直指，絕塞罕聞，稱佛出世」[37]。他著有《千山剩人和尚語錄》。函可身經明清巨變之際，所以他的禪法多是為僧俗解悲消愁、講解公案和經典、指導參究話頭的，與開拓禪宗新領域的宗師顯然不同，再加上遼寧禪宗本無根基，其影響範圍也是有限的。

鼓山元賢的傳人道霈的思想曾為曹洞宗增光不少。道霈（1615-1685 年），字為霖，自號旅泊、非家叟，建寧建安（今福建建甌）人，俗姓丁，家庭世代奉佛，十五歲出家。崇禎七年（1634 年）參見鼓山元賢習禪，研習經教。順治十四年（1657 年），元賢命他繼續住鼓山禪寺。從此，道霈就以曹洞宗師的身份弘教有十四年。康熙十年（1671 年），他外出遊歷共十三年，每杖錫所至，即成叢林。道霈一生著作頗多，主要有《秉拂錄》、《鼓山錄》、《餐香錄》、《還山錄》、《開元錄》、《靈石錄》等。道霈著述的種類及法門繁多、廣泛，同時代僧人與之無法相比。道霈闡揚佛教重在講解注疏經教和刊刻流通佛籍，他不但對天臺宗論著執嚴謹的修學態度，對其他經論也提倡認真研習。道霈還非常重視淨土信仰，將西方淨土與唯心淨土混淆為一，主張「此去西方十萬億，只在當人一念

---

36 同上。
37 《重梓千山和尚語錄序》。

中，心淨自然佛土淨，彌陀何處不相逢」[38]。道霈也很重視懺法和法事儀規，宣揚徵應，其思想表現在他作的《中峰禪師施食科儀序》中，摻揉了禪旨的法事儀規。無明慧經是主張以農禪興宗，反對禪僧像瑜伽教僧那樣做佛事賺錢，變禪寺為「應院」。道霈斷言念佛、誦經和各種法事，能拯救亡靈、驅病防災、親見佛祖。使禪宗成為包羅佛教一切法門的派別。

晦臺元鏡的弟子覺浪道盛在清初頗負盛名，尤其在士大夫中享有很大聲譽，在曹洞宗一系堪稱集大成的思想家。道盛（1592-1659年），號覺浪，別號杖人。福建浦城人，俗姓張，十九歲出家，拜慧經弟子元鏡門下，在江南各地布教弘禪四十年。道盛的著述很多，「佛祖儒老內外篇集百有餘種」[39]。主要著作有其弟子等編的《天界覺浪盛禪師語錄》、《天界覺浪盛禪師全錄》、《天界覺浪盛禪師嘉禾語錄》、《杖人隨集》等。道盛著作及思想的最大特點是「無法不收，無機不被」式的融佛教各門為一門，能適應各階層的佛教需要，特別是具有「救時」的政治作用。他倡導「真儒必不闢佛，真佛必不非儒」[40]的儒釋合一思想，滲透著內聖外王之道，以致在道盛門下，不僅有禪者，而且有儒者。他的先佛後祖之微，以及對明王朝的愛國情感，都曾為錢謙益、馬嘉植等晚明遺民和士大夫們所嘆服。

禪宗經過明清之交，曾一度活躍，隨著清王朝的鞏固、發展，逐漸與佛教的其他法門浸沒為一。

淨土宗在清前期仍為佛教各派的共同信仰。致力弘教的僧人也歷世不絕，其中最為著名的是被稱為「蓮宗九祖」的實賢。

實賢（1686-1734年），字思齊，號省庵，俗姓時，江蘇常熟人。少年出家，專修淨土。主要撰有《勸發菩提心文》、《淨土詩》、《西方發願文注》、《續往生傳》等。他自謂：「嘗聞入道要門，發心為首；修行急務，立願居先。」[41]而人的

---

38 《為霖道霈禪師餐香錄》卷下。
39 馬嘉植：《崇先語錄序》。
40 劉宗漢：《傳洞上正宗三十三世攝山棲霞覺浪大禪師塔銘並序》。
41 彭希涑：《淨土聖賢錄》卷六，《實賢傳》，參見《續藏經》第1輯第2編乙，第8套第2冊，156頁。

心願具有邪、正、真、偽、大、小、偏、圓八個等級，因此，實賢提出用去邪、去偽、去小、去偏，取真、取正、取大、取圓等方法來「發心」。發心，也即發「菩提心」，這樣來念佛，才能求生淨土，把握佛質。實際上他是要教徒們遵守佛規，不貪欲求樂，不爭名奪利。他死後，被尊追為蓮宗（淨土宗）的第九祖，其思想一直影響很大。

在淨土宗中，還有際醒等。際醒（1741-1810 年），字徹悟，號夢東，俗姓馬，河北豐潤人。早年聽受《法華》等經，參禪後專修淨業，撰有《念佛伽陀》、《徹悟禪師語錄》和弟子著的《淨土生無生論會集》等。際醒專心弘揚淨土，每日必念佛禮拜，深悟淨土宗的宗旨，並倡導念佛，依從者甚眾，故為乾隆中葉著名的淨土僧人。行策（1628-1682 年），字截流，住常熟普仁院，創七日念佛法，著有《起一心精進念佛七期規式》。周夢顏（1656-1739 年），字安士，昆山人，博覽經藏，深信淨土法門，撰有《西歸直指》。際清（1740-1796 年），名紹升，字尺木，俗姓彭，長洲人，初習儒書，後進佛門，專歸淨土。在清中葉，他竭力鼓吹禪宗與淨土宗相互融和，並將儒家思想融入兩者的宗旨中去，著有《無量壽經起信論》、《觀無量壽佛經約論》、《阿彌陀經約論》、《淨土聖賢錄》，等等。

天臺宗在清前期也有不少傳人，「但都不過是依文解義，重復舊說而已」[42]。其中較有影響的是清初的受登（1607-1675 年），他曾住杭州天溪大覺寺，專弘天臺教三十多年。其弟子靈乘、靈耀等人，師承門風，繼續弘揚天臺宗。特別是靈耀，在康熙元年（1662 年）住嘉興楞嚴寺，對《嘉興藏》的補刻流通很有貢獻。著有《楞嚴經觀心定解》、《法華經釋簽緣起序指明》、《四教儀集注節義》、《隨緣集》等。

清代中葉以後，天臺學者有觀竺、廣昱、隆範、幻人、尋源、通智等人，他們常講經論學，累數萬言，以弘揚天臺教旨。

---

42 郭朋：《明清佛教》，337 頁。

華嚴宗即賢首宗，在清前期較為重要的代表人物是杭州的續法、河北的通理，他們在當時被譽為「中興」賢首之人。

續法（1641-1728 年），號灌頂，字柏亭，俗姓沈，仁和（今浙江杭縣）人。自幼出家，誦讀佛經，兼習儒書。十九歲皈依華嚴宗，在杭州天竺寺專講《華嚴》五十多年，著書二十餘種，共六百多卷，其主要著作有《賢首五教儀》、《賢首五教儀科注》、《華嚴宗佛祖傳》、《般若心經事理解》等。其中《賢首五教儀》一書，為以後入華嚴宗的人必讀之教科書。續法在講經的過程中，力圖借助禪宗復興華嚴宗，不斷闡揚其教宗旨。

通理（1701-1782 年），字達天，俗姓趙，新河（今山東）人。幼年出家，研習佛法。他先學《法華》、律部，後專弘賢首，是清中期有名的《華嚴》學者，其主要著作有《法華指掌疏》、《楞嚴經指掌疏》、《圓覺經析義疏》等十餘種。雍正十一年（1733 年），通理奉旨入圓明園，核對《宗鏡錄》以及教乘諸書，精心校讎。乾隆十八年（1753 年），通理任職僧錄司，奉命管理印務，任「圓明園佛樓行走」，並受紫衣。以後清宇經館成立，他又助章嘉國師校譯滿文藏經。乾隆四十五年（1780 年），班禪六世入京，通理奉命與之談論佛法，被封為「闡教禪師」。

律宗自明末古心如馨傳戒於南京古林寺，三昧寂光（1580-1645 年）繼之以來，分燈於寶華山，其後又分為古林、寶華二派。清初，律宗僧人較有影響的要算是寶華派的繼主見月讀體。讀體（1601-1679 年），字見月，俗姓許，滇南楚雄（今雲南）人。青年出家，到處訪學，後來江南，明末時從寂光研習律部，寂光死後，繼主寶華，開壇傳戒，發揚光大，一時被稱為「律宗中興」之人。讀體著有《傳戒正範》、《一夢漫言》，其中《一夢漫言》是他自述生平參學活動和重興寶華山始末的一書。讀體死後，南京寶華山這一律宗叢林仍由其弟子定庵德基繼主，但很快就衰微了。

四、藏傳佛教的興盛及派別

藏傳佛教是清前期佛教中的一個重要組成部分。藏傳佛教通稱為喇嘛教。

清太宗崇德年間，達賴五世（1617-1682 年）和班禪四世（1567-1662 年）曾派遣使臣向清廷朝貢，並稱太宗為「曼珠師利大皇帝」。太宗皇太極也以隆重的禮節接待了使者，還向達賴、班禪贈送了金碗、銀盆等。這是清廷與西藏喇嘛教交往的開始。順治九年（1652 年）冬，五世達賴進京覲見順治帝，順治帝給予盛情接待，又在紫禁城太和殿舉行大禮。翌年，順治帝賜五世達賴金冊、金印，封他為「西天大善自在佛所領天下釋教普通瓦赤喇怛喇達賴喇嘛」，並賜印信。由此達賴被正式稱為「達賴喇嘛」。五世達賴在京期間，特旨為其修建後黃寺作住所。之後，達賴、班禪每年奉貢遣使，均在此居住，使該寺成為清廷和西藏地方政府聯繫的橋樑。後黃寺初建時，清廷規定剃度的喇嘛人數定額為一百〇八人，順治十四年（1657 年）後增加為四百人，是當時北京城內的喇嘛教總寺院。

五世達賴回藏後，便用清廷賜給的金銀興修包括布達拉宮在內的十餘所寺廟，不久，又規定了黃教寺廟的各種制度，從而使喇嘛教在清代得到進一步的發展。五世達賴晚年，不問政事，專心著經，一生所著多達三十餘卷，主要有《相性新釋》、《西藏王臣史》、《菩提道次第論講義》、《引導大悲次第論》等，這些著作都被西藏喇嘛教界奉為名著。

康熙年間，由於發生准噶爾叛亂，並企圖割裂西藏，清廷為了恢復西藏地區的秩序和安定，採取了諸項措施：承認青海各部立的七世達賴（1708-1757 年）；首次冊封五世班禪（1663-1737 年）為「班禪額爾德尼」，賜其金冊、金印；派兵征討侵藏的准噶爾軍隊。後又護送七世達賴入藏。康熙五十九年（1720 年），七世達賴在拉薩坐床，受到喇嘛教僧侶的歡迎。到了雍正年間，雍正帝繼承其祖、父政策，繼續崇奉喇嘛教，並把自己當皇子時的王府更名為「雍和宮」，視其是京城內喇嘛教的中心寺院。又封蒙古大喇嘛哲布尊丹巴為「啟法哲布尊丹巴喇嘛」，並賜予金印、敕書，以表彰他維護祖國統一的功績。在乾隆時期，乾隆

帝也很重視喇嘛教。清廷平定西藏農奴主的叛亂後，設置了「金奔巴」，即一種以金瓶掣籤的方式選出正式靈童來繼任達賴或班禪。這樣就可以防止擅權舞弊，弄虛作假，以及各宗派之爭。總之，清廷對喇嘛教採取的諸項政策，對加強民族團結、維護祖國統一起了積極作用。

清前期喇嘛教雖然也有許多派別，但在西藏處於統治地位、勢力最大的還是黃教。乾隆初年，達賴、班禪所轄寺院總數達三千五百餘所，僧人共有三十萬六千二百餘人。當時名望最高、勢力最大的寺院是達賴所屬的哲蚌寺、色拉寺和甘丹寺。在這三大黃教寺院中，每寺都分設總教授（藏名為「錯泌赤巴堪布」）一人、副總教授二人，主要負責全寺誦經、受戒以及講學、考試等事務，他們則由達賴喇嘛考選任命，每任七年；襄佐四人，管理全寺的經濟事務，每任也七年；正副監寺二人，管理、負責寺院的秩序、訴訟、僧眾紀律等事務，任期一年。這三大寺的組織機構還分設磋欽、扎倉和扎廈。「磋欽」為全寺院的寺僧大會，負責組織僧眾誦經、禮佛、集會、講學、飲食等事務；「扎倉」為全寺院僧眾學習喇嘛教經典、進行佛事的學校，在扎倉下還設「康村」（系）和「密村」（年級）；「扎廈」為全體僧眾的宿舍。

如果俗人出家，首先拜師，穿上喇嘛服裝，然後再到一般寺院裡學習藏文學和佛經，有了一定基礎、達到一定標準後，才可以到三大寺院裡來學習；若依次學習完釋論、般若、中論、戒律、俱舍論五大經典，經考試合格者，才能獲得「喇嘛」或「格西」（教授）的稱號。僧徒在戒律修行方面，一般地講，藏傳佛教中的紅、花、白等教派都不實行禁欲主義，也就是說可以娶妻生子，傳宗接代，還可以從事自己愛好的職業。但黃教則與此不同，它有著自己鮮明的特點，即教徒不準娶妻生子，過一般的家庭生活，也不許參加生產勞動。[43]

---

43 參見李尚英：《中國清代宗教史》，51-52頁。

第三節 ·

伊斯蘭教
及其門宦制度

伊斯蘭教原為阿拉伯民族的宗教，自唐傳入中國後，經歷幾百年的流傳，在元、明兩代有了長足的發展。入清以來，與中國文化進一步融合，成為中華民族宗教大家庭中的重要一員。

一、清政府對伊斯蘭教的政策

有清以來，清政府在宗教方面採取過「欽崇佛教、總持道法」、「儒釋道三教並垂」的政策，從沒有把伊斯蘭教作為尊崇的宗教，但也沒有嚴禁伊斯蘭教，而是採取了允許存在、適當利用的政策。

康熙年間，有一些朝臣揚言回民謀叛，定罪為「夜聚明散」。雍正時，山東巡撫陳世管、署理安徽按察司魯國華等上疏奏言：「回教不敬天地，不祀神祇，另定宗主，自為歲年，黨羽眾盛，濟惡害民」，因而「請令回民遵奉正朔，服制，一應禮拜等寺，盡行禁革。倘怙終不悛，將私記年月者照左道惑眾律治罪。戴白帽者以違制律定擬。如地方官容隱，督撫徇庇，亦一並照律議處。」康熙帝、雍正帝為了維護國體，多次下詔駁回朝臣嚴禁伊斯蘭教的奏疏，明確表示回

民信仰伊斯蘭教「乃其先代留遺，家風土俗」，「非作奸犯科，惑世誣民者比」，應該「從俗從宜，各安其習」，不能「強其畫一」[44]。

雍正年間，清政府開始在西北回民聚居地區，推行一種利用伊斯蘭教約束回民的鄉約制度。雍正七年（1729 年）四月，雍正帝在詔書中明確規定要回民以伊斯蘭教教義和家庭宗族關係互相約束。之後，首先在河州（今甘肅臨夏地區）各地出現了鄉約，即以每一個鄉的鄉約向清政府具結擔保不發生違犯禁令的事，從而換取清廷允許其在本鄉中享有政治和宗教特權。乾隆四十六年（1781 年）鄉約制度發展很快，逐步推行到西北各個信仰伊斯蘭教的地區。當時鄉約分為寺約和回約，寺約是在有清真寺的地方由地方官擇定該教中公正的人充當，責令其約束本教坊的教民；回約是在無清真寺的回民聚居地方按鄉里人數擇選老成的人擔任，責令其約束本鄉的回民。寺約、回約每三年更換一次。另外，清廷還規定在有鄉約的地區和教坊內，不得再立掌教、阿訇等名目。

清政府對伊斯蘭教的利用和寬容政策，還表現在清政府利用信仰伊斯蘭教的宗教上層人士，並在不同地區，不同程度地保留了宗教上層人士的一些特權，甚至有時也作出關心、推崇伊斯蘭教的姿態。例如，雍正年間，清政府曾提出樹立馬進良、馬雄、哈元生等勞績昭著的回族官員，使信仰伊斯蘭教的信徒有所規範。乾隆時期，朝廷繼續提任回族官員，授以馬雄之子馬承萌將軍敕印，給予了哈密回王很大的宗教特權。儘管如此，在清政府看來，伊斯蘭教的地位根本無法與儒、佛、道相比。

陝甘伊斯蘭教原無教派之分。自從明末清初，隨著一些信徒、經中亞前往麥加朝覲和蘇非派的傳教徒前來中國傳教，致使陝甘伊斯蘭教中出現了新的教派。乾隆初年，河州的伊斯蘭教開始有「前開」，即主張先開齋後禮拜；「後開」，即主張先禮拜後開齋兩教之分。於是前、後開兩教派為爭教而發生了矛盾，進而演化為乾隆四十六年（1781 年）的相互仇殺。由於當時清政府的地方官員派兵往

---

44 李興華：《清政府對伊斯蘭教（回教）的政策》，載《清代中國伊斯蘭教論集》，2 頁，銀川，寧夏人民出版社，1981。

捕鎮壓，導致平時本來就不滿清朝統治的新教民眾揭竿而起，反抗清政府。乾隆帝得知回民起義是由教派為了「爭立新教，致相仇殺」而引起時，就諭諭軍機處大臣要利用回教教派的鬥爭進行分化，以此撲滅起義。陝甘總督勒爾謹遵照乾隆帝的諭命，殘酷鎮壓了由馬明心的門徒蘇四十三領導的回民起義。起義被鎮壓後，又由大學士公阿桂等人籌議了陝甘省善後事宜條款。按照「善後」規定，使許多新教的普通信徒被作為「餘黨」慘遭殺害；新教被視為「邪教」，予以取締，不準再公開進行宗教活動，一經發現嚴懲不貸。強行拆毀新教建的清真寺。同時舊教也受到監視，其信徒因無掌教、阿訇、師父等名目而難以正常進行活動。此外，清政府的這種「善後」還殃及到漢民，特別是殃及到伊斯蘭學術領域，從而引發了中國伊斯蘭教歷史上有名的伊斯蘭教文字獄。[45]

乾隆之後，清政府對伊斯蘭教繼續奉行乾隆四十六年「善後」規定的高壓、屠殺政策，使得陝甘及北方、東南各省一片白色恐怖。清政府同時在雲南利用掌教、衿耆等名目，實行了「以回制回」的政策。

二、門宦制度與教派

康熙二十三年（1684 年）清政府決定開放海禁。由於海禁的開放，中西海陸交通日漸通暢，商業貿易不斷發展，因此阿拉伯和中亞伊斯蘭教中的蘇非派也隨著商貿的往來傳入到中國。蘇非派進入中國後，逐漸與儒家思想相結合，遂形成了門宦制度，使中國伊斯蘭教的內部發生了巨大的變化。

中國伊斯蘭教的門宦來自於蘇非派。蘇非派創建於十至十一世紀，該派主張崇拜「聖徒」，拜謁「聖徒」墳墓，並贊同在墓旁祈禱、舉行宗教儀式，以及獻禮等。同時，認為對當地「聖徒」墳墓的拜謁與到麥加朝覲有同等的意義。蘇非派的功課是伴隨一定的動作連續不斷地讚美安拉（即念：「則可若」）。在進行該

---

45 參見李興華：《清政府對伊斯蘭教（回教）的政策》，載《清代中國伊斯蘭教論集》，10～12 頁。

項功課時，有人主張高聲大念，有人提倡低聲小念，還有人認為在參悟中思念。只要教徒在內心裡保有其宗教信念，就是合格的。十八世紀以來，蘇非派的不同教團先後傳入中國，分別有庫卜拉維教團、卡德林耶教團、什板頂耶教團等。這些教團進入中國後，逐漸形成了門宦。「門宦」源於漢族的「宦門」一詞，代表一種封建世襲身份的特權。門宦的特點是神化、崇拜教主，鼓吹教主為引領教徒進入天堂的人，促使門徒絕對服從。信拱北，即在教主墳地建立亭屋，號召教下上墳念經，加以崇拜。教主只以始傳者的子孫世襲相傳，他人無權承繼。門宦教主管轄諸多清真寺，而且直接委任、管理各清真寺的教長，教主與教長之間純屬隸屬關係。[46]門宦的形成和特點說明，中國伊斯蘭教已與封建地主、儒家思想密切結合起來，形成了獨特的教主兼地主的門宦制度。「門宦制度」是中國穆斯林的特有組織形態，阿拉伯和波斯都設有「門宦」和「門宦制度」。只是蘇非派各教團的首領具有宗教權力，這種權力表現為創始人和領導人始終被尊為聖徒，而受到極大尊重，這一點無論是蘇非派的教團，還是中國伊斯蘭的門宦，都是一致的。也正是這一點構成了門宦特權制度的重要方面。

「門宦」屬於伊斯蘭教中的神秘派。在國外稱為「蘇非」（阿拉伯語）；在新疆稱為「依禪」（波斯語）；在甘寧青稱為「門宦」。清前期，伊斯蘭教有影響的主要門宦是「四大門宦」。它們均為甘寧青等地區的虎夫耶、哲赫忍耶、嘎的林耶、庫不忍耶。前兩個來源於也門沙子林耶和什板頂耶，後兩個來源於卡德林耶和庫卜拉維教團。

虎夫耶門宦。「虎夫耶」，係阿拉伯語，意為「隱藏」、「低念」，即主張讚美安拉時，要低聲誦念，故又稱「低念派」。據記載，該派於康熙十一年（1672年），由穆罕默德第二十五世後裔赫達耶·通達希創立。在修行方法上，主張要依據伊斯蘭教的基本信仰和宗教制度進行修行，不贊成過分的禁欲苦行。修道者分為三級：「穆勒師德」，意即教主；「海里凡」，意即教主的接班人；「穆里德」，意即教徒。[47]這個門宦支系較多，有「花寺」、「穆夫提」、「畢家場」、「鮮門」、

---

46 參見馬通：《中國伊斯蘭教派與門宦制度史略》，107-108 頁，銀川，寧夏人民出版社，1983。
47 參見李尚英：《中國清代宗教史》，114 頁。

「臨洮」、「劉門」、「胡門」、「北莊」、「洪門」、「瘋門」、「崖頭」、「高趙家」、「丁門」、「通貴」、「明月堂」、「文泉堂」、「涼州莊」、「鹼溝井」、「法門」和「撒拉教」等二十一個支系。人數超過百萬，主要分布在甘肅的河州、蘭州、秦州，青海的循化、化隆、西寧，寧夏的銀川、同心、西海固，新疆和雲南等地。他們及各支系雖都傳授虎夫耶，但各支系之間沒有道統傳授上的直接聯繫，而是各自獨立傳教和行使教權的。在這些支系中，有的是阿拉伯和中亞來中國的伊斯蘭傳教士直接傳授的，如畢家場、穆夫提等；有的是中國的「哈知」在阿拉伯受蘇非派各支派的傳授回中國後傳播的，如花寺等；也有在學習和研究蘇非派經典之後自創的，如胡門，等等。這些支派在傳教的過程中，各有一段曲折經歷，並在各自教徒中留有深刻的影響。

哲赫忍耶門宦。「哲赫忍耶」係阿拉伯語，意為「公開」、「響亮」，即主張在讚美安拉時，要高聲誦念，故又稱「高念派」。該派創始人馬明心（1719-1781年），字復性，經名伊卜拉欣，道號維尕耶‧屯拉海（維護主道的人），死後被尊為「束海達依」（為主道犧牲的人），甘肅階州（今甘肅武都）人。早年隨其叔父前往麥加朝覲，於雍正七年（1729年）抵耶曼（今也門），拜穆罕默德‧布錄‧色尼為師，在道堂攻讀經典、閉門靜修。乾隆九年（1744年），馬明心遵奉師命，即命他念主讚聖，高念讚詞和「則可若」，故取名「哲赫忍耶」，回國傳教，並帶回了《古蘭經》、《穆何曼斯》和《滿丹夜合》等經典。他先後在青海循化、河州、定西、榆中等地傳播其主張。乾隆二十六年（1761年），馬明心吸收其他蘇非派的一些教義，在撒拉族聚居的循化地區，接受了一些阿訇、滿拉為門徒，講經論道，傳授哲赫忍耶宗旨。當時他不僅傳授蘇非派學理，而且還透徹靈活地闡述教義教法，進而簡化其宗教儀式。比如把「主麻」的十六拜，簡化為十拜；強調用「海的也」（布施）周濟窮人，阿訇不能獨吞私用；提倡教權傳遞應傳賢不傳子等，創建了中國式的哲赫忍耶。該派主張崇拜聖徒及拜謁聖徒墳墓，竭力倡導禁欲主義，自謂「明揚正道」。創教初期，曾被花寺門宦指為「新教」。哲赫忍耶是中國伊斯蘭教各門宦中人數最多，傳播較廣，教權集中、鞏固，流傳最長的門宦。此外，自該教創立起，一方面，與花寺派爭教，引起的爭端、糾紛、對抗一直未停止過；另一方面，不斷受到清廷的歧視、禁止和屠殺。

故該派多次發動和領導撒拉族、回族人民的反清鬥爭，成為一支反抗民族壓迫和宗教壓迫的重要力量。

嘎的林耶門宦。「嘎的林耶」係阿拉伯語，意為「大能」。是蘇非派的一個較大的教團。中國的嘎的林耶，相傳是由穆罕默德的二十九世後裔花哲阿布都‧董拉希傳進來的。康熙十三年（1674 年），阿布都‧董拉希在兩廣、雲南等地傳教，後到河州，收祁靜一（1656-1719 年）為徒，把嘎的林耶教旨與功法盡授於他。祁靜一則遵循其師教誨，篤志清修，潛心研教，靜心傳道，曾前後大靜三十六次，小靜二十八次。阿布都‧董拉希稱讚說：「吾道東矣。」遂將「天人之奧，性命之微，理道之旨，靜性之功，盡傳於道祖」[48]。讓他在中國傳播，發揚嘎的林耶教理。因此，祁靜一創建了中國的嘎的林耶——大拱北門宦，教徒約有八萬餘人，教權不太集中，各拱北有各自的掌權。大拱北的宗教特點是尊行《古蘭經》和《聖訓》，主張慎獨、靜修、參悟、默念。認為「性」為「根」，是第一位、永存的，「命」為「形」，是第二位、暫時的。所以，教徒們無論是靜修，還是參悟，所追求的都是「性」。這種宗教思想與道家思想是一致的。

庫不忍耶門宦。「庫不忍耶」係阿拉伯語，意為「至大者」。根據他們所傳輩數推測，是康熙至乾隆年間傳入中國的。庫不忍耶傳入中國的始祖，相傳是穆罕默德的後裔穆呼引的尼。他曾先後三次來中國傳教，最後定居於河州東鄉大灣頭，改姓為張，號張玉皇，字普吉，故該門宦又稱「張門」。該門教主張靜修參悟，特別是教徒在靜修期間，住在山洞裡，除送飯一人外，不得接見任何人，靜修時間一般在四十天或七十天，最長一百二十天。他們除念《古蘭經》外，還要念《卯路提》和《滿丹夜合》。另有一整套的送葬宗教儀式。張門教權比較寬鬆，封建特權也不大。

中國伊斯蘭教中的門宦與教派不同。從教派上看，中國伊斯蘭教有三大教派，即格底目、依黑瓦尼和西道堂（漢學派）。這裡除西道堂受門宦影響、吸收門宦的特點以外，其餘各派都反對門宦制度及其修行，尤其是依黑瓦尼派則把門

---

48 《大拱北先賢事略》。

宦視為邪教或多神教。教派多以對教義、教律的解釋不同而分門別類。而四大門宦及其支派，基本上則以「始傳者之子孫世世為掌教」來區別。教派裡沒有嚴格的組織，僅以清真寺為活動中心，各清真寺之間一般也無聯繫。而門宦則上有教主、道堂，下有清真寺，形成一個嚴密的組織，教主一呼百應，教徒唯命是從；同時門宦之間各自獨立，相互排斥，毫不相讓，矛盾與衝突始終沒有停止過。[49]

中國的穆斯林把伊斯蘭教中的什葉派、遜尼派和四大法學學派（即哈乃斐、馬立克、沙費爾和罕伯里）總稱之為教派。入清以來，中國伊斯蘭教的教派「格底目」、「依黑瓦尼」、「西道堂」逐漸形成和發展，是中國伊斯蘭教的主要流派。

格底目派。「格底目」，係阿拉伯語，意為「尊古」，稱「老古派」，通稱「老教」。格底目派是中國傳播最早、流行較長的伊斯蘭教派，從唐初到清康熙末年蘇非派傳入中國之前，經歷了約一千一百多年的歷史。由於長期受漢文化及儒學的薰陶，是伊斯蘭教中比較保守的教派。格底目派主張，嚴守老規舊矩，重視「舍若阿提」（法定的幹功），反對標新立異，對「妥若格提」（道路）只看作是一種副功。認為今世和後世是一個統一體，沒有今世的幹功，就沒有後世的幸福。格底目的幹功，是要嚴格履行五件天命課（即念、禮、齋、課、朝）和堅信六大信仰（即安拉、經典、聖人、前定、後世、復生）。提倡在完美「舍若阿提」的條件下，才允許做「妥若格提」。格底目的教權組織形式，是單一的教坊制。教坊（即清真寺）之間，互不隸屬，互不干涉，各自獨立，各行其是，教權組織較渙散。格底目的清真寺，是穆斯林政治、經濟、文化和宗教活動的中心。清真寺的組織形式是「三掌教制」，格底目的教義是正統的遜尼派教義，其教律是哈乃斐學派教律。他們對遵從蘇非派的門宦，雖持有異議，但對各門宦中的品學兼優、真能按《古蘭經》、《聖訓》傳教的人，也視其為「賢者」，給予尊重。另外，他們對國外來中國傳教的「聖徒」、「聖墓」，同樣也表示崇敬，也去上墳，但反對出資給外來「聖徒」修建拱北。此外，格底目還很重視宗教末節，帶有一些古老風格。由於格底目在長期的發展過程中，經常受到漢族文化的影響，以致

49 參見馬通：《中國伊斯蘭教派與門宦制度史略》，105 頁。

在其宗教儀式中含有不少的漢族習俗。[50]

依黑瓦尼派。「依黑瓦尼」，係阿拉伯語，意為「弟兄」，稱「艾亥里遜乃」，意為「尊經」，又稱「尊經派」。依黑瓦尼創建於河州，風行於西北。由於依黑瓦尼派產生時間較晚，又有別於格底目和其他門宦，故稱為「新教」。這一派認為中國的伊斯蘭教「漢化」之處頗多，失掉了穆斯林的原有教旨，因此決定結為「兄弟」，以遵循《古蘭經》為唯一的宗旨，倡導「憑經行教」、「尊經革俗」，並提出十大綱領（即「果園十條」）。由於依黑瓦尼主張只「認聖、順聖、尊經」，嚴格力行「五功」，必須按「主命、當然、聖行、付功」的次序行事，不贊成更高一級的「妥勒格提」、「哈格蓋提」，教義簡明，信者日多，所以該教派一開始傳播，就受到各門宦的強烈反對和攻擊。

西道堂派。這一派是中國伊斯蘭教中比較特殊的一個教派。西道堂的創始人用清初伊斯蘭教學者劉介廉（1660-1740 年）的《天方至聖實錄》等「漢克塔布」（以漢文寫的經典），來宣傳伊斯蘭教的教義，故稱「漢學派」。它創立於甘肅臨潭縣舊城。教徒分為兩種。一種是聚居在道堂內，約有四百餘戶、上千人，過著集體生活。另一種是散居在甘、青、新三省，約有萬餘人，過著單一的、一家一戶的生活。西道堂規定，教徒要將家產捐贈道堂，道堂用這筆錢財擴建農場、牧場、商場等，並把教徒分配在其中的行業裡工作，統一過著集體生活。道堂注重教育，學習的功課除漢譯的伊斯蘭教著作外，還有四書五經。教長實行終身制，子孫不得世襲。由於該教教派溯源於虎夫耶學理的北莊門宦，因此該教派與前兩個教派不同，具有門宦的特點。

關於三掌教制，是研究清代伊斯蘭教清真寺組織形式和管理制度最重要的部分。「三掌教制」，是承襲外國穆斯林的一種制度。「三掌教制」中的「三掌」名稱，常常因地區不同而不同，但甘、寧、青一般設有伊瑪目（掌教）、海推布（教經）和穆安金（呼喚禮拜）這三種職稱。乾隆以來，改名為開學阿訇、二阿訇、瑪金（即穆安金），以及學董和鄉老等。開學阿訇是清真寺內的最高宗教首

---

50 參見馬通：《中國伊斯蘭教派與門宦制度史略》，119-125 頁。

領，他率領教眾禮拜、講經、傳教、主持宗教儀式等；二阿訇有時可以代行開學阿訇的職權，但主要是給經文大學講經授課的；瑪金是呼喚禮拜的人；學董、鄉老不是神職人員，學董是清真寺事務方面的總負責人，一般由中上層教徒擔任，他負責收學糧、管理清真寺寺產、維修清真寺、籌辦各種宗教活動等；鄉老一般則由熱心宗教事務的下層教徒擔任，是學董的助手。[51]中國伊斯蘭的掌教制度，從明代到清康熙前，教長都是世襲的，並領取朝廷禮部頒發的札副，作為統治階級批准的象徵。到康熙時期，掌教制已經由世襲向教眾選聘過渡。自乾隆四十六年（1781 年），乾隆帝鎮壓了蘇四十三回民起義之後，則下令在西北各地實行鄉約，而代替三掌教制。明確規定，各清真寺不準有阿訇名目，也不準稱教長，其管理者則由各級地方官「選老成回民，充當鄉約，勸誡稽查」[52]伊斯蘭教民。從此，清真寺內出現了對外名為「鄉約」、對內名為「學董」的組織管理形式。另外，阿訇被取消後，宣講伊斯蘭教教義的人，則由熟悉或精通該教經典的教徒中選聘，這樣原世襲的掌教制被去除。

---

51 參見馬通：《中國伊斯蘭教派與門宦制度史略》，122 頁。
52 《清高宗實錄》卷一一四一，乾隆四十六年九月戊辰。

基督教
的傳播與被禁

基督教是奉耶穌基督為救世主的宗教，包括天主教、東正教和基督新教以及一些較小的派別。基督教的一派別曾於唐初傳入中國，稱為景教；又一個派別元代時傳入中國，稱可里可溫教，兩者都中斷。天主教曾先後於元代和明末傳入，特別是在明末清初之際，隨著西洋天主教傳教士的東來，在宣揚基督教教義的同時，也傳播了西方的科學技術，促進了中西文化的交流和發展。作為羅馬東正教的分支俄羅斯東正教，則是伴隨著沙皇殖民者對華的侵略，而進入中國的。基督新派是在鴉片戰爭前後陸續傳到中國的。它們在清代宗教史上占有重要地位。

一、天主教

西方基督教最先來華的是天主教。明清之際，西方的天主教在歐洲失勢後，便重整旗鼓，企圖到東方發展宗教勢力，以適應資本主義原始積累的需要，為資本主義列強尋找殖民地服務。這一時期，首批到達北京的天主教耶穌會士是意大利人利瑪竇，接著是德國人湯若望、比利時人南懷仁。天主教士來華後，在北京及內地各省以介紹西洋先進的科學技術為手段，以允許入教者保持中國傳統的「祭孔祀祖」習俗為誘餌，廣泛接觸官僚士大夫階層和平民百姓，甚至滲入到朝

廷，發展了不少教徒，建立了一些天主教堂。清初統治者為了利用西洋科學技術和知識，因此對天主教採取保護、利用的政策。

順治元年（1644 年），清兵剛剛入京，被羅馬天主教會任命為北京教區的負責人湯若望，就連續上疏清廷，提出「舊法曆本大謬七條」[53]，希望按西洋新法制定《崇禎曆書》，又說他的天主教是以勸人忠君、孝親、貞廉、守法為本的，自稱願為新朝曆法修撰工作服務。七月，多爾袞決定採用湯若望按西法所修的新曆，定名為《時憲曆》。順治二年起，此曆頒行天下，開始實行。十一月，順治帝任命湯若望為欽天監監正。順治三年（1646 年），清廷為了嘉獎湯若望制定新曆法的功勞，封他為太常寺少卿銜。「這樣，他便由原來曆局聘請的專家，成了朝廷命官，開創了西洋傳教士直接掌管欽天監的先例。」[54]這表明西方天主教的勢力已開始滲入清廷內部。

順治八年（1651 年），順治帝親政。順治帝極為寵信湯若望，尊他為「瑪法」（滿語「爺爺」之意），免去三跪九叩之禮。順治帝常與湯若望討論朝政、天文、曆法、道德和宗教等方面的問題，賜號為「通玄教師」，又晉為光祿大夫。順治十四年（1657 年），被革職的吳明炬首先發難，上疏控告湯若望的曆法推算有誤，試圖挑起新舊曆法之爭，以此摧毀天主教的在華勢力，但未得逞。順治十七年（1660 年），旅居京師的江南歙縣（今安徽歙縣）人楊光先，書呈禮部，控告湯若望借修清曆行西洋新法，借西洋新法暗行邪教，蠱惑人心，特別是其妄圖以西洋正朔取代中國的傳統正朔。順治帝去世後，由於康熙帝年幼，政權掌握在輔政大臣鰲拜手中，鰲拜一向對天主教懷有偏見，又聽信楊光先的一面之詞，便下令將湯若望等人逮捕法辦，後經孝莊太皇太后出面干預，湯若望等才免於一死。

康熙帝親政後，正確解決新舊曆法爭議，並妥善處理了傳教士在中國的傳教權，放寬對天主教的限制。康熙八年（1669 年），康熙帝為了表示對傳教士們的安撫和友好，首先讓南懷仁重新主持欽天監工作，還在監內安置了一些傳教士，

---

53 黃伯祿：《正教奉褒》，23 頁。
54 林毓輝：《湯若望》，見《清代人物傳稿》上編第 1 冊，295 頁，北京，中華書局，1984。

並時常請傳教士進宮講學、繪畫或從事各種工藝製作。此外，還讓傳教士參加測繪地形、繪製地圖等工作。南懷仁一方面受命主持編修曆書，鑄造西洋新式火炮；另一方面則利用耶穌會士中國傳教會副會長的身份，籲請歐洲各國派遣傳教士來華，以擴大在華的天主教勢力。意大利人閔明我，葡萄牙人徐日升，比利時人安多，法國人洪若翰、白晉、李明、張誠和劉應，等等，先後來華傳教。南懷仁將他們依次推薦給康熙帝。由於這些國家的傳教士大多精通天文、曆算、輿地、機械工程、哲學、化學和外交，尤其是他們精通漢文、滿文和拉丁文，很快就受到康熙帝的器重。這樣，康熙三十一年（1692 年）正月二十一日，康熙帝頒諭，「將天主教同於白蓮教謀叛字樣刪去」。接著又為天主教正名，允許擴建教堂，進行傳教。翌年，他頒布了著名的「康熙保教令」：「查得西洋人仰慕聖化，由萬里航海而來，現今治理曆法，用兵之際，力造軍器火炮，差往阿羅斯，誠心效力，克成其事，勞績甚多。各省居住西洋人並無為惡亂行之處，又非左道惑眾、異端生事。喇嘛僧道等寺廟，尚容人燒香行走，西洋人並無違法之事，反行禁止，似屬不宜。相應將各處天主堂俱照舊存留。凡進香供奉之人，仍許照常行走，不必禁止，俟命下之日通行直隸各省可也。」[55]於是各神父均「奉旨回堂」，自由傳教。清廷的這一安撫和寬鬆政策，使得以後十年間，約有一百名的耶穌會士來華，並在各地建立了二百餘座大小教堂，全國十五個省區的教徒達三十萬人之多。這是天主教在華發展的較快時期，也可以說是天主教在華的黃金時代。由此可見，康熙帝對傳教士的態度，除繼承順治帝對天主教寬容的政策外，更多的是想利用這批傳教士的知識、技術和藝術才能，讓他們以客卿身份為宮廷服務。

　　隨著教會的發展，教士和教徒的猛增，一方面，促使西方科技、文化及天主教理論的書刊大量出版，例如，從崇禎二年（1629 年）李之藻編印的天主教第一叢書，名為《天學初函》共五十二卷，到康熙三年（1664 年），耶穌會士已經出版一百五十餘種關於算學、自然科學、倫理學、天主教理論等漢文書籍。另一方面，大量的中國學術著作也被翻譯成西文，流傳西方，例如，康熙二十年

---

55 轉引自郭松義主編：《清代全史》第 3 卷，264 頁，瀋陽，遼寧人民出版社，1991。

（1681 年），耶穌會士柏應理回歐洲時，一次就帶回中文書籍四百餘冊，不久在巴黎刊印了《中國之哲學孔子》；耶穌會士衛方濟用拉丁文譯的《四書》、《孝經》、《幼學》和用拉丁文著的《中國哲學》等書籍，也都是在康熙年間，由巴拉革大學圖書館印行出版；僅在順治二年至乾隆七年（1645-1742 年）的九十七年時間裡，中國學的書目在歐洲已達到二百六十二部之多。這表明，西方天主教傳教士在清康熙中期以前的活動，對傳播西方科學技術、社會知識和溝通中西文化是有貢獻的。儘管這些傳教士並不是中西文化交流中最好的媒介；儘管他們也未曾把當時西方最先進的科學技術傳給中國，但在當時，他們確實起到了中西文化交流的橋梁作用。使中國人能在封建閉關的帷幕中，多少窺視到一些西方近代科學的蹤跡；給中國的知識分子和文化界帶來了一場空前的警醒；對有清一代的學術思想產生了深遠的影響。[56]

隨著天主教在華勢力的迅速發展，天主教內部在禮儀問題上發生了爭論，這一爭論愈演愈烈，最終釀成清廷與羅馬教廷之爭。

早在西方天主教耶穌會第一批傳教士利瑪竇等人來華傳教時，就深感孔孟儒家思想在中國占據著統治地位，這一點天主教學說是無法取而代之的。所以，為了能使天主教在中國站住腳跟，以便傳教，早期的傳教士們就創立了一套「合儒」、「補儒」和「超儒」的傳教政策。這一政策允許中國教徒在信仰天主教的同時，也可以敬天、祭孔和祀祖，為大多數西方耶穌會士所接受。而以龍華民為代表的另一派傳教士卻持反對意見，認為中國的禮儀乃屬異端之列，是偶像崇拜，這種禮儀習俗與天主教教義相悖，應堅決取締。從崇禎七年到康熙三十二年（1634-1693 年），這一爭論主要在耶穌會士與多明我會士和方濟各會士之間，圍繞著其傳教方式的不同，而不斷展開。自康熙三十三年至乾隆三十八年（1694-1773 年），該爭論逐漸激烈、擴大，最終引起清廷與羅馬教廷之爭。

康熙年間，任福建教區的宗座代牧，巴黎外方傳教會士顏璫下令嚴禁教徒敬孔、祭祖，並派兩名傳教士去羅馬，向教皇上書。這時，康熙帝公開表示：「敬

---

56 參見《清代全史》第 3 卷，268 頁。

天及事君親、敬師長者，係天下通義，這就是無可改處。」強調禮儀問題不是宗教迷信。羅馬教廷得知後，於康熙四十四年（1705 年），由教皇格勒門得十一世頒布了關於中國儀禮決議案，規定了中國天主教徒不許敬天、祭孔和祀祖的「七條禁約」。「禁約」中講到，中國的天主教教徒只能用「天主」二字，不準用「天」字和懸掛「敬天」之匾。在祭孔、祀祖時，教徒既不許擔任主祭、助祭，又不許在旁站立，甚至不準入孔廟和祠堂行禮，不許將祖宗牌位留在家中。這一強盜式的「禁令」遭到中國皇帝及廣大士大夫階層的竭力抗議和抵制。

康熙四十四年（1705 年）夏初，受教皇格勒門得十一世的派遣，主教多羅攜帶「禁約」抵達北京，傳達、執行教皇教令。康熙帝在接見多羅時強調指出：中國人敬天、祭孔和祀祖的做法與天主教教義不悖，基督教的聖經和中國的四書五經相通。敬天事君、祭孔祀祖是「天下之通義」，為中國立國之根本，絕對不能拋棄。並明確表示，在維護中國尊嚴和傳統禮儀問題上，絕不向教皇讓步。同時康熙帝還宣布，在華的所有傳教士必須恪守中國法律，凡是願意謹守中國法度、長期留住者，可以領取永居票留在中國；否則一律限期出境，不準在華逗留。由於多羅不遵守康熙帝的囑咐，在返程途中，於南京竟擅自向教民公布教皇禁令，而被逮捕，押送到澳門，驅逐出境。對於清廷的強硬立場，羅馬教皇十分生氣，於康熙五十四年（1715 年），再度頒諭，重申中國的天主教徒必須遵守「禁約」，否則開除教籍。

康熙五十八年（1719 年），教皇格勒門得十一世再次派嘉樂作為特使來華，貫徹執行教皇教令。康熙帝也堅決地採取了強硬政策，鄭重申明教皇的禁令與中國國情「大相悖戾」，故在中國無效，請嘉樂立刻回國，並宣布在中國必須禁止天主教的發展。同時告誡國人：「海外如西洋等國，千百年後中國必受其累。國家承平日久，務須安不忘危。」[57]康熙帝也並非一概排斥傳教士，宣布給情願久居中國的傳教士發放永居票，對願意遵守中國法律、尊重中國禮儀的傳教士採取保護和安慰的態度。

---

57 王慶雲：《石渠餘紀》卷六，《紀市舶》。

雍正帝對天主教持排斥態度。雍正元年（1723 年）十二月，浙閩總督覺羅滿保上疏，認為西洋人在各省蓋建天主教堂，暗地行教，蠱惑人心，對中國沿海發展實在不利。他主張將各省的西洋傳教士，除一部分送往京師效力外，其餘均遣送到澳門集中，各地的天主教堂也都改為公所，嚴禁天主教。於是，雍正帝採納了他的意見，限令傳教士在半年或數月之內搬移。後來，在接見法國傳教士宋君榮等人時，雍正帝明確表態說：「朕不需要傳教士」[58]，清廷也不準天主教堂在中國存在，更不許天主教肆意攻擊孔孟之道。雍正帝堅決實行禁教政策，使天主教在中國的勢力受到空前的打擊。在這一期間，全國二百多座天主教堂幾乎全被摧毀，近二千名耶穌會士被逐到澳門。

　　雍正末年到乾隆中葉，耶穌會士們採取秘密地下活動的方式進行傳教，同時還在各地私繪地圖，收集中國的政治、軍事、經濟和文化諸方面的情報。對此，清廷採取了「嚴拿務獲」的鎮壓措施。

　　由於清廷的嚴厲取締和堅決鎮壓，使天主教在中國已奄奄一息。到了乾隆後期，天主教很難在華發展。乾隆三十八年（1773 年），羅馬教皇不得不正式下令取締耶穌會，兩年後，天主教耶穌會中國傳教會正式宣告解散。

　　嘉慶年間，嘉慶帝繼續對殘存的天主教勢力進行徹底清查。當時查明在京師的天主教耶穌會士共十一人，其中四人被遣送回國，七人允許留住。清廷規定他們的出入往來，都得由官府隨地稽查。西洋人不準潛住在外省地，一經查出，一律遞交廣東遣令歸國。所以，直至鴉片戰爭以前，西方傳教士的活動受到了極大的限制。

---

58 宋君榮：《有關雍正與天主教的幾封信》，參見杜文凱編：《清代西人見聞錄》，北京，中國人民大學出版社，1985。

二、俄羅斯東正教

作為羅馬正教的一個分支，俄羅斯東正教進入中國，始於沙皇俄國殖民者對華的侵略。可以說，俄羅斯東正教與沙皇俄國的遠東戰略陰謀有著密切的關係，是為沙皇政府對外侵略、擴張和掠奪政策服務的一種宗教，其傳教士也都是蠶食東進、爭奪霸權的急先鋒。

康熙四年（1665年），原為沙俄流放犯尼基弗爾·羅曼諾維奇·切爾尼戈夫斯基，殺人劫財逃跑後，糾集了包括伊利姆斯克堡的修道院院長葉爾莫根在內共八十四人，一起竄入中國領地雅克薩（俄譯為「阿爾巴津」）。他們在這裡建立了一個有三座塔樓的四方形木堡壘，城堡內設有彈藥庫、糧庫，聚集著俄籍的「亡命之徒」。切爾尼戈夫斯基在當地強徵中國居民的實物稅，並通過尼布楚（俄譯為「涅爾琴斯克」）督軍阿爾申斯基把該稅送往莫斯科。康熙十年（1671年），葉爾莫根在雅克薩建立了一座「主復活」教堂，不久又在離雅克薩不遠的「磨刀石」這一地方，建立了「仁慈救世主」修道院，這是俄羅斯東正教在中國境內修建的第一座教堂和修道院。從此，俄羅斯東正教披著宗教的外衣，配合沙俄政府拉開了侵華的序幕。

康熙二十一年（1682年），俄國沙皇彼得一世即位。由於沙俄不斷地向雅克薩地區進行肆意干擾，康熙帝命黑龍江省將軍薩布素包圍雅克薩城。於康熙二十四年（1685年），中國軍隊以武力收復了雅克薩城。不久清廷與俄劃定黑龍江界，立約七條，這就是《尼布楚條約》。在對沙俄侵略進行自衛反擊戰中，中國軍隊曾前後共俘虜了九十九名俄入侵者，其中五十九名戰俘送往北京。這時，清廷發布了一道處理戰俘的命令：將這些俄戰俘編在負責保衛京畿的八旗兵鑲黃旗中，為第四參領第十七佐領（十七牛錄），駐地定於北京城東直門內的胡家園胡同。清廷還為戰俘中的軍官分別賜予了正四品至正七品的官銜，賜給房屋、土地，隔一定時間發放津貼；又將胡家園胡同內的一座關帝廟撥給他們作為臨時祈禱所（「聖索菲亞」教堂），由戰俘中的東正教士馬克西姆·列昂節夫主持。康熙三十三年（1695年），俄羅斯正教會派人送來教會證書，將該教堂正名為「聖索菲亞」教堂，北京人稱之為「羅剎廟」或「北館」。從此，俄羅斯東正教的勢

力伸向了清廷統治的中心。也正是清廷當時對這批俄戰俘和俄東正教的仁慈、寬容政策，使中國此後遭受到了東正教二百多年的騷擾和禍害。

《中俄尼布楚條約》簽訂後，彼得一世對其在雅克薩城的失敗，並不甘心，伺機捲土重來。當他得知清廷在北京允許這批戰俘有自己的教堂時，十分振奮和得意，就企圖以北京的「聖索菲亞」教堂為據點，作為窺視清廷政治、經濟、軍事動向的窗口。康熙三十一年（1693 年），沙俄政府派遣荷蘭族大商人伊茲勃蘭德‧義傑斯作為使節，來華對《尼布楚條約》第五款進行有關細節問題的談判。臨行前，沙俄政府指示義傑斯探明中國邊界防務，以及外交、經濟、軍事等情況。義傑斯率領約四百人的商隊到達北京後，受到康熙帝的接見。隨後，理藩院在給義傑斯的信中，對有關事項作出了答覆，准許與俄羅斯貿易，並對來華人員、期限等都作了限制。義傑斯在京期間，通過行賄，從耶穌會士處刺探出大量的政治、經濟和軍事等情報。

為了實現沙俄的遠東戰略，彼得一世抓住康熙帝急於要派使節到土爾扈特蒙古部去的心理，趁機向中國提出允許俄國派遣修士大司祭來北京接替馬克西姆‧列昂節夫司祭的神職工作，並以此作為俄國同意中國使臣進入俄國境內的交換條件。康熙帝接受了這一條件。康熙五十四年（1715 年），彼得一世便派修士大司祭伊拉里昂‧列扎伊斯基和修士司祭拉夫連季、修士輔祭菲利蒙、教堂輔助人員阿法納耶夫等組成一傳道團到達北京。這就是第一屆「俄羅斯正教駐北京傳道團」。從此，北京東正教由民間性質的宗教演變成官方性質的宗教，教堂成為為沙俄政府侵華政策服務的重要基地。為了擴大這一「窗口」的情報功能，俄國樞密院在致清朝理藩院的信中，要求清政府允許傳道團的修士大司祭在北京自由居留，自由走訪有俄國教徒居住的中國其他地方。清政府對於沙俄以經商和宗教為掩護的覷覦活動，在「天朝恩澤四海」的自大心理指導下，並不抱有警惕。

雍正五年（1727 年），清政府和沙俄簽訂了《中俄恰克圖條約》。根據這個條約，使俄羅斯東正教會取得了定期派遣傳教士來華的權益，取得了在北京東江米巷（今東交民巷）建立新教堂的權利。這樣就使得俄羅斯正教駐北京傳道團正式成為一個常設的機構。雍正八年（1730 年），沙俄政府在東江米巷建成一個新

的東正教堂，命名為「奉獻節」教堂，北京人稱之為「南館」。不久，「顯聖者尼古拉」聖像由「聖索菲亞」教堂遷到「奉獻節」教堂內，俄羅斯東正教在北京傳道團也從北館遷到了南館。從此，「俄羅斯南館」成為商館、學館和俄羅斯正教會駐京傳道團等「三位一體」的住址，成為一個具體策劃侵略陰謀的據點。俄羅斯正教會最高宗務會議自康熙五十四年至道光十一年（1715-1831 年），共向中國派進了十一屆「俄羅斯正教駐北京傳道團」均住在這裡。傳教期間，傳教士們大量地從事搜集中國的政治、經濟、軍事、文化等多方面情報的間諜活動，為沙俄政府侵華政策及其政治利益服務。

據史料統計，北京俄羅斯東正教教堂建立後的二百多年間，沙俄政府向中國先後派遣傳教士三百多名，建立東正教堂三百多座、修道院十一所、獨立教區六個、神學校二十所、氣象臺一座。[59]沙俄政府向北京傳道團提供的活動經費，從嘉慶二十五年（1820 年）開始，由每年的六千五百盧布上升為一萬六千二百五十盧布。傳道團在中國興辦的企、事業共四十六處，擁有教會財產一百五十萬盧布。東正教勢力發展到華北、東北、西北、華東、華西、華南等地區，教徒（多為俄羅斯人或其後裔）總人數達三十三萬八千人。[60]

東正教傳教士在華活動期間，編譯了大量的漢、滿文書籍，如翻譯了《八旗通志》、《理藩院則例》、《大清律例》、《異域錄》，編譯了《中國絲織廠資料》、《中國地理手冊》。寫出了《蒙古志》、《西藏志》、《中亞各民族志》、《北京志》。並且大量收集和竊取中國各種文物和重要的圖書資料，特別是從宮廷內盜走了《中華分省地圖》和《北京地圖》。這些史料充分說明俄羅斯東正教在華的傳播是同沙俄積極準備侵華的政策密切相關的。尤其是在英、法等國當時還沒有取得在中國建立使館外交關係的情況下，沙俄卻能利用幾個俄國戰俘的宗教生活，通過派遣傳道團的形式，在北京建立起一個具有外交和收集情報職能的機構——俄羅斯正教駐北京傳道團，這的確與其他宗教在華傳播的性質大相徑庭。從具體史料看，這些傳道團的成員並不真正傳教，而是熱衷於「漢學」的收集、整理、分

59 參見李尚英：《中國清代宗教史》，86 頁。
60 參見樂峰：《東正教在中國傳播的幾個特點》，《中國社會科學院研究生院學報》，1987 年第 6 期。

析工作，這些工作為以後穆拉維約夫奪取黑龍江以北、大興安嶺以南，以及烏蘇里江以東的近一百萬平方公里的中國領土，起了「無可估量」的作用。[61]

三、基督教新教

基督教新教是基督教的一個分支，也稱耶穌教。它也是伴隨著西方資本主義和殖民主義對中國的侵略和擴張，而來華進行傳教活動的。

嘉慶十二年（1807 年），基督教新教傳教士英國人馬禮遜（1782-1834 年），帶著倫敦布道會的使命（即學會漢語、編一本漢語字典及翻譯《聖經》），來到廣州。由於清廷對西洋傳教士已存有高度的戒心和進行嚴密的控制，使得馬禮遜的傳教納徒活動收效甚微。直至嘉慶十九年（1814 年），他才在澳門一僻靜處，偷著為一名叫蔡高的中國人洗了禮。不久，蔡高因此被捕入獄，並死在獄中。道光三年（1823 年），馬禮遜在馬六甲為廣東人梁發洗禮入教。後來，此人成為第一位基督教新教的華人牧師。此後，馬禮遜為傳播新教做了許多工作，例如，他把《聖經·新約》譯成漢文，並在廣州印刷出了千餘冊。他又與新教教士米憐合譯了《聖經·舊約》，也刊印發行。另外，在梁發的幫助下，還陸續出版了由他修訂和撰寫的《使徒行傳》、《神道論》、《耶穌教法》、《救贖救世總說真本》等書。使基督教的全部教義傳入中國。馬禮遜還利用《康熙字典》等書，編著了六卷《華英字典》，皆出版刊行，對中西文化的交流有所貢獻。[62]

馬禮遜來華之後，其他一些歐美國家的基督教新教也相繼派遣傳教士來華。道光十年（1830 年），美國的新教會——美部會，派遣傳教士裨治文（1801-1861年）等來到廣州。不久，德國傳教士郭士立（1803-1851 年）等人也陸續來到澳門、廣州。他們在華期間積極地學漢語、習漢俗、廣交士大夫，其目的是為了進行間諜活動。道光十二年（1832 年），美國傳教士裨治文在廣州創辦了《中國叢

---

61 引自張綏：《東正教和東正教在中國》，203 頁，上海，學林出版社，1986。
62 參見李尚英：《清代宗教史》，91-92 頁。

報》，該報的性質是向歐美列強尤其是向美國提供中國的政治、軍事、經濟、文化、風俗、地理等方面的機密情報服務的。德國傳教士郭士立竟置清廷禁令於不顧，曾多次潛入中國沿海地區，刺探中國的軍事情報。以後，其他西方資本主義國家的基督教新教教會也紛紛派遣傳教士來華進行搜集情報的間諜活動。由於當時清廷的嚴密控制、封鎖和禁止，至鴉片戰爭前，來華的傳教士總計不過十多人，所收教徒也只有數十人，基督教新教在華傳教及活動受到阻礙，致使基督教會十分震怒，公開叫囂：「只有戰爭能開放中國給基督」[63]，縱容、鼓動歐美列強對華發動武裝侵略。

第五節 ·
民間秘密宗教
的繁興

　　清前期的民間宗教，是以廣大農民、小手工業者為主的社會群體所信仰的一種宗教。它有自己的經卷、儀式、思想信仰和組織系統，並與清廷統治相抵觸，被視為「邪教」和異端而予以取締或鎮壓。所以，民間宗教各教派的活動不得不轉為地下秘密進行，故又稱為秘密宗教。由於它們教派多、流行廣，在社會下層擁有廣大群眾，因此社會的影響力非常大。特別是當社會矛盾尖銳、天災人禍相繼而來時，它們常常組織民眾揭竿而起，成為清王朝統治的嚴重威脅。

---

63 引自周燮藩等：《中國宗教縱覽》，245 頁，南京，江蘇文藝出版社，1992。

一、民間秘密宗教的主要派別

清前期的民間秘密宗教，大多都是從白蓮教中演化而來的。白蓮教起源於南宋初年。宋高宗時，吳郡沙門茅子元自稱為白蓮導師，組織了一個融合佛教天臺宗的懺法和淨土宗的彌陀念佛等信仰的淨業團體。他們謹戒殺生，嚴避葷酒，茹素念佛，男女一起集會，懺悔修行，號白蓮菜。白蓮菜被朝廷取締後，這一教系又與摩尼教、彌勒教相結合，逐漸發展成一個新的民間秘密宗教教派白蓮教。[64]明代以後，民間秘密宗教發生了新的變化。正德年間，羅清創立了羅教。他從佛教的南禪臨濟宗分化出來，並敢於打破宗教經典的神秘性和少數特權人物的壟斷性，而自創經典。羅清所著的《苦功悟道卷》、《嘆世無為卷》、《破邪顯正鑰匙卷》、《正信除疑無修證自在寶卷》、《巍巍不動泰山深根結果寶卷》，等等，成為後來民間秘密宗教各個教派的共同經典。清前期的民間秘密宗教，是明代的延續和發展，教派的名目、信仰、組織等，與明代大體相同。清廷對「邪教」的防範、查禁、取締、鎮壓，要比明廷嚴酷。但民間秘密宗教的活動仍然很盛行，並且比明代更具有反叛性。

清前期民間秘密宗教的教派名目多達百餘種，基本上可分為以下幾派。

無為教為康熙時的張保太所創。張保太，又叫張寶泰，法號道岸，雲南景東府貢生。康熙二十年（1681年），他在雲南大理創立「無為教」，自稱四十九代收圓祖師。其教旨奉彌勒和龍華三會，以西南地區最為流行。當時各地的教名均有不同，在四川稱大乘教、無極教、鐵船教、法船教、瘟船教等；在江蘇宜興稱龍華會；在蘇州太倉稱燃燈教；在常州稱西來教。張保太和各地教首聯繫起來，形成一個巨大的聯絡網。

張保太於乾隆六年（1741年）被捕，死於獄中。之後，無為教的教旨有了新的發展。張保太的繼子張曉和四川法船教教首劉奇，強調了教義中彌勒下凡管天下的說法，宣稱皇帝是李開花（即蘇君賢）。「李開花」是讖言中的理想君主，

---

64 參見喻松青、張小林主編：《清代全史》第 6 卷，215-216 頁，瀋陽，遼寧人民出版社，1991。

凡是意圖與朝廷對抗而自立為帝的人，都可以稱之。如雍正五年（1727年），山西澤州人的起義，乾隆十七、十八年（1752-1753年），湖北的馬朝柱事件和福建的鐵尺事件等都以之代稱。

張保太的無為教，對西北、西南和中南地區的民間秘密宗教有很大影響。後來它和這些地區原有的巫教、齋教相結合，形成了一些新的教派，像道光年間流傳的青蓮教，就是其中重要的一支。[65]

有清以來，羅教活動的地區主要是運河兩岸和福建、江西兩省。它在漕運水手中擁有大量的信徒，並在蘇杭一帶建立了許多庵堂。一般的羅教教徒都是誦經、上供、吃齋、坐功。所以，羅教開始時是個帶有下層社會宗教福利個人修行集團的性質，並無反抗清政府的活動。雍正時期謝旻在查報羅教情況的奏折中，也稱該教教徒「並無匪為」[66]。但到了乾隆十三年（1748年），建安、甌寧兩縣的羅教徒因宗教集會時地方官吏抓捕教民，而被激怒，在教首普少的率領下，號稱「代天行道」、「無為大道」、「勸富濟貧」，舉行了起義。

羅教在長期發展的過程中，又形成了一些支派，像真空教、老官齋教、糍粑教等。

清茶門教由明末聞香教主王森的子孫所創。乾嘉時期，王氏家族數十人先後在河南、山西、湖北、江南等地傳習清茶門教。該教傳有《三教應劫總觀通書》，宣傳三劫說和天盤三副說，即認為過去燃燈佛掌天盤，九劫；現在釋迦佛掌天盤，十八劫；未來彌勒佛掌天盤，八十一劫。書中還有明顯的反清復明的文字：「清朝已盡，四文正佛，落在王門。胡人盡，何人登基，日月復來屬大明，牛八原來是土星。」[67]

清茶門教在發展過程中，又分支為圓教一派。創立者是安徽巢縣水手方榮升，自號蓬萊無極老祖，編著《破邪顯正明心錄》，宣傳劫變和真命天子下凡。

---

65 參見《清代全史》第6卷，218頁。
66 《史料旬刊》第2期《羅教案》。
67 故宮博物院明清檔案部編：《清代檔案史料叢編》第3輯，北京，中華書局，1980。

該教所誦經卷還有《定劫寶卷》、《應劫冊》等。嘉慶二十年間，清茶門教被清政府壓制下去。

八卦教是有清一代華北地區勢力最大、影響最深的民間秘密宗教教派。康熙年間，山東人劉佐臣創立了五葷道收元教（即八卦教），編撰《五女傳道書》，該教旨在以不食五葷為戒條，傳播普度眾生收元結果。教內組織有八卦分管各支的安排。乾隆以後，八卦教繼續發展壯大。主要活動範圍為山東、河南、河北等省，後又延伸到山西、江蘇等地。教中按八卦分派，以坎、震、離三支最為發達。八卦教信奉天盤三副說。由於創教的劉氏家族有很多是受過儒學教育的地方官員，所以教義中有較多的儒學內容。例如，他們把三世說中的過去、現在和未來，改稱為先天、中天和後天，這三天的掌世人物也是由天上移到人間的，從而反映了儒家的入世精神。到了後來，為了不把忌齋戒的人擋在教外，八卦教由戒五葷改為戒殺、戒盜、戒淫、戒毀、戒斯，宣傳實行儒家的仁、義、禮、智、信等道德思想。

八卦教在初創時期，與其他民間宗教一樣，是以給人治病、祛災、避禍，作為傳教收徒的主要方式。清中葉以後，八卦教各教派內設立了文、武弟子，文弟子運氣練功；武弟子演習拳棒。這一形式對後來其他民間秘密宗教的影響很大。另外，八卦教中有些教派有明顯的反清傾向，並組織了教派起義。如，乾隆三十九年（1774 年）在山東發生王倫組織的清水教起義；嘉慶十八年（1813 年）在北京爆發李文成、林清領導的天理教起義等。到嘉慶二十二年（1817 年），八卦教教首劉成林被清廷處決，該教派才被鎮壓下去。

八卦教支派較多，除坎、震、離卦教外，還有清水教、天理教和金丹八卦教等。

弘陽教，又稱向陽教、青陽教、混元教等，它活躍於京畿、河北、河南等地區。教徒中多是婦女和旗人，她（他）們大都燒香拜佛、念經斂錢和為人治病。弘陽教信奉的最高神祇是混元老祖（眾神之王）、無極老祖（宇宙開闢者）、無生老母（極高的女性神），並借助儒、釋、道三教抬高弘陽教在民眾中的地位。混元教教首樊明德傳有《混元點化書》、《大小問道經》。在《混元點化書》中含

有「摸乾坤、換世界；反亂年，末劫年」等語，明確提出要改換世界、乾坤。樊明德被朝廷捕殺後，於乾隆五十三年（1788 年），由他的弟子劉松、劉之協將混元教改名為三陽教，《混元點化書》易名為《三陽了道經》。「三陽說」主張把世界分為青陽、紅陽和白陽三個時期，分別代表過去、現在和將來，也分別由燃燈佛、釋迦佛和彌勒佛掌教。宣傳「紅陽劫盡，白陽當興」。各地教徒不斷以「官逼民反」為號召，發動武裝鬥爭。嘉慶元年（1796 年），終於爆發了波及川、鄂、陝、豫、甘五省，延續九年之久的白蓮教大起義。

清代民間秘密宗教教派繁多，流傳甚廣，除上述幾種派別外，還有青蓮教、長生教、密教、真空教等，也都有一定的影響。另外，在民間秘密宗教中，還有大量從事符籙、咒語、幻術、房中等活動的教派，它們疏遠政治，屬於宗教方術、民俗、醫學等範圍。

二、民間秘密宗教的思想信仰

民間秘密宗教的思想信仰很龐雜。它們主要吸取了儒家的倫理綱常、大同等政治思想，以及今文學派中的讖緯和三世說；又吸取了道家的宇宙觀、個人修行，以及道教的神仙、修煉和方術；還吸取了佛家的神學、戒律、儀式，以及佛教各個教派的教義、信仰、宗旨、習俗等各種成分。他們把這些內容混雜起來，加以低層次的通俗化，形成了一個具有特色的白蓮教思想體系。主要內容有：

第一，三世說。民間宗教一般都認為宇宙自開創到最後終止，經歷三個階段，即過去、現在、未來，或稱青陽、紅陽、白陽，或稱先天、中天、後天，或稱華龍初會、二會、三會等。三世說，較多地接受了龍華三會說的影響。龍華三會說認為，宇宙自始至終必須經歷三個歷史時期：龍華初會即燃燈佛鐵菩提樹開花，龍華二會即釋迦佛鐵菩提樹開花，龍華三會即彌勒佛鐵菩提樹開花。它們分別代表著過去、現在和未來。而彌勒佛後，就是天真老祖（即弓長）接替了。三世說又根據佛教教義，繁衍為天盤三副說，此說主張不僅三世中掌世的佛教要受替，年月也要改變。它反映了民間秘密宗教的教首們改換天地的意圖。

第二，劫災思想。民間秘密宗教大都宣傳劫災來臨，認為世界要經歷大劫、末劫、三劫、九劫、一十八劫、九九八十一劫等劫數。其中的「末劫」是指發生在當今世界和未來世界之間，主張經過末劫的最後磨煉，人們才能進入理想世界。民間宗教的教首們宣傳劫災即將來臨的恐怖，加深人們的危機感，從而使人入教避劫，達到擴大教徒的目的。另外，他們還力倡隨著劫災到來的是劫變，即通過社會的動亂，促成社會的變革，以達到理想世界的實現。劫災思想源於佛教，民間宗教把佛教對劫難的哀嘆，變為破壞舊世界建立理想王國的信號。

　　第三，彌勒佛和無生老母的信仰。彌勒佛是民間秘密宗教所信奉的未來神、救世主，它的降臨意味著舊世界的消亡和新理想世界的實現。這一信仰認為未來是由彌勒佛掌教的，它共掌九萬七千二百年，每年十八個月，每日十八個時辰，任務是普度那些在家貧困的男男女女。由於彌勒佛降生後，會帶領人們驅走黑暗，贏得光明和幸福，因此，「彌勒當有天下」就成了聚集飢民、流民、失業者及勞苦大眾進行造反的響亮口號。「無生」原本是佛教語言，和涅槃的含義相近，它認為一切現象的本質都是無生無滅、絕對靜止的。在重實際的民間秘密宗教中，使這一抽象名詞與母親結合起來，變成一個具體的最高之神──無生老母。無生老母象徵著一個擁有眾多信徒，具有博愛胸懷、平等品格，同情並保佑勞苦大眾，受民眾尊崇、信賴的女上帝。她雖是個神，但她又把無數苦難大眾母親的優秀品質凝聚一身。隨著清代民間秘密宗教叛逆性的增長，她也逐漸具備了叛逆者的性格，成為清代農民起義和鬥爭的信仰。

　　有清一代，由於封建中央集權的統治達到頂峰，階級矛盾與民族矛盾日益尖銳化，致使清代農民起義的規模、次數和範圍大大超過了歷代。農民要反抗，要鬥爭，就需要有一個反映自己階級利益的精神支柱及組織形式，即宗教的力量。所以，在清代，農民起義跟宗教結社和神秘主義的關係愈來愈密切。

第八章

倫理道德思想
的新趨向

　　倫理道德是文化系統的組成部分。中國文化是比較強調倫理道德的文化，因此，倫理道德在中國文化中占有重要的地位。入清以來，倫理道德既有承續傳統的一面，又有批判、開新的一面。通過對宋明倫理道德學說的批評，在道德觀、理欲觀、人性論和義利觀等領域提出一些新觀點，從而把這一古代倫理道德思想，推向了新的高度。

第一節·
具有經世致用
特徵的道德觀

　　清前期的學者不僅批判宋明理學的道德觀，而且重視道德理論的研究，以及道德方面的建設，並把道德倫理與社會風俗的改善聯繫起來，起到了移風易俗的作用。

　　黃宗羲在倫理道德觀上，對虛假的道德進行批判。他說：「志道德者不屑於功名，志功名者不屑於富貴，藉富貴以成功名，其功名為邂逅，藉富貴以談道德，其道德為虛假。」[1]在他看來，虛偽是道德的大敵，誠則是人，偽則是禽獸。黃宗羲還認為，「古人見道親切，將盈天地間一切都化了，更說甚富貴貧賤」，到了後來，「世人但見富貴貧賤之充塞，更轉身不得，以為莫大之事」[2]。最後形成的仁、義、禮、智、信都是虛名。在他看來，任何事物本來都是彼此互通互依、平平常常的，所以「人倫者，日用尋常之事」，一切人倫關係都應是相互的、平等的。他的道德觀具有鮮明的五倫平等色彩。他不僅認為父子之間應當是「無不融合」的倫理關係，而且認為君臣之間應當是「互助」和「師友」的倫理關係。他說：「緣夫天下之大，非一人之所能治，而分治之以群工。」「以天下

1　《梨洲文集》，《陳夔獻五十壽序》。
2　《孟子師說》卷四，《飢者甘食章》。

為事，則君之師友也。」[3]他還認為，與父子、兄弟、夫婦之倫相比，君臣之倫是後起的，進而批判君主專制的禮法制度是「藏天下於筐篋」的「非法之法」，從而主張以「未嘗為一己而立」的「天下之法」取代之。對以「三綱」為核心的舊道德的批判，顯示出了黃宗羲道德觀的平等精神。

黃宗羲在批判舊道德的同時，還著有《怪說》、《葬制或問》、《破邪論》等無神論之作，對當時的社會陋習展開批評，倡導革新風俗。他說：「治天下者既輕其賦斂矣，而民間之習俗未去，蠱惑不除，奢侈不革，則民仍不可使富也。」[4]當時，在舊道德制度的籠罩下，民間習俗和迷信活動十分盛行，奢侈靡費的社會風氣日長，特別是在婚喪習俗方面和佛巫蠱惑方面造成的影響很壞。黃宗羲提出，對於這些習俗和迷信，除採取各種「禁令」措施外，還要對廣大民眾進行科學、文化和思想等教育，提高文化素質，移風易俗。

顧炎武在道德上主張「廉恥」觀念。他所說的「行己有恥」，是指自子、臣、弟、友，以至出入、往來、取與之間，皆有恥。在他看來，每個人要用羞惡之心來約束自己的行為和處世待人。顧炎武還把「行己有恥」的道德品質看作是人的根本，尤其強調士大夫們要知恥。他說：「《孟子》曰：人不可以無恥，無恥之恥無恥矣。又曰：恥之於人大矣，為機變之巧者，無所用恥焉。所以然者，人之不廉而至於悖禮犯義，其原皆生於無恥也。故士大夫之無恥，是謂國恥。」[5]在他看來，一般的百姓要知恥，不知恥則是人格上的恥辱。士大夫是國家棟梁，其行為關係到國家前途、命運，更應該知恥，不知恥就不僅是自身的人格問題，而是整個國家的恥辱。把有恥從人格提升到國格。顧炎武還聯繫清初的社會實際，進一步闡發了這種廉恥的道德觀。他指出，世衰道微，棄禮義之廉恥，已不是一朝一夕的事。然而彼昏之日，並非沒有「獨醒之人」。這裡的「獨醒」是強調主體的道德自覺性。他認為，自己就是一個「獨醒之人」，是「行己有恥」的楷模。

3　《明夷待訪錄》，《原臣》。
4　《明夷待訪錄》，《財計三》。
5　《日知錄》卷十三，《廉恥》。

顧炎武把道德與風俗聯繫在一起，認為，「教化者，朝廷之先務；廉恥者，士人之美節；風俗者，天下之大事。朝廷有教化，則士人有廉恥，士人有廉恥，則天下有風俗。」[6]他把風俗提到了「天下之事」的高度，把「士人有廉恥」當作天下有風俗的標準。在道德和風俗的關係上，顧炎武力倡蘇軾的觀點：「國家之所以存亡者，在道德之淺深」，「歷數之所以長短者，在風俗之厚薄」[7]。反映了他重道德而厚風俗的道德觀。為此，他明確指出：「目擊世趨方知治亂之關必在人心風俗，而所以轉移人心，整頓風俗，則教化紀綱為不可闕矣。百年畢世養之而不足，一朝一夕敗之而有餘。」[8]這是說，必須通過道德教化使人心趨善，風俗純正，才是治國的關鍵。所以，他特別強調「一道德而同風俗」的重要性。另外，顧炎武還認為社會風俗是不斷變化的，因而又進一步提出應該「撥亂反正，移風易俗」的口號。他主張聖人之道「皆以為撥亂反正，移風易俗，以馴乎治平之用，而無益者不談」[9]。這樣，他就把「正人心，厚風俗」的道德觀與「撥亂世以興太平」的政治觀聯繫起來，具有時代的意義。

王夫之的道德觀，儘管沒有從根本上否定「三綱」倫理，但是他認為，「天尊地卑，義奠於位；進退存亡，義殊乎時；是非善惡，義判於幾；立綱陳常，義辨於事」[10]。明確肯定了世間的尊卑關係、善惡標準、綱常倫理等都是隨著歷史發展而變化的。在此基礎上，他對傳統的君臣之倫和忠君觀念，作出了自己獨到的判斷，認為就天下而言，必須以天下為公，天下不是一姓或個人的私有財產。一姓的興亡是私事，百姓的生死才是公事。所以，王夫之強調說：「不以一人疑天下，不以天下私一人。」[11]這樣他就把民族公利與君主私利鮮明地區分開來。接著他又對「忠君」這一倫理範疇作了剖析，說：「事是君而為是君死，食焉不避其難，義之正也。然有為其主者，非天下所共奉以宜為主者也，則一人之私也。」「君臣者，義之正者也，然而君非天下之君，一時之人心不屬焉，則義徙

6　同上。
7　《日知錄》卷十三，《宋世風俗》。
8　《亭林文集》卷四，《與友人書》。
9　《亭林文集》卷六，《答友人論學書》。
10　《周易外傳》卷七，《說卦傳》。
11　《黃書》，《宰制》。

矣；此一人之義，不可廢天下之公也。」[12]這是說，不能籠統地談對君主是否盡「忠」，這要看君主是否代表民意、民心，是否是「天下所共奉」的「天下之君」。如果「君非天下之君」，為「人心」所「不屬」，就談不上盡「忠」。因為王夫之認為，「義」與「不義」是相對應的。他還把義分為三種，有一人的正義，有一時的大義，有古今的通義。那麼輕重之衡，公私之辨，就應該仔細研究這三者間的關係。若「以一人之義，視一時之大義，而一人之義私矣；以一時之義，視古今之通義，而一時之義私矣；公者重，私者輕矣，權衡之所自定也。」決「不可以一人廢天下」[13]。這顯然是對愚忠思想的批判。王夫之也提倡人格尊嚴與知恥，重視個人的道德修行，強調人的能動性和道德自覺不僅對個人，而且對國家、民族都有重要意義。

唐甄在道德觀上主張「五倫平恕」。他把孔子的「忠恕」之教，解釋為平易之道。他說：「仲尼之教，大端在忠恕。即心為忠，即人可恕，易知易能者也。」[14]所謂「恕人」就是平等待人。在他看來，處理君臣、父子、兄弟、夫婦、朋友等人倫關係，都應該奉行這種「平恕之道」。他的這種道德平等思想是以承認人有共同的人性和情欲為前提條件的。從而推出「平」是「天地之道」，是人生權利，唐甄把「五倫平恕」的道德觀與要求平等權利的政治觀聯繫在一起，由此提出了「五倫百姓，非恕不行」的政治倫理主張，具有反專制主義的色彩。

戴震道德觀的重點是在「人倫日用」上。他把人們現實的社會關係，看作是各種道德準則賴以產生的條件和基礎。他認為，道德並不是遠離現實生活的說教，而是人道、人理和人倫日用的必然法則。道德準則來源於「人倫日用」的現實關係。這是說，現實生活才是道德的本源和內容。戴震進一步把人倫日用與仁、義、禮的關係概括為「物」與「則」的關係，認為人倫日用是日常的物質生活，仁、義、禮是物質生活的規則，也即社會生活所遵循的道德規範，人們都不能超越於人倫日用之外。他認為，如果把飲食比作人倫日用，知味比作行為無

---

12 《讀通鑑論》卷十四，《安帝》。
13 同上。
14 《潛書》上篇上，《法王》。

失，那麼脫離人倫日用來求道德準則，就好比在飲食之外求知味，是很荒誕的。

戴震從「人倫日用」的道德觀出發，深刻揭露和批判宋儒「得於天而具於心」的道德觀。他說：「古賢聖之所謂道，人倫日用而已矣，於是而求其無失，則仁義禮之名因之而生。非仁、義、禮加於道也。於人倫日用行之無失，如是之謂仁，如是之謂義，如是之謂禮而已矣。宋儒合仁、義、禮而統謂之理，視之如有物焉，『得於天而具於心』，因以此為『形而上』，為『沖漠無朕』；以人倫日用為『形而下』，為『萬象紛羅』。蓋由老、莊、釋氏之舍人倫日用而別有所謂道，遂轉之以言夫理。」[15]這明確反映了他堅持「道不離事」、「理在事中」的立場。在他看來，先於天地萬物的「道」或「理」是不存在的，宋儒把仁義禮與人倫日用分割為「形而上」與「形而下」是錯誤的。他主張，「仁者，生生之德也；『民之質矣，日用飲食』，無非人道所以生生者。一人遂其生，推之而與天下共遂其生，仁也。」[16]「人之生也，莫病於無以遂其生。欲遂其生，亦遂人之生，仁也；欲遂其生，至於戕人之生而不顧者，不仁也。」[17]戴震以道德源於「人倫日用」為出發點，對「仁」作出新的解釋，即「與天下共遂其生」，認為只有關心人們的「日用飲食」，才是「仁」的原則；如果傷害民生，「戕人之生而不顧」，那就是不仁，從而指出程朱所謂「存理滅欲」是違背人性，是不仁的。

龔自珍、魏源的道德觀都強調要「知恥」。自古以來，「知恥」或「無恥」是一個重要的道德標準。龔自珍、魏源以「知恥振邦」為前提，把西方殖民者對中華民族的任意欺凌，看作是最大的恥辱，抨擊清廷寡廉鮮恥的行為。

龔自珍進一步發揮了黃宗羲所說的「士大夫之無恥，是為國恥」的思想，說：「士皆知有恥，則國家永無恥矣；士不知恥，為國之大恥。」[18]在他看來，士大夫只有知恥而不賣國求榮，才能保證國家、民族「永無恥」。進而他還強調說：「農工之人、肩荷背負之子則無恥，則辱其身而已；富而無恥者，辱其家而

---

15 《孟子字義疏證》卷下，《道》。
16 《孟子字義疏證》卷下，《仁義禮智》。
17 《孟子字義疏證》卷上，《理》。
18 《龔定庵全集類編》卷六，《明良論》。

已；士無恥，則名之曰辱國；卿大夫無恥，名之曰辱社稷。」[19]他將士大夫的「無恥」看成是「國恥」、「社稷恥」，明確指出了「士知有恥」的重要性。

魏源也強調「知恥」的重要性，他用清初的事例來說明「國，恥足以興」的道理，說：「《記》曰：物，恥足以振之；國，恥足以興之。故昔帝王處蒙業久安之世，當渙汗大號之日，必虩然以軍令飭天下之人心，皇然以軍食延天下之人材。人材進則軍政修，人心肅則國威道。一喜四海春，一怒四海秋。五官強，五兵昌，禁止令行，四夷來王，是之謂戰勝於廟堂。」[20]他指出「知恥」的目的在於激發和喚起廣大人民的鬥志，加上政策謀略的正確，就能夠抵禦外侮，求得「振邦」。

清前期思想家的道德觀大多是在批判宋儒道德清談的基礎上展開的，他們對道德的真偽、道德的立身、道德的平等、道德的日用等問題，進行了深刻的探討。雖然他們在道德觀上各有不同的側重，但都把道德與社會風俗、政治等聯繫起來，具有鮮明的經世致用特徵。

---

19 同上。
20 《聖武記》卷首，《聖武記敍》。

第二節·
倡導個性解放
的理欲觀

　　清前期的理欲觀，在批判宋明理學理欲割裂的禁欲主義基礎上，充分闡述了理、欲間的相互聯繫，並把理欲與情理相互結合起來，高揚了個性解放的人文精神。

　　與明清之際的其他學者相比，王夫之理欲觀一個鮮明的特點就是有很強烈的歷史感。他首先尊重人的欲求，把「欲」看成是人類文明發展的原動力，反對把天理和人欲割裂開來。他說：「既有是人也，則不得不珍其生」，「甘食悅色，天地之化機也」，「天之使人甘食悅色，天之仁也」[21]。在王夫之看來，要使人類社會蓬勃生機、不斷發展，就必須「珍生」，滿足共同的「人欲」。而「甘食悅色」正是「天」賦予人的欲望特徵。但他又指出，人的物質欲望與動物的欲望不同，動物的欲望僅限於滿足充飢避寒的本能，而人在追求物質欲望的同時也有精神上的要求，這就是人的生命和尊嚴的價值所在，也是人類發展的原生動力。

　　王夫之肯定人欲，但並不否認有社會的規範，認為有欲也要有理。他說：「禮雖純為天理之節文，而必寓於人欲以見。雖居靜而為感通之則，然因乎變合

---

21 《思問錄》，《內篇》。

以章其用。唯然，故終不離人而別有天，終不離欲而別有理也。」[22]從而提出「理在欲中」、「天理與人欲同行」等命題。他認為，「人欲」與「天理」是相互依存、相互聯結的關係，「天理」存在於「人欲」之中，離開「人欲」就無所謂「天理」。而飲食男女之欲，人之大共也，天理之所在，「不舍人欲而別自為體，盡其宜中其節，則理也」[23]。這是說，理與欲是一件事的兩個方面，都存在於飲食男女之日常活動中，而其活動中「盡其宜」、「中其節」便是理；若放任無度，則是欲。又說：「聲色嗅味，順其道則與仁義禮智不相悖害，合兩者互為體也。」[24]意思說天理並不是離開聲色嗅味等人欲而另有一體，而是與人欲共處一體，人欲順其道就是天理，即「隨處見人欲」，則「隨處見天理」。

王夫之還提出「人欲之大公即天理之至正」、「人欲之各得即天理之大同」這一深刻命題。他說：「理盡（於己）則合人之欲，欲推（於己）則合天之理，於此可見人欲之各得，即天理之大同。」「以我自愛之心而為愛人之理，我與人同乎其情，則又同乎其道也。人欲之大公，即天理之至正矣。」[25]在王夫之看來，「盡己」就是要在追求自己欲望的時候嚴於自律；「推己」就是要多想別人的欲望，讓別人的欲望也得到滿足。這顯然是站在傳統的儒家道德準則「己欲立而立人，己欲達而達人」之上，來實現人欲各得的大公天理。他又認為，「人欲」不限於飲食男女、耳目聲色之娛，還包括人的「志」，他說：「孔子曰：『吾其為東周乎』，抑豈不有大欲焉？為天下須他作君師，則欲即是志。人所必不可有者私欲爾。」[26]用公私、誠偽來規定天理、人欲的實質，認為，如果真想為國家出力，而不是只想滿足一己之貪欲，就是「天理」，即使天下人人皆得其欲的公欲。如果「將天理邊事以人欲行之」，假公濟私，那便是「人欲」，即只謀一己之欲的私欲。這顯然把是否出於公心、公欲，看作是衡量私欲與天理的標準。

王夫之在批判專制統治者自己奉行縱欲主義而要求人民實行禁欲主義虛偽說

---

22 《讀四書大全說》卷八，《孟子》。
23 《禮記章句》卷一，《曲禮上》。
24 《張子正蒙注》卷三，《誠明篇》。
25 《詩廣傳》卷四，《大雅》。
26 《讀四書大全說》卷八，《孟子》。

教的同時，也反對由批判禁慾主義而走向另一個極端的縱慾主義。他肯定人的正常生活慾求和追求功利的合理性，也針砭了由於取消一切道德規範所導致的社會弊病，從理慾關係中闡發了人與人在人格上應相互平等的思想。

唐甄從自然主義角度分析理慾問題。他認為「人慾」根源於人的「血氣」，血氣是人慾賴以存在的自然生理基礎。他說：「蓋人生於氣血，氣血成身，身有四官，而心在其中。身欲美於服，目欲美於色，耳欲美於聲，口欲美於味，鼻欲美於香。其為根為質具於有妊之初者，皆是物也。及其生也，先知味，次知色，又次知服，又次知聲，又次知香。氣血勃者，五欲與之俱長；氣血大壯，五欲與之俱壯。」[27]這表明，人的五欲高於禽獸之欲，人不像禽獸只求滿足於充飢避寒的本能，人的五欲中還包含著對於美的要求。唐甄肯定了人欲的合理性和本質，並把欲看作是人類活動的原動力。只有善於順應人們追求幸福的欲望，才能使社會和人性充滿生機活力，欲是人類社會進步的槓桿，以此反對理學「存天理，滅人欲」的禁慾主義。

唐甄雖然強調人欲的作用，但並不主張縱慾無度。他很重視「性欲」與「理義」的關係，認為只要靠「心智」，就能自覺地把握性欲與理義的界限。他說：「心之智識，皆為五欲之機巧；五欲之機巧，還以助心之智識。五欲逐心而篡其位。心既失位，欲為之主，則見以為生我者欲也，長我者欲也。人皆以欲為心，若更無所以為心者，其本心雖未嘗亡，而陷溺之久，如素入染，不可認取；如珠投海，不可尋求。於斯之時，舍欲求道，勢必不能。」[28]由此看來，他把「心之智識」當作是「五欲之機巧」，強調只要人的「心智」能正常發揮作用，就能把握性欲與理義的和諧關係。如果「五欲逐心而篡其位」，「心智」則喪失了支配地位，讓「五欲」成為主宰者，那就危險了。

唐甄對縱慾主義進行針砭。他認為「人欲」是客觀存在的，但不能使之過度膨脹，必須用「智識」、人格尊嚴和社會整體利益對人欲加以制約。他從生理、

---

27 《潛書》上篇上，《七十》。
28 同上。

人格、社會等方面具體闡述了縱欲主義的危害性。他說，人有思、氣、味、飲、色這五種情欲，如果過度縱欲它們就會造成災難，比如「思淫心疾，氣淫肝疾，味淫脾疾，飲淫肺疾，色淫腎疾。此五者，內自賊者也。」[29]他還認為人應該有自己的人格尊嚴，縱欲會損害人格的尊嚴，說：「人之情，孰無所欲！得其正而安之，不得其正而棄之，是為君子；得其正而溺之，不得其正則強遂之，是為鄙夫。」[30]他又以晚明社會縱欲成風而造成民族、百姓生靈塗炭的慘劇為實例，揭露縱欲主義對社會整體利益的危害，認為人的欲望實現，必須以不損害社會整體利益為前提，他說：「小民攘利而不避刑，士大夫殉財而不知恥，諂媚慆淫，相習成風」，就會使「人心陷溺」，最終導致「此天下之亂所以相繼而不已也」[31]。

唐甄反對理學把「天理」與「人欲」絕對對立起來，批判禁欲主義和縱欲主義，肯定「人欲」的合理性，把「理」和「欲」有機地結合起來，體現了人的自然性、道德性和社會性的有機統一。

陳確（1604-1677 年）從「氣質之性」的自然人性論出發去解釋理欲的關係。他認為，人欲作為「生機之自然不容已者」是普遍存在的人的生理要求，是人類社會充滿生機和活力的源泉，是不可遏抑的、滅絕不了的。他說，欲望是人生理要求的反映，無論是常人還是聖人都具有欲望，沒有欲望要求的是死人，所以遏欲、絕欲是違背人的自然規律的。

陳確在肯定人欲存在合理性的基礎上，通過「人欲正當處即是理」的命題，論證「天理」和「人欲」的關係。他認為「理在欲中」，「天理」，即人欲之中、善解人意、順乎人情的理。陳確說：「蓋天理皆從人欲中見，人欲正當處，即是理。無欲又何理乎？孟子曰：『可欲之謂善。』佛氏無善，故無欲。生，所欲也；義，亦所欲也；兩欲相參，而後有舍生取義之理。富貴，所欲也；不去仁而成名，亦君子所欲也；兩欲相參，而後有非道不處之理。推之凡事，莫不皆然。」[32]

29　《潛書》下篇下，《厚本》。
30　《潛書》上篇下，《貞隱》。
31　《潛書》下篇上，《尚治》。
32　《瞽言》四，《與劉伯繩書》。

這就是說，理不在欲外，也不會與人對立，而是在人欲之中的，「人欲」本身就體現著「理」。禁欲非理，縱欲亦非理，而人欲之恰到好處才是理。陳確豐富並擴展了人欲的內涵，把欲義、欲仁以成名也看作是人欲。這樣，人欲不僅包括「飲食男女」之欲，而且也含有「功名富貴」之欲。「飲食男女」之欲是「義理」的出發點，「功名富貴」之欲則是「道德」的歸宿。正如他所說：「飲食男女皆義理所從出，功名富貴即道德之攸歸。」[33]

陳確的理欲觀，具有反對傳統道德倫理至上主義的特色。他改變了「天理」的內涵，使理從屬於欲，說明道德倫理並非是至上的，相反，人的欲求、人的權利和人的發展等才是至高無上的。看到道德倫理至上主義有扼殺人類社會生機和活力的一面，是他的獨到之處。

在理欲問題上，李光地則主張「人欲非惡」。他認為：「人欲者，耳目口鼻四肢之欲，是皆不能無者，非惡也。徇而流焉，則惡矣。」[34]在他看來，「人欲」即「耳目口鼻四肢之欲」，是人的「不能無」的正常欲望，不是罪惡，同時又指出人的欲望如果不通過理性來加以節制，就會導致人欲橫流，陷入罪惡的深淵。這樣，他既否定了程朱視「人欲」為罪惡的觀點，又與一味追求物質享樂的縱欲主義觀點劃清了界限。李光地進一步認為，「公天下之欲」是正確處理好天理與人欲關係的關鍵，建立良好的社會道德秩序必須要做到「公天下之欲」。「夫公天下之欲不為惡，惟有己則私耳。」[35]「公天下之欲」就是「天理之實」，一心只想著自己的私欲就是「人欲之私」，只有分清「人欲之私」與「天理之實」，才能做到「公天下之欲」。他的這種觀點和王夫之的「人欲之大公即天理之大同」的觀點是一致的。

李光地從「公天下之欲」來調整天理與人欲的關係，把「人欲」和「天理」看成是相容的合情理的，指出了人欲亦有其正當性，人的任務在於用「天理」去調節人欲，而不是「革盡人欲」。

---

33 《瞽言》四，《無欲作聖辨》。
34 《榕村全集》卷二，《讀書筆錄》。
35 《榕村全集》卷七，《人物篇》。

戴震在闡述理欲關係之前，先對「理」與「欲」作了新界定。他說：「理者，察之而幾微必區以別之名也，是故謂之分理；在物之質，曰肌理，曰腠理，曰文理；得其分則有條而不紊，謂之條理。」[36]這就是說，「理」是事物的「條理」，由於各種事物內在的細微的條理不同，如皮膚的紋理、肌肉的紋理、文章的文理等，這些都稱為「分理」，它能使事物得以區別開來。這裡的「理」，是指萬物的秩序、條理，即各種事物存在、發展的具體規律和法則，而不是理學家所說的「得之於天而具於心」的空理。他說，「欲」是「血氣心知」之自然，是「生養之道」，「生養之道，存乎欲者也；感通之道，存乎情者也；二者，自然之符，天下之事舉矣」[37]。「夫耳目百體之所欲，血氣之資以養者，生道也。」[38]這就是說，「欲」是「血氣心知」之人的自然欲求，它的功能和作用是「以生以養」，而不是理學家所說的百病之根。在確定了「理」「欲」特質後，戴震從以下幾個方面論述了兩者的關係。

首先，戴震把「欲」與「理」的關係看成是事物與規則的關係，認為欲是事物，理是規則。他說：「人倫日用，其物也；曰仁，曰義，曰禮，其則也。」[39]「循理者非別有一事，曰『此之謂理』，與飲食男女之發乎情欲者分而為二也，即此飲食男女，其行之而是為循理，行之而非為悖理而已矣。」[40]在他看來，「欲」與「理」本是一事物的兩個方面，「欲」是飲食男女、人倫日用等，「理」是它們的規律、法則。如果合乎飲食男女、人倫日用等規律來做事情就是循理。仁義禮智這些道德規範存在於人倫日用、飲食男女等欲之中，即「理存乎欲」，故「欲中求理」。

其次，戴震把「欲」與「理」的關係看成是自然與必然的關係。他說：「欲者，血氣之自然；其好是懿德也，心知之自然」，「由血氣之自然，而審察之以知其必然，是之謂禮義；自然之與必然，非二事也。就其自然，明之盡而無幾微

---

36 《孟子字義疏證》卷上，《理》。
37 《原善》卷上。
38 《緒言》卷上。
39 《孟子字義疏證》卷下，《道》。
40 《緒言》卷下。

之失焉，是其必然也，如是而後無憾，如是而後安，是乃自然之極則。」[41]這說明，「欲」是人之「血氣心知」的本能要求，是自然的；「理」則是這種欲求的規律性，是必然的。「理」不能超越情欲之外而別有其理，即使有這種理，也是空洞的抽象。所以，理是情欲合規律的完成和實現，是存在於「人倫日用」之中的必然法則。他還認為，凡事都產生於欲，欲是人們生存活動的驅動力。無欲就不會有為，有欲然後才有為，有為而適度，這才是理，若無欲無為，就無理可言。

再次，戴震從欲的性質上來規定理欲關係。他認為，人們欲望既不失其私又通天下之欲，便是仁。「以我之情絜人之情，而無不得其平，是也。」[42]這是說，人們只要不以一己之私為欲，而以天下之通欲為欲，把自己的情欲與天下人的情欲聯繫在一起，就能達到「仁」的境界。他又說：「無私，仁也；不蔽，智也；非絕情欲以為仁，去心知以為智也。是故聖之道，無私而非無欲；老、莊、釋氏，無欲而非無私；彼以無欲成其自私者也；此以無私通天下之情，遂天下之欲者也。」[43]在戴震看來，無私與無欲是不同的，「欲」屬於人的自然本能，「私」屬於人的道德規範，與「仁」對立的是「私」，而不是「欲」。因此，作為道德表現的「仁」，不但不應該違背人性的要求，「絕情」、「去欲」，而且相反，應該做到「通天下之情，遂天下之欲」。

最後，戴震從欲的量度上來規定理欲關係。他認為，欲的「中節」、「無失」就是「理」，主張凡有血氣之類，均有欲，所以，人皆有欲，應「達情遂欲」。但是，人不能窮欲、縱欲，而要把欲限制在一定度的範圍之內，這個度的範圍就是「理」。他說：「在己與人，皆謂之情。無過情無不及情之謂理」，而「天理者，節其欲而不窮人欲也。是故欲不可窮，非不可有；有而節之，使無過情，無不及情。可謂之非天理乎！」[44]這是說，天理是要求人們對欲和情保持無過無不及的狀態。怎樣做到呢？須得「無失」。他提出：「欲之失為私，私之貪邪隨之

---

41 《孟子字義疏證》卷上，《理》。
42 同上。
43 《孟子字義疏證》卷下，《權》。
44 《孟子字義疏證》卷上，《理》。

矣；情之失為偏，偏則乖戾隨之矣；知之失為蔽，蔽則差謬隨之矣。不私，則其欲皆仁也，皆禮義也；不偏，則其情必和易平恕也；不蔽，則其知乃所謂聰明聖智也。」[45] 在這裡，戴震把「私」、「偏」、「蔽」分別看作是「欲之失」、「情之失」、「知之失」的原因，只要無其失，就能達其理。所以，他明確肯定只要「不私」，人的欲望就符合仁義禮；只要「不偏」，人的情感就平靜和諧；只要「不蔽」，人的智慧就能得到充分顯現。

值得強調的是，戴震在論述理欲觀的同時，深刻揭露了程朱理欲觀中「忍而殘殺之具」的宗教性質。他尖銳地指出，程朱的所謂「得於天而具於心」的「天理」，實際是「一己之意見」，是獨斷的教義，而不是天下的公理。他們「憑在己之意見，而執之曰理，以禍斯。更淆以無欲之說，於得理益遠，於執其意見益堅，而禍斯民益烈」[46]。在戴震看來，程朱的理欲之辨承釋老之意而背聖賢之道，離開人欲，空談義理，視人欲為萬惡之源，視義理為至高無上。至於程朱「舉凡民之飢寒愁怨、飲食男女、常情隱曲之感，咸視為人欲之甚輕者」[47]，不過是以非理之理治人，以善為惡來說教而已，給人民造成極大的危害，特別是他們越為此辯護，此禍害就越大。戴震進一步揭露程朱理欲觀作為統治人民工具的殘酷性。他說：「理欲之分，人人能言之」，「尊者以理責卑，長者以理責幼，貴者以理責賤，雖失謂之順；卑者，幼者，賤者以理爭之，雖得謂之逆。於是下之人不能以天下之同情、天下所同欲達之於上；上以理責其下，而在下之罪，人人不勝指數。人死於法，猶有憐之者；死於理，其誰憐之！」[48] 這是說「理」作為束縛人們行為的禮教，像一把無形的軟刀子，使「天下受其害者眾也」。戴震犀利地指出，以非道德的所謂「道德法庭」（即理），殺人，要比專制國家的法律殺人更加殘酷百倍。

戴震通過批判程朱「存天理，滅人欲」的禁欲主義，揭露倫理異化與宗教異化具有共通的本質，對理欲關係作出了嶄新的解釋。他的理欲觀以「根於血氣」

---

45 《孟子字義疏證》卷下，《才》。
46 《戴東原集》卷八，《答彭進士允初書》。
47 《孟子字義疏證》卷下，《權》。
48 《孟子字義疏證》卷上，《理》。

的「欲」為出發點，以天下人人皆能「欲之得遂」的「公欲」實現為歸宿，這一啟蒙特色與王夫之等人的理欲觀一脈相承。

焦循的理欲觀以自然人性論為基礎，提出了「絜矩之道」的思想。他認為，飲食男女是人性中所固有的，並把它看成是衡量人性進化的尺度和依據。如果否定了飲食男女，也就否定了人向善的可能性。因此，焦循反對程朱「存天理，滅人欲」的理欲觀，主張統治者應以推己及人的「絜矩之道」或「恕道」來對待人民的物質生活追求，使天下人的物質欲望都得到滿足。焦循把《大學》中「格物」的內容，界定為「絜矩」、「恕」，提倡要以己度人，通達人情，知民生之隱曲，解民之所好好之、民之所惡惡之，使人人各得其欲，以此來論述理欲關係，他說：「飲食男女，人之大欲存焉，聖人於己之有夫婦也，因而知人亦欲有夫婦；於己之有飲食也，因而知人亦欲有飲食」，「平天下所以在絜矩之道也」，「絕己之欲，不能通天下之志，物不可格矣！」[49]

焦循認為，若肯定天下人人各遂其所欲，就不會導致你爭我奪的「大亂之道」。所以他主張「本乎欲而後可以窒欲」。「本乎欲」是指肯定人欲的存在，「窒欲」是指去除危害他人利益的欲望，換句話說，就是要求每個人必須以不侵害他人利益為前提，來滿足自己的物質追求。他說：「唯本乎欲以為感通之具，而欲乃可窒。人有玉而吾愛之，欲也；若推乎人之愛玉亦如己之愛玉，則攘奪之心息矣。能推，則欲由欲寡；不能推，斯欲由欲多。不知格物之學，不能相推，而徒曰遏其欲，且以教人曰遏其欲，天下之欲可遏乎哉！孔子七十而從心所欲不逾矩。矩，即絜矩之矩，以心所欲為矩法，而從之不逾者。」[50]焦循清醒地意識到人們的欲望是不言而喻、不可遏的公理，認為只要承認這一公理，肯定人欲存在的合理性，就會建立起一個人與人相互尊重、相互平等、互不剝奪、互不侵犯的社會機制。這樣，焦循從理欲觀中引申出人人平等的政治思想。

阮元繼承了戴震關於人性的「血氣心知」說，提出了「天既生人以血氣心

49 《雕菰樓集》卷九，《格物解》。
50 同上。

知，則不能無欲」的理欲觀。他說：「欲生於情，在性之內，不能言性內無欲。欲不是善惡之惡。天既生人以血氣心知，則不能無欲。惟佛教始言絕欲。若天下人皆如佛絕欲，則舉世無生人，禽獸繁矣。此孟子所以說味色聲嗅安佚為性也。欲在有節，不可縱，不可窮。若惟以靜明屬之於性，必使說性中無欲而後快，則此經文（《樂記》）明雲『性之欲也』，欲固不能離性而自成為欲也。」[51]阮元在此大大發揮了《樂記》的「感於物而動，性之欲也」之思想，表現了他對人類欲望的讚頌和對程朱存理滅欲的批判。另外，他在肯定欲望存在合理性的同時，也強調欲要有節，不可縱欲、窮欲，從而把欲限制在合理的範圍之內。

阮元反對宋儒把《論語》中所謂「克己」解釋為克去私欲的做法，認為「克己」則是指「非禮勿動，非禮勿言，非禮勿視，非禮勿聽」的「四勿」。所以，阮元主張用「禮」來代替宋儒的「天理」，並認為「禮」中有「理」，他說：「理必出於禮也。古今所以治天下者，禮也。五倫皆禮，故宜忠宜孝即理也。」「故理必附於禮以行。空言理，則可此可彼之邪說起矣。」[52]這是說，禮與理是統一的，理的內容必須通過禮的形式表現出來，不可離禮而言理，空談理，就會陷入荒謬的邪說。

與理欲觀相連，清代學者還闡述了情理觀，他們主張人性復歸，用至情反對「天理」，寓理於情，從而對「吃人禮教」進行徹底的揭露和批判。

傅山主張純情觀。認為有情有信，才有道有理，他說：「盡情。復情。上言德容是天地間之人之樂耳，未為天地樂也。至此純是天地，並人而無之，復何德之足雲？情為天地生人之實，如上文所謂一也。復乎一而塞天地皆人。」[53]在傅山看來，情是「天地生人之實」的本源，人是「復乎一而塞天地」者，沒有情，就沒有人的歡樂，人存在的意義，所以，人要盡情、復情。他又說：「文者，情之動也。情者，文之機也。文乃性情之華，情動中而發於外，是故情深而文精，

51 《揅經室一集》卷十，《性命古訓篇》。
52 《揅經室續集》卷三，《書東莞陳氏學蔀通辨後》。
53 《天地第十五》旁批。

氣盛而化神，才摯而氣盈，氣取盛而才見奇。」[54]人只有真情、深情，才具有氣盛、神奇之功。傅山強調「情真自然」、「純任天地」，是提倡人們在藝術創作時，勇於衝破「以理抑情」的束縛，充分顯示人的聰明才智，達到情理的統一。

黃宗羲在批判程朱把理與情截然對立的基礎上，提出了理情不可二分、理在情中的情理觀。他說：「自來儒者以未發為性，已發為情。其實性、情二字，無處可容分析。性之於情，猶理之於氣，非情亦何從見性？」[55]這表明，性與情是不可分離的，性依存於情，正像理依存於氣一樣，性因情而見，性（理）在情中。黃宗羲指出，程朱將《中庸》所說的「未發」釋為「性」，「已發」釋為情，強迫人們要遵守那個不變的「未發時氣象」（性），即「天理」，是違反人性的錯誤觀念。他在深刻揭露這種荒謬性時說：「情貫於動靜，性亦貫於動靜，故喜怒哀樂，不論已發未發，皆情也，其中和則性也。」[56]說明性、情是一致的，強調性在情中、理在情中的重要性，以此批判舊禮教對人情感的扭曲和扼殺。

王夫之的情理觀則主張「天理人情、元無二致」。他認為人情是人性的基本內涵之一，具有普遍性和共通性，強調「性」、「情」、「欲」、「理」之間的關係是統一的。他說：「情者，陰陽之幾也；物者，天地之產也。陰陽之幾動於心，天地之產應於外。故外有物，內可有其情也。內有其情，外必有物矣。」[57]王夫之從這一觀點出發，認為人是自然界的產物，人情與天地陰陽是相通的。他反對把「性」與「情」絕對對立起來，認為性是情的根本，情是性的顯現，所以，性能生情，情以顯性。同時，「情」與「欲」也是相統一的。人有情感，就有追求，故欲由情所生，情又由性決定，而人有情有欲，正是天理的自然。這樣，「性」、「情」、「欲」就成為一種合理的存在，從而貫通天下，即成天理。王夫之又進一步說：「夫陽主性，陰主形。理自性生，欲以形開。其或冀夫欲盡而理乃孤行，亦似矣。然而天理人欲，同行異情。異情者，異以變化之幾；同行者，

---

54 《霜紅龕集》卷二十五，《家訓》。
55 《明儒學案》卷十九，《江右王門學案》。
56 《明儒學案》卷四十七，《諸儒學案》。
57 《詩廣傳》卷一，《邶風》。

同於形色之實。」[58]這是說，理欲來源於「形色」，即「性」和「形」，理欲隨著條件的改變而不斷變化，揭示了「天理」不是永恆的，它是隨著人們「性」、「情」、「欲」內涵的發展而規定的。

袁枚在論情理關係時，倡導唯情主義，並著力於揭露舊禮教的「吃人」本質。他首先繼承了晚明情感本體論以「天下為一情所聚」的思想，肯定情欲是人的自然本性，從眾人到聖人，無不有情有欲。他說：「使眾人無情欲，則人類久絕，而天下不必治；使聖人無情欲，則漠不相關，而亦不肯治天下。」[59]強調情欲是人類存在的前提，也是人類生命存在的根本屬性，以及人類一切活動的原動力。袁枚在論「性」與「情」時指出：「夫性，體也；情，用也。性不可見，於情而見之。」[60]性是自然之本，性不能離開「情」、「離開「欲」，「性在情中」。袁枚在情理觀上，堅決反對理學以情為惡的禁欲主義，指出：「古聖賢未有尊性而黜情者。喜怒哀樂愛惡欲，此七者聖人之所同也。惟其同，故所欲與聚，所惡勿施，而王道立焉。己欲立立人，己欲達達人，而仁人稱焉。習之以有是七者故情昏，情昏則性匿，勢必割愛絕欲而游於空，此佛氏芟除六賊之說也，非君子之言也。」[61]他認為，理學家「尊性而黜情」是「非君子之言」，是「佛氏芟除六賊之說」，深刻地揭露了理學借助宗教異化來強化倫理異化的實質。

袁枚從新情理觀出發，對「忠孝節義」等吃人禮教，給予了強烈的批判。

根據《唐書‧忠義傳》中記載，張巡守睢陽城，「尹子奇攻圍既久，城中糧盡，易子而食」，張巡不僅親手殺死自己的妻妾吃掉，還令手下將士吃掉了全城的婦女、老人和兒童，吃人數萬，以此保住城郭。統治者非但不治罪於他反而將其作為大忠臣加以表彰。對此，袁枚批評道：「張巡可謂忠矣；然括城中老幼食之，非訓也！殺妾，非訓也」，「縱百姓食人，已失信矣；並食其妾，是朱粲趙思綰之為，非忠臣訓也」，「孟子曰：『殺一不辜而得天下，不為也。』殺一不辜

---

58 《周易外傳》卷一，《屯》。
59 《小倉山房文集》卷二十二，《清說》。
60 《小倉山房文集》卷二十三，《書〈復性書〉後》。
61 同上。

而號忠臣，君子為之乎？」[62] 袁枚認為，吃人而全其「忠」是極其殘忍、無人道、滅絕人性的行為。在政治倫理中，人的生命才是至上的，而不是所謂「忠」。這種為了「忠」而殺人、吃人的做法，應予嚴厲譴責，絕不應提倡表彰。

在明清時期的道德禮教下移運動中，「郭巨埋子」式的所謂「孝」被廣泛而大力地提倡，於是以殺妻、殺子而成為「孝子」的事屢見發生。清初有個以殺妻而享有「孝」名的張孝子，被當時專制統治者推崇為「德行」典範。針對這種現象，袁枚專門撰寫一篇《郭巨論》，用犀利的語言深刻批判了郭巨埋子式的「孝」。他通過對從天倫之愛到人性人情的剖析，徹底揭露了郭巨的殘忍和貪詐。指出：不能養，何生兒？既生兒，何殺兒？以兒奪母之食而殺兒，母心何忍？殺兒以奉母而得孝名，乃是大罪；掘地見金而取，且以金飾孝名，乃是貪詐。「殺子則逆，取金則貪，以金飾名則詐，嗚呼孝。」袁枚借用「郭巨埋子」式的殘忍、虛偽和奸詐的事例，有力抨擊了世人利用虛偽、無人道的道德來作為博取利祿和名位釣餌的卑劣行為。這在當時不僅具有深刻的啟蒙意義，而且開了近代批判「吃人禮教」的先聲。

在新情理觀中，袁枚還指出強迫女子裹足是不人道的、殘忍的，並抨擊這一社會舊俗。袁枚在《隨園詩話》中，借一杭州女子之口來痛斥纏足：「不知裹足從何起？起自人間賤丈夫！」他在《牘外餘言》中，公開表示強烈反對女子纏足，說：「女子足小有何佳處，而舉世趨之若狂。吾以為戕賊兒女之手足以取妍媚，猶之火化父母之骸骨以求福利，悲夫！」袁枚認為，對於民俗要加以剖析，不要將五代時的宮中舞女裹小腳、穿弓鞋這種屬於個別帝王的癖好推廣到民間，強迫所有婦女纏足。特別是有些官僚、政客、地主和文人，竟對此種從生理上摧殘婦女的做法，「以取妍媚」、「以求福利」，實在是可悲、可恨。但是，袁枚這種反對婦女裹足的進步思想被當時社會所壓制，直至十九世紀九〇年代末至二十世紀初中國才掀起了禁纏足、復天足的運動。

在新情理觀中，袁枚還對傳統倫理所說「女子無才便是德」的觀念進行了批

---

62 《小倉山房文集》卷二十一，《張巡殺妾論》。

判。他主張女性同男性一樣，在情感、知識等方面應該得到平等的發展。他說：「俗稱女子不宜為詩，陋哉言乎！聖人以《關雎》、《葛覃》、《卷耳》冠三百篇之首，皆女子之詩。第恐針黹之餘，不暇弄筆墨，而又無人唱和而表彰之，則淹沒而不宣者多矣。」[63]他不顧社會輿論和壓力，公開收納女弟子，並為她們刊刻詩集，加以表彰。尤其是他在一些詩話中，記載了很多女子吟詠之事，從而肯定婦女也具有非凡的見識和才華。

戴震在情理觀上提出了「情之至於纖微無憾是謂理」的觀點。他認為，「情」與「欲」一樣都根源於人的「血氣心知」，是人性的具體表現，但是，「情」為「欲」所派生，「知」又由「情」所派生。戴震把「情」與「欲」視為「天下之事」，「巧」與「智」視為「天下之能」，並通過對有欲有情而後有巧有智的分析，闡述人的聰明才智是在其情欲過程中實現的。從這一觀點出發，他批駁了程朱的「舍情而言理」的謬論，說：「理也者，情之不爽失也，未有情不得而理得者也」，又「天理雲者，言乎自然之分理也；自然之分理，以我之情絜人之情，而無不得其平是也。」[64]主張只有讓每一個人的情都得到滿足，才是「天理」，若「舍情求理」，實是「一己之意見」；若固執此「理」，則禍害百姓無窮。他尤其指出程朱的「以理抑情」、「滅情」是用來「殺人」的工具。他說：「後儒不知情之至於纖微無憾是謂理，而其所謂理者，同於酷吏之所謂法。酷吏以法殺人，後儒以理殺人。」[65]揭露了理學的情理割裂，通過無形之理來殺人的本質。

焦循的情理觀，繼承了戴震「以情絜情」的思想，提出了「天下皆情」的命題。他說：「《易》道但教人旁通，彼此相與以情，己所不欲，則勿施於人；己欲立達，則立人達人。此以情求，彼亦以情與。」[66]試圖用人人都以真情相與，來建立一個理想社會。在論證情理關係時，他以「旁通情」來解釋「格物」，認為旁通以情是格物的宗旨，如果不能擺正情的位置，就不能認識事物，不能通情達理。社會的和諧、穩定是靠「情」，而不是靠「理」和「法」。他又說：「夫人

---

63 《詩話補遺》卷一。
64 《孟子字義疏證》卷上，《理》。
65 《東原集》卷九，《與某書》。
66 《雕菰樓集》卷十三，《寄朱休承學士書》。

皆相見以情，而己獨無情，志乃畏矣。民自畏其無情，則天下皆情矣，天下皆情，自不得獨以無情之辭盡」，「格則各以情通而無訟，而天下平」[67]。焦循要求統治者，講人道、人情，使「天下皆情」，使民眾各遂其情，並互相間以情相與，同時又要嚴於律自而生敬畏，不得荒淫無度。這樣天下才會太平。他的這一構想，在當時的社會中是不可能實現的，但卻具有人文、民主的特色。

汪中在情理觀上，則是通過對古禮的闡述和發揮，提出了「以死為殉，禮所不許」的近代式男女婚姻自由的思想。他說：「凡男女自成名以上，媒氏皆書其年月日名焉，於是時計之，則其年與其人之數皆可知也。其有三十不娶，二十不嫁，雖有奔者不禁焉，非教民淫也，所以著之令，以恥其民，使及時嫁子（女）娶婦也。」[68]男女到了一定的年齡，婚娶婚嫁是正當的，這是古禮明文規定的，「奔者不禁」，不應該加以限制和束縛。在主張男女婚姻自由的基礎上，汪中對傳統的節烈觀提出了批評。他說：「夫婦之道，人道之始也」，「許嫁而婿死，適婿之家，事其父母，為之立後而不嫁者」，是非禮的行為，「今也，生不同室，而死則同穴，存為貞女，沒稱先妣」，其非禮更甚。「先王之惡人以死傷生也，故為之喪禮以節之，其有不勝喪而死者，禮之所不許也，其有以死為殉者，尤禮之所不許也。」[69]在他看來，夫死守寡，為禮所不許；而夫死殉節，則更是非人道的，有力地抨擊了貞節不改嫁和以死相殉的「節烈觀」。特別是他以袁枚的三妹素文被丈夫折磨以致被出賣，鄭虎文的婢女為夫所逼服毒而死為例，深刻揭露了節烈觀所鑄成的罪惡，並痛斥恪守所謂「貞節」不肯改嫁的婦道為「愚」。由於汪中一貫堅持反禮教的立場，而被正統衛道士斥為「名教罪人」。

俞正燮（1775-1840年）在情理觀問題上，更多的是借經義發揮己說。他抨擊中國傳統社會中一夫多妻制的現象，鮮明地主張實行一夫一妻制。他說：「夫婦之道，言致一也。夫買妾而妻不妒，則是忍也，忍則家道壞矣」，「《易》曰：『三人行則損一人，一人行則得其友。』言致一也，是夫婦之道也。」[70]在此基礎

67 《使無訟解》。
68 《述學》上內篇一，《釋媒氏文》。
69 《述學》上內篇一，《女子許嫁而婿死從死及守志議》。
70 《癸巳類稿》，《妒非女子惡德論》。

上，俞正燮還提出婦女再嫁是合理、順乎人情的思想。他認為，不許女子再嫁，「此非人情」，女子再嫁與男子再娶是一樣的，是平等的。如果說女子無二適之義，那麼，男子也應無再娶之理；苛責女子守禮守義是無恥的。他批評說：「自禮意不明，苛求婦人，遂為偏義。古禮夫婦合體，同尊卑，乃或卑其妻。古言終身不改，身則男女同也。七事出妻，乃七改矣；妻死再娶，乃八改矣。男子禮義無涯矣，而深文以罔婦人，是無恥之論也！」[71]這一「無恥之論」是針對北宋程頤理學的。程頤認為在夫婦雙方中，妻子死了，鰥夫可以再娶；丈夫死了，寡婦不能再嫁。因為婦女「餓死事極小，失節事極大」。俞正燮痛斥程頤的這一主張，提倡「其再嫁者不當非之，不再嫁者，敬禮之斯可也」。他認為一個文明社會，則允許婦女再嫁；若有的女子出於對已故丈夫的感情而不願再嫁，是值得尊敬的，但絕不能以此來非議別人再嫁。

俞正燮借用一首古詩，對強迫女子「節烈」的壞風俗進行控訴。他說：「嘗見一詩云：『閩風生女半不舉，長大期之作烈女。婿死無端女亦亡，鴆酒在樽繩在梁。女兒貪生奈逼迫，斷腸幽怨填胸臆；族人歡笑女兒死，請旌藉以傳姓氏。三丈華表朝樹門，夜聞新鬼求還魂。』嗚呼！男兒以忠義自責則可耳，婦女貞烈，豈是男子榮耀也。」[72]從而揭露了這種虛偽而殘忍的閩風，比起朱熹在漳州做官時社會上全面推行裹小腳來，又要殘酷多了。在當時清王朝不遺餘力地推行道德禮教下移的運動中，俞正燮敢於鮮明地提出反風俗禮教的觀點，確是個膽識之舉。

清前期的理欲觀、情理觀，都是以自然人性論為出發點，批判程朱理學「存天理滅人欲」的禁欲主義，倡導人的個性解放、自由平等，特別是批判「吃人的禮教」，提倡婦女解放、男女平等，具有現實的進步意義。

---

71 《癸巳類稿》，《節婦說》。
72 《癸巳類稿》，《貞女說》。

第三節 ·
肯定性善統一
的人性論

　　清前期的學者大都在堅持「氣一元論」的前提下，來談人性問題，批判宋儒把「天地之性」與「氣質之性」絕對對立起來的做法，尤其是發揮了性善論，把人性論的研究推向一個新高峰。

　　黃宗羲從「理氣、心性」一元出發，闡述其「性善論」。他說：「夫大化之流行，只有一氣，充周無間」，表現在人上，「為惻隱、羞惡、恭敬、是非之心，同此一氣之流行也。聖人亦即從此秩然而不變者，名之為性。故理是有形之性，性是無形之理。」[73]在他看來，既然「在天為氣者在人為心」，「在天為理者在人為性」，而「理氣、心性」又統一於氣，所以，必然合乎邏輯地推出「惻隱、羞惡、恭敬、是非之心，同此一氣之流行」。作為氣化流行產物的心，自然有仁義禮智四端之善，而與心名異實同的性，也當然是天生本善的。黃宗羲還說：「性之為善，合下如此，到底如此，擴充盡才，而非有所增也，即不加擴充盡才，而非有所減也。」[74]這顯然比孟子的性善論進了一步，孟子所說的性善雖然主張四端與生俱來，但仍須人們逐步擴充，而黃宗羲所說的性善則指明「人之善性本然

73　《梨洲文集》，《與友人論學書》。
74　《梨洲文集》，《與陳乾初論學書》。

咸具」，無須擴充。

黃宗羲在肯定人的四個善端皆是氣的流行而成、與生俱有、無須擴充的基礎上，進一步論述「氣質之善」的問題。他說：「夫氣之流行，不能無過不及，故人之所稟，不能無偏。氣質雖偏，而中正者未嘗不在也。猶天之寒暑，雖過不及，而盈虛消息，卒歸於太和。以此證氣質之善，無待於變化。理不能離氣以為理，心不能離身以為心，若氣質必待變化，是心亦須變化也。」[75]在他看來，「氣質」與「心性」是統一的，不能「判為二物」，如果承認「性善」，就等於肯定「氣質之善」，肯定「氣質」「無待變化」。但是，他又認為，如同氣的流行常會出現偏頗一樣，人性也會出現偏差，其根本原因在於人後天的習染。儘管如此，人性中「中正者未嘗不在也」。

黃宗羲從上述觀點出發，肯定現實的人都具有「各得自私，各得自利」的自然權利。他提出：「有生之初，人各自私也，人各自利也；天下有公利而莫或興之，有公害而莫或除之。有人者出，不以一己之利為利，而使天下受其利；不以一己之害為害，而使天下釋其害」，若「夫以千萬倍之勤勞而己又不享其利，必非天下之人情所欲居也」[76]。這就是說，「各得自私，各得自利」是人不可剝奪的自然權利；君主、國家的責任在於「使天下受其利」和「使天下釋其害」，而「以千萬倍之勤勞」為前提的「自私」、「自利」也是人之常情、合乎道理的。只要人們對社會盡義務，社會就必須給人們以權利。這是從他的人性論轉變而來的一種嶄新的政治倫理觀念。

黃宗羲在人性論中，還痛斥了專制統治者以虛偽的「公」掩蓋其一己之私利的行徑。他指出，專制的君主「以為天下利害之權皆出於我，我以天下之利盡歸於己，以天下之害盡歸於人，亦無不可；使天下之人不敢自私，不敢自利，以我之大私為天下之大公」[77]。顯然表明，專制統治者這種侵犯人們權利的「大私」與人們各得其正當的「自私」、「自利」是冰炭不相容的。前者違背「人道」，後

---

75 《明儒學案》卷三十八，《太僕呂中石先生懷》。
76 《明夷待訪錄》，《原君》。
77 同上。

者合乎「人性」。

黃宗羲的人性論，既是對個人勤勞所得權利的尊重，也是對獨占天下之利的專制統治者的批判。

在人性論上，陳確對孟子的「性善論」作了大量的發揮，提出「性、情、才、氣」四者皆善的論點。他認為，孔子言性相近與孟子言性善是一致的，孔子所說的「性相近」、性善之意，到了孟子那裡就開始和盤托出。經孔、孟的指點，學者可以不再談性，只要注意修身，事事為善就可以了。事事從善，雖不言性，但性已經包含在其中了。他又接著說：「夫子若曰：人之性，一而已，本相近也，皆善者也。烏有善不善之相近者乎？其所以有善有不善之相遠者，習也，非性也。」[78]在陳確看來，孔孟在人性論上是相一致的，性與善不矛盾，至於存在不善並不是性所致，而是由後天的習染造成的。

陳確從肯定性與善統一出發，批判了宋儒「分性為二」的觀點。他說：「後儒妄生分別，謂孔子所言，氣質之性也；孟子所言，本然之性也；本然之性無不善，而氣質之性有善有不善。支離如此。夫有善有不善，是相遠，非相近也，是告子之說也。如是言性，可不復言習矣。」[79]這是說，宋儒把人性分為「氣質之性」與「本然之性」，認為「本然之性」無不善，而「氣質之性」則不純，使人在「性未成」時的「善惡混」，是很荒謬的。他還認為，宋儒「分本體與氣質為二」、「又分氣質之性與義理之性為二」的觀點，不僅違背孔孟之道，而且由於空談本然之性，最終流於佛老。

陳確在「性一元論」的基礎上，提出他的「性、情、才、氣」皆善論。他說：「一性也，推本言之曰天命，推廣言之曰氣、情、才，豈有二哉！由性之流露而言謂之情，由性之運用而言謂之才，由性之充周而言謂之氣，一而已矣。」[80]這裡的「天命」不是指有意志的天所支配的命運，而是指由自然之氣所規定的人

---

78 《瞽言》四，《子曰性相近也二章》。
79 《瞽言》四，《子曰性相近也二章》。
80 《瞽言》三，《氣情才辨》。

性本體。在他看來，人的情、才、氣，都是人性良能的體現，由此推出，天命有善而無惡，人性同樣有善無惡；人性有善無惡，其情、才、氣也有善無惡。所以，「踐形即是復性，養氣即是養性，盡心、盡才即是盡性，非有二也」[81]。反對宋儒說「氣質之性皆有不善」，強調人性之「善」也就體現在氣質之性之中。

陳確承認人的氣質有差異，即「氣稟」有不同。但他認為人的「氣稟」是先天的自然屬性，人的「善惡」是後天的道德屬性，二者不可混為一談。如果說「變化習氣」還可以，若「變化氣質」則是說不通的，因為變化氣質就是改變人性。他堅決反對宋儒以「氣稟清濁分善惡」的說法，主張氣稟清濁有不同，只是對於人的資質有影響，而與人性之善惡無關；如果有善惡的分別，也只是人後天習染的結果，「無論氣清氣濁，習於善則善，習於惡則惡矣」[82]。

陳確的「性善論」系統地批評了宋明理學對人性的割裂，否定人性由於「氣稟」不同而分成不同等級的觀點。他把人性看作純粹的自然屬性，肯定「氣質之性」的「善」，提倡人人都是生而平等的。同時認為後天的修養也是極為重要的。

在人性論問題上，顧炎武繼承並發揮孔子「性相近」的思想，認為孔子的「性相近」之說就是孟子的「性善論」。他先從「性」字的來源上進行證明，說：「性之一字，始見於《商書》，曰惟皇上帝降衷於下民若有恆性，恆即相近之義。相近近於善也，相遠遠於善也。故夫子曰：人之生也直，罔之生也幸而免。」[83]這裡「相近近於善」是指「性本善」，「相遠遠於善」是指「習相遠」。他肯定孔子所說的「人之生也直」與孟子所謂「性善」是一致的。顧炎武繼續論證這種善的人性，認為它是由「天命」、「命定」決定的，即是由自然生成的必然性所決定的。他說：「民受天地之中以生。所謂命也，是以有動作禮義威儀之則以命定也」，而「子之孝，臣之忠，夫之貞，婦之信，此天之所命而人受之為性者也。

---

81 同上。
82 《瞽言》三，《氣稟清濁說》。
83 《日知錄》卷七，《性相近也》。

故曰天命之謂性。」[84]這樣，他把人的孝、忠、貞、信等社會道德行為，也說成是「天命」、「命定」，忽視了「習相遠」的作用，而陷入自然人性論的窠臼。

顧炎武把「性善」與「懷私」統一起來，認為人之懷私屬於道德行為，是完全合乎情理的現象。他說：「天下之人各懷其家，各私其子，其常情也。為天子為百姓之心，必不如其自為」，「於是有效死勿去之守，於是有合從締交之拒，非為天子也，為其私也。為其私，所以為天子也。故天下之私，天子之公也。公則說，信則人任焉。」[85]若「合天下之私，以成天下之公，此所以為王政也」[86]。顧炎武把「人情懷私」視為人生正當的「常情」，而「天下之私」、「天子之公」也都是以「人情懷私」為依據的。就好比天子關心百姓，不如關心自己那樣周全，臣民「效死」的行為，也不是為君王而是為自身的私利一樣，人人都有自私自利之心。如果帝王能夠考慮到百姓皆有其私，而且能夠順應和利用這種「懷私」，並「合天下之私為天下之公」，國家就大治了。

顧炎武「合私成公」的思想，實質上是對舊道德說教虛偽性和荒謬性的一種揭露。他認為，口頭上宣揚「以公滅私」，行動上卻在「以恤其私」，是口是心非、騙人的。在關於個人之私與天下之公的關係上，他與黃宗羲一樣，具有肯定自私、尊重個性、崇尚自由的思想萌芽。

王夫之從其氣一元論的宇宙觀出發，對以往的人性論作了批判和綜合。他提出「性者生理也」的命題。「生理」是指人類整個生命、氣質所包含的理。在他看來，不管是物還是人，其本質都是由氣規定的，因此，理不能離開氣，性即氣即理：「夫性即理也，理者理乎氣而為氣之理也，是豈於氣之外別有一理以游行氣中者乎？」[87]這是說，性是氣及氣的理，沒有離開氣的純理，也沒有離開氣的純乎理的性。王夫之進一步認為，所謂性，是由氣化生成的具體形質之性，因此又不可以離開形質而言性，因為「質者，性之府也；性者，氣之紀也；氣者，質

---

84 《日知錄》卷六，《顧之是天之明命》。
85 《亭林文集》卷一，《郡縣論五》。
86 《日知錄》卷三，《言私其豵》。
87 《讀四書大全說》卷十，《孟子》。

之充而習之所能御者也。然則氣效於習，以生化乎質，而與性為體，故可言氣質中之性，而非本然之性以外，別有一氣質之性也。」[88]這表明氣質中的性與本然中的性是相一致的。他針對程朱氣質之性的論點批評道：「所謂『氣質之性』者，猶言氣質中之性也。質是人之形質，範圍著稟生理在內；形質之內，則氣充之。而盈天地間，人身以內人身以外，無非氣者，故亦無非理者。理行乎氣之中，而與氣為主持分劑者也。故質以函氣，而氣以函理」，「是氣質中之性，依然一本然之性也」[89]。在這裡不難看出，王夫之雖然沿用程朱關於「性即理也」、「氣質之性」等舊命題和範疇，但都給予了新的詮釋，注入了氣一元論的內容，明確否定宋儒關於「氣之外別有一理」和氣質之外另有一「本然之性」的謬論。尤其是他提出，大而言之，虛空皆氣，離氣更無他物；而質者為氣之凝，理者乃質之所然，性者則氣之理也；就天而言，曰道；就人物而言，曰性；就天授以人而言，曰命等主張，從而把氣、質、性、命、道、理看成是一個事物相互聯繫的幾個方面，則是十分精闢的。

王夫之又論述了人性的雙重屬性，其一是人的自然生理、心理以及本能、欲望等活動，其二是人具有區別於禽獸的道德觀念和判斷善惡的能力，指出人性是自然和道德雙重屬性的統一體。他說：「天以其陰陽五行之氣生人，理即寓焉而凝之為性。故有聲色臭味以厚其生，有仁義禮智以正其德，莫非理之所宜。聲色臭味，順其道則與仁義禮智不相悖害，合兩者而互為體也。」[90]在人性的兩個屬性中，道德觀念、判斷善惡的能力則是主要的屬性，因為人的仁義禮智之心，才是指導和支配人的生理、心理及知覺、思維等活動的重要因素，否則就難以與禽獸相區別了。

王夫之在肯定人性由自然之氣所規定的基礎上，還提出別具一格的「性日生而日成」的思想。他主張「絪縕生化」的現象不僅存在於自然物的生成變化之中，而且也表現在人性的形成和發展過程之中。他說：「陰陽二氣充滿太虛，此

---

88 《讀四書大全說》卷七，《論語》。
89 同上。
90 《張子正蒙注》卷三，《誠明》。

外更無他物，亦無間隙，天之象，地之形，皆其所範圍也」，「在天而天以為象，在地而地以為形，在人而人以為性，性在氣中，屈伸通於一，而裁成變化存焉」[91]，「性者，生理也，日生則日成也」，而「天之生物，其化不息」，「形化者化醇也，氣化者化生也」[92]，又「天之與人者，氣無間斷，則理亦無間斷，故命不息而性日生」[93]。「天」在賦予人以形氣的同時，也賦予人以「生理」，人的形氣在不斷地變化，其「生理」也在不斷地變化；因此，人性不僅是由陰陽二氣合和而成，而且是「日生則日成」的；若言理言性，言天言命都是相對於氣之絪縕生化而言的，離開氣之生化，就無理無性，無天無命。他又進一步講：「故天日命於人，而人日受命於天，故曰性者生也，日生而日成之也」，「惟命之不窮也而靡常，故性屢移而易，抑惟理之本正也，而無固有之疵，故『善』來復而無難，未成可成，已成可革。性也者，豈一受成型不受損益也哉？」「形氣者，亦受於天者也，非人之能自有也，而新故相推、日生不滯如斯矣。」[94]在王夫之看來，人自稟二氣出生之後，並非一成不變，而是「形日以養，氣日以滋，理日以成」的。初生受天之命，生後又一日生成而一日多命，天無一日而息其命，人無一日而不承命於天。另外，社會的運動發展沒有窮盡，人性也隨之屢移屢易，以前所沒有的可以形成，已經形成的也可以革除，正像形氣受之於天一樣，人性也能新故相推，日生不滯。鮮明地揭示出人性的自然歷史進程，這一進程不以人的意志為轉移。

王夫之還強調後天習養對人性不斷發展的作用，認為「受命於天」的人性「成型」後，還須要在「人日受命於天」的過程中繼續善養，因為「善養其氣，至於久而『質』且為之改也」，「是故氣隨習易，而習且與性成也」[95]。從而把受先天客觀之「氣」影響的人性與人後天實踐活動的「習」統一起來。在此基礎上，提出「繼善成性」的命題。他說：「繼之為功於天人乎！天以此顯其成能，

---

91 《張子正蒙注》卷一，《太和》。
92 《尚書引義》卷三，《太甲二》。
93 《讀四書大全說》卷十，《孟子》。
94 《尚書引義》卷三，《太甲二》。
95 《讀四書大全說》卷七，《論語》。

人以此紹其生理者也」，「不繼不能成天人相紹之際」，「繼之則善矣，不繼則不善矣。天無所不繼，故善不窮；人有所不繼，則惡興焉。」[96]這是說，「繼善成性」為人所特有的自覺能動性的體現。「繼」與「不繼」，就在於人是否發揮「作聖之功」。他認為，人可以「行而後知有道，道猶路也；得而後見有德，德猶得也」[97]。人的品性德行是在後天習養中不斷得到完善和提高的，所以「『習與性成』者，習成而性與成也」[98]。

王夫之不僅認為性與命、天與人是密切相連的，人性的形成是「受命於天」由「陰陽二氣」所規定的，而且主張人性在後天「日生日成」的過程中，通過「繼善」、「習養」才能不斷完善和發展。這種「性日生而日成」、「繼善成性」的人性論，既考慮到了自然因素和社會影響，同時也充分估計到了主體自律和道德自覺，與以往的人性論學說相比，無疑是一個巨大的進步。

顏元在人性論問題上，針對程朱把性分為「義理之性」與「氣質之性」，並視前者為純善，後者為惡源的謬論，提出「非品質無以為性，非氣質無以見性」的思想；認為，天生萬物與人，既以一氣凝之形，又以一理賦之性；因人獨得天地之全，為萬物之秀，故理氣、形性在人的身上是合二而一的。他論證說：「夫性者據形求之，盡性者於形盡之，賦其形，賦其性矣」，又「心性非精，氣質非粗，不惟氣質非吾性之累害，而且舍氣質無以存心養性」[99]。這是說，形體氣質不但不是「義理之性」的累贅、障礙，而且是人存心養性的基礎，若離開具體的形體氣質去談存心養性，則是一句空話。顏元不同意宋儒所說的「性善氣惡」，認為「若謂氣惡，則理亦惡；若謂理善，則氣亦善。蓋氣即理之氣，理即氣之理，烏得謂理純一善而氣質偏有惡哉！」[100]從而批駁了理學家割裂理氣的做法。

顏元在「理氣統一」、「氣質為善」的基礎上，進一步批判朱熹將「天命之

96 《周易外傳》卷五，《繫辭上傳》。

97 《思問錄》，《內篇》。

98 《尚書引義》卷三，《太甲二》。

99 《存性編》卷二，《性圖》。

100 《存性編》卷一，《駁氣質性惡》。

性」與「氣質之性」分割為二的觀點。他針對朱熹以紙喻氣質,以光喻性,以水清喻天性,以水濁喻氣質等命題,給予駁斥,說:「此紙原是罩燈火者,欲燈火明,必拆去紙。氣質則不然。氣質拘此性,即以此氣質明此性,還用此氣質發用此性,何為拆去?」[101]又「水流未遠而濁,是水出泉即遇易虧之土,水全無與也,水亦無如何也。人之自幼而惡,是本身氣質偏駁,易於引蔽習染,人與有責也,人可自力也,如何可倫」[102]。在他看來,人的形、性與燈的紙、光,水的清濁完全是兩回事,不能以紙光喻形性,以清濁喻善惡。特別是他強調形性及氣質的關係,主張離開形就無以為性,非氣質則無以見性,「即以此氣質明此性」,性和氣質是統一的。駁斥理學家離開「氣質之性」空談「天命之性」是「無作用之虛理」,與佛教的「幻覺之性」相類似。

顏元也注意到人性有惡的一面,但他認為,人性之惡,並非是來自先天的氣質,而是由於後天的「引蔽習染」,即環境、習性的影響,才有惡的品性。顏元這種把「惡」看成是後天「習染引蔽」,並從人的環境中尋找惡的根源的觀點,比起宋儒把「惡」歸諸於先驗的氣質的說法,要合理、進步得多。

戴震在氣一元論的基礎上,調和孟子與荀子的人性學說,比較完整地揭示了人性的內涵。他先提出「氣化人物,分而成性」的論點,認為宇宙間的人和物都是陰陽二氣化生而成的,所以,性是氣化為人為物的本始。他說:「天道,五行陰陽而已矣,分而有之以成性。由其所分,限於一曲,惟人得之也全。曲與全之數,判之於初生。人雖得乎全,其間則有明暗厚薄,亦往往限於一曲,而其曲可全。此人性與物性異也。」這是說,儘管「人性」、「物性」皆為五行陰陽所化成,二者有共性;但是由於人、物「初生」時,所得五行陰陽之氣的「曲與全之數」不同,故使人性與物性的表現有區別。這種差異的表現在於:「五行陰陽者,天地之事能也,是以人之事能與天地之德協。事與天地之德協,而其見於動也亦易。與天地之德違,則遂己之欲,傷於仁而為之;從己之欲,傷於禮義而為

---

101 《存性編》卷一,《性理評》。
102 同上。

之。」[103]在戴震看來，人類最大的特點，就是對於「天地之常」有能動作用，人既能使自己的欲望與自然規律相一致，遵循仁義禮，「與天地之德協」；又能放縱欲望，背離自然法則，傷害仁義禮，「與天地之德違」。

戴震又提出「血氣心知，性之實體」的觀點。他把「陰陽五行」看作是「道之實體」，而把「血氣心知」又視為「性之實體」，論述了「道」與「性」的關係；說：「《大戴禮記》曰：『分於道謂之命，形於一謂之性。』言分於陰陽五行以有人物，而人物各限於所分以成其性。陰陽五行，道之實體也；血氣心知，性之實體也。」[104]陰陽五行氣化流行，就是宇宙的道，人和物分於道而各成其性。陰陽五行之氣是道的實體，人從陰陽五行之氣分得的血氣心知，就是性的實體。血氣心知屬於氣稟氣質，以血氣心知為性，也就是以氣質為性，故氣稟氣質是「人之為人」的標準。他主張以氣質為性，是為了反對理學家把性分為本然之性和氣質兩截的看法。

戴震在血氣心知是性之實體的基礎上，進而認為人性中包含著欲、情、知三個方面。他說：「人生而後有欲、有情、有知，三者，血氣心知之自然也。給於欲者，聲色臭味也，而因有愛畏；發乎情者，喜怒哀樂也，而因有慘舒；辨於知者，美醜是非也，而因有好惡。」[105]這是說，人生以後，為了生存保養，就有了聲色臭味的欲望；在人與人相接觸的社會關係中，就形成了喜怒哀樂的情感；能夠通曉天地萬物之變化，就具備了辨別美醜是非的思維能力。表明他由此揭示了人性具有自然、社會和思維等多種屬性的統一。當然，他又進一步指出：「喜怒哀樂之情，聲色臭味之欲，是非美惡之知，皆根於性而原於天。」[106]這三者是相互區別、相互聯繫、不可分離的。「惟有欲有情而又有知，然後欲得遂也，情得達也。」[107]強調知與情、欲並非絕對對立，「知」是「欲得遂」、「情得達」的基礎，也是人之異於禽獸的標誌。

---

103 《原善》卷上。
104 《孟子字義疏證》卷中，《天道》。
105 《孟子字義疏證》卷下，《才》。
106 《緒言》卷上。
107 《孟子字義疏證》卷下，《才》。

戴震還從人性的「心知」高於禽獸的角度出發，論證人性的善。他對人和物的心理作了十分詳細的觀察和分析：「凡有生，即不隔於天地之氣化。陰陽五行之運而不已，天地之氣化也，人物之生生本乎是」，而「氣之自然潛運，飛潛動植皆同，此生生之機肖乎天地者也」。故「氣運而形不動者，卉木是也；凡有血氣者，皆形能動者也」，又「知覺雲者，如寐而寤曰『覺』，心之所通曰『知』。百體皆能覺，而心之知覺為大。」[108] 人和草木雖然都是氣化的產物，但由於所分陰陽五行之氣各殊，其性也各不相同。花草樹木是只有氣的運行而不能移動其形體，禽獸與人都有知覺運動，但其知覺的程度皆有差別。因此，他說：「專言乎血氣之倫，不獨氣類各殊，而知覺亦殊。人以有禮義，異於禽獸，實人之知覺大遠乎物則然，此孟子所謂性善。」人區別於物和禽獸的重要標誌，是人的知覺即認識包括禮義道德，遠遠高出於禽獸及物之上。又說：「人之心知，於人倫日用，隨在而知惻隱，知羞惡，知恭敬辭讓，知是非，端緒可舉，此之謂性善。」[109] 在戴震看來，人性中的「心知」，具有知理知義、辨別善惡是非的能力，這就是人性善的所在；人的認識可以把握客觀事物的法則條理，而禽獸不能，這也是人性善的根據。

戴震的人性學說，否定程朱的天命之性說，主張人性根於血氣，注重人性的道德屬性，強調人類之理性超過一切物性，從多方面論述了人性的內容，在理論上是有所創新的。

龔自珍在人性論上，提出「天賦人性自私論」，論證了無論是聖帝哲後，還是忠臣孝子，以及節婦貞女，他們的天性都是自私的。他認為，自私出於自然，如同日月經天，江河行地；私是自然的開始。他說：「天有閏月，以處盈縮之度，氣盈朔虛，夏有涼風，冬有燠日，天有私也；地有畸零華離，為附庸閒田，地有私也：日月不照人床闥之內，日月有私也。」[110] 天地日月等自然現象無不有私，人倫日用等社會現象也皆有私。所以他又說：「聖帝哲後，明詔大號，劬勞

---

108 《孟子字義疏證》卷中，《性》。
109 同上。
110 《龔定庵全集類編》卷五，《論私》。

於在原，咨嗟於在廟，史臣書之。究其所為之實，亦不過曰：庇我子孫，保中國家而已。何以不愛他人之國家，而愛其國家？何以不庇他人之子孫，而庇其子孫？」歷史上的帝王治國，都是為了自己的統治和庇護其子孫後代，是自私的。以此類推，所謂忠臣孝子，節婦貞女實也皆為其私，「且夫忠臣憂悲，孝子涕淚，寡妻守雌，扞門戶，保家世，聖哲之所哀，古今之所懿，史冊之所紀，詩歌之所作。忠臣何以不忠他人之君，而忠其君？孝子何以不慈他人之親，而慈其親？寡妻貞婦何以不公此身於都市，乃私自貞私自葆也？」[111]他認為不僅普天下的百姓皆有私，而且連聖帝哲後、忠臣孝子、節婦貞女這些宗法道德的典範們也都有私。那種抽象的「大公無私」是不合乎自然和人性的。這對統治者只強調專制時的「公」而排斥、禁止個體自至自為的「私」，以沉重一擊。

龔自珍還認為這種「天賦自私」的人性是無善無惡的。他不相信孟子的性善論，也不同意荀子的性惡論，唯獨服膺告子「性無善惡」的觀點。自謂：「龔氏之言性也，則宗無善無不善而已矣，善惡皆後起者。夫無善矣，則可以為桀矣；無不善也，則可以為堯矣。知堯之本不異桀，荀卿氏之言起矣；知桀之本不異堯，孟氏之辯興矣。為堯矣，性不加菀：為桀矣，性不加枯。」又因無善無惡的性與後天所表現的行為是兩回事，有私的人性是永恆的客觀存在，所以「治人耳，曾不治人之性；有功於教耳，無功於性」[112]。對人性來說，任何教化都是無能為力的。

由上可見，龔自珍的這種「天賦人性自私論」具有肯定個人權利，即肯定人的生命、財產和追求幸福權利的新時代內容。

清前期人性論的特點在於，以氣一元論為前提，批判以往舊的人性論，否定程朱理學「分性為二」的觀點，肯定性與善的統一，從多重角度對人性進行深刻的闡述，張揚了人的主體性和道德自覺性，注入了近代式的個人權利因素。

---

111 《龔定庵全集類編》卷五，《論私》。
112 《龔定庵全集類編》卷六，《闡告子》。

第四節·
強調功利主義
的義利觀

清前期學者在義利觀上，反對傳統的倫理道德至上主義，指出追求利益的合理性，重視義與利的相互聯繫，尤其強調利的重要性，表現出明顯的功利主義特徵。

傅山義利觀的一個顯著特點就是，從哲學的高度提出劃分利益關係上的「群己權界」說。他認為區分個人權利與社會利益是十分必要的，只有這樣才能尊重個人利益；主張：「天下之利弗能去也。如牆也者，人所依以為庇者也。今日之智，則愛此人時牆此，愛彼人時牆彼，非若聖人公普之牆，故所以制人者偏矣。貴為天子而利人者，莫貴於正，正猶反偏為正之正。」[113]傅山要在國家與百姓之間築一道「聖人公普之牆」，以維護和保障百姓的私人利益。在當時專制主義社會中，這一新思想反映了早期市民階層對於保護私有財產的迫切要求。

傅山雖然倡導要劃分國家利益與私人利益的界限，強調天下之利不能去，每個人都應有一道「牆」來保護自己的利益，但並不否認私人應有向國家盡義務、承擔責任的權力。國家必須在承認、保護私人利益的前提下，遵守「取之有度」

---

113 《霜紅龕集》卷三十五，《墨子》。

的原則，使「取諸民而有定，不橫征以病之」[114]。這就是說，必須先著眼於保護私人利益，特別是國家不得越過這條界限而侵害普天下人的私人利益，這顯然是對於以超經濟強制為特徵的專制法權的否定。

傅山重視利就不「諱言財」，認為「財」才是聚和群體的紐帶，而要使群體聚和，就必須給人民以實際的利益，不能空談仁義。他說：「義者，宜也，宜利不宜害。興利之事，須實有功，不得徒以志為有利於人也。」在他看來，「義」也就是「利」，興天下之利，利天下之人。如果「使盡愛天下之義，苟可以利天下」，那麼個人「斷腕可也，死可也」[115]。個人為了利天下而不惜赴湯蹈火的獻身精神與個人權利神聖不可侵犯並不是矛盾的。個體獻身於「利天下」的事業是個體道德選擇和道德人格的表現，而個人權利神聖不可侵犯則是個體利益要求和人格尊嚴的體現，兩者應是統一的。

唐甄從「為利」的自然人性論出發，提倡以「富民」為社會功利的內容，並把它當作檢驗倫理道德是否合理的標準。他根據人的自然本性，發現了人「為利」的特點，指出：「萬物之生，畢生皆利，沒而後已，莫能窮之者。若或窮之，非生道矣。」[116]天地間凡有生命的東西，都畢生追求利益，無生命的事物才不為其利，因此，利就是「生道」，不利就是「非生道」。人類要生存，要發展，就必須要有衣食住行、布帛黍粟、錢糧財貨之類的「利」。在唐甄看來，人類的一切活動無一不是為了追求實利，利是活動的動力，是生存的根本，無論是百姓，還是君王、學者，都不能不言利。就個人而言，獨立的經濟基礎是獨立人格的前提；就社會而言，物質生活條件是精神生活發展的基礎。他說：「衣食足而知廉恥，廉恥生而尚禮義，而治化大行矣。」[117]「堯舜之治無他，耕耨是也，桑蠶是也，雞豚狗彘是也。百姓既足，不思犯亂，而後風化可施，賞罰可行。」[118]這是說，道德的禮義教化要依賴於人們的衣食足和倉廩實，只有「衣必暖、食必

---

114 同上。
115 同上。
116 《潛書》上篇下，《良功》。
117 《潛書》下篇下，《厚本》。
118 《潛書》上篇上，《宗孟》。

飽」，才能「言即其行，行即其言；學即其政，政即其學」[119]。

唐甄還強調聖人的治國之道在於「安天下之民」、「富國富民」。他說：「立國之道無他，惟在於富。自古未有國貧而可以為國者。夫富在編戶，不在府庫。若編戶空虛，雖府庫之財積如丘山，實為貧國，不可以為國矣。」[120]使國富強不是抽象的，而是把「富」落實到具體的「編戶」中，即落實在每一私人的利益上。這種「立國惟富」、「富在編戶」的主張，正是聖人使民富強無困窮的功利主義治國之道的表現。

在此基礎上，唐甄把含有「救民」、「富民」的社會功利之道，當作檢驗道德的最高標準，徹底批判理學家空談道德、置社會功利於不顧的觀點，把社會道德（即義）與社會功利（即利）統一起來。他認為，道德和功利是不能割裂的，若以修身而害治天下，這種道德就沒有存在的必要。唐甄形象地比喻說：車是載物用的，舟是供人渡河用的，聖賢的出現在於救民於水火。如果車不能載物，就不如無車；舟不能涉水，而不如無舟；聖賢不能救民，則不如無賢。強調「君子用則觀其功，不用則觀其言」[121]。唐甄還反對儒家傳統的「以德治國」的道德倫理至上主義，主張以「富民」、「治世」為立國之根本，提出「為政之道，必先田市」[122]。要達到「富民」目的，還要「貧富相資」，「因生以制取，因取以制用」[123]。總之，唐甄認為學人的道德標準為「事功」，聖人的治國之本在「富國」，即「澤被四海，民無困窮，聖人之能事畢矣，儒者之效功盡矣！」[124]

陳確的義利觀，也是在自然人性論的基礎上，提出「私」是人類活動的源泉。君子、聖賢都有其私，有私，而後知愛其身，而後能齊家、治國、平天下。他說：「君子欲以齊、治、平之道私諸其身，而必不能以不德之身而齊之治之平之也。」古代仁聖賢人所做的驚天之舉「皆從自私一念而能推而致之以造乎其極

119　《潛書》上篇下，《有為》。
120　《潛書》下篇上，《存言》。
121　《潛書》上篇下，《良功》。
122　《潛書》上篇下，《善施》。
123　《潛書》下篇下，《富民》。
124　《潛書》下篇下，《有歸》。

者也！」[125] 人既有私，怎麼能不言利？陳確從此觀點出發，指出為學之人應先有獨立的經濟物質生活，而後才能有獨立的人格尊嚴。他認為：「學問之道，無他奇異，有國者守其國，有家者守其家，士守其身，如是而已。」「仰事俯育，決不可責之他人，則勤儉治生洵是學人本事。」「唯真志於學者，則必能讀書，必能治生。」[126] 這顯然是強調儒者要以「治生」為「讀書」的基礎、根本，「治生尤切於讀書」，只有「使學者汲汲營利」，才能成為有獨立人格的「聖賢之人」。這種「學者以治生為本」的觀點，在當時商品經濟初步發展過程中，反映出學者們要求主體意識的覺醒，要求取得自己獨立經濟地位的強烈呼聲，也是對傳統道德倫理至上主義的有力衝擊。

歸莊主張功利主義的義利觀，提出「不可以義利之辨律當世之人」。他認為，人性是自私的，「於是有好名而為善者，有求福而為善者」，如果連人的名利之心也加以痛斥，「惟取無所為而為者，好名求福則非之」的話，那麼靠什麼來鼓勵人們去從善為事呢？因此，前儒所說的「克己之功」、「義利之辨」，都是企圖在泯滅人心私欲的基礎上建立所謂人人為善的理想國，這顯然是非常迂腐的。尤其在當時經濟不斷發展的情況下，「概以此律當世之人」[127]，也就更不切合實際了。歸莊也批判了那種急功近利、見利忘義的人。他說：「舉世沒溺於貨利仕宦之途，惟賄捐錙銖如剜其肉。」[128] 指出當時存在著社會官場腐敗、賄賂成風等現象，也是一種極端，是不合理的。他認為在這種情況下，對於能夠損己以利他人、體恤民眾疾苦的人，不管其動機如何，都應予以表彰。

顏元是奉行功利主義道德觀最突出的代表。他把「義」和「利」看成是統一的，鮮明地提出了「正其誼以謀其利，明其道而計其功」的新義利觀。顏元說：「利者義之和也」，「以義為利，聖賢平正道理也」。利有合乎義者，有不合乎義者，故「義中之利，君子所貴」[129]。主張要取合義之利，反對純粹排斥功利的論

125 《陳確文集》卷十一，《私說》。
126 《陳確文集》卷五，《學者以治生為本》。
127 《歸莊集》，《善人周君旌獎記》。
128 同上。
129 《四書正誤》卷一，《大學》。

點，又說：「世有耕種而不謀收獲者乎？世有荷網持釣而不計得魚者乎？抑將恭而不望其不侮，寬而不計其得眾乎？這不謀不計兩不字，便是老無釋空之根。」[130]這是說，種地哪有不想收獲的？打魚哪有不願得魚的？恭敬哪有希望受侮辱的？寬大哪有不計較得到民心的？正誼的目的是為了謀利，明道的目的是為了計功，若不謀利不計功，便墮入釋老的空無，是不切合實際的。他又指出說：「惟吾夫子先難後獲，先事後得，敬事後食三後字無弊。蓋正誼便謀利，明道便計功，是欲速，是助長；全不謀利計功，是空寂，是腐儒。」[131]由此可見，顏元並非一般地反對「正誼」、「明道」，他首先提倡孔子主張的先付出勞動、先盡心竭力為君主做事，然後收獲果實，享受君主俸祿的一種「先義後利」的原則。反對急功近利的「正誼便謀利，明道便計功」，指出這將導致拔苗助長、欲速不達的結果。他更反對空談正誼明道的「全不謀利計功」，指出這將墮入釋老虛空、迂腐之論的窠臼，從而糾正了以往的重義輕利、重利輕義等片面主張，特別是揭露了反功利學說的虛偽性。

顏元的功利主義道德觀注重從社會作用方面立論。他說：「堯舜之正德、利用、厚生謂之三事；不見之事，非德、非用、非生也。周公之六德、六行、六藝謂之三物；不徵諸物，非德、非行、非藝也。」[132]在他看來，所謂「堯舜三事」和「周公三物」中既有「義」，也有「利」，因為「義」或「德」必須落實在「利」上，應「見之事」、「徵諸物」。尤其是他認為「藝精則行實，行實則德成」[133]，只有所學能為天下國家之所用，所行能斡旋乾坤、利濟蒼生之所行，才能實現「正誼謀利、明道計功」的社會功用。顏元的這種功利之學，與程朱的性理之學是根本對立的，並顯示出反理學的性質。

焦循的義利觀表現為「儒者義利之辨不可以治天下」的思想。他在其人性論的基礎上，認為義利都是根源於人性的，人從不知有父唯知有母到有夫婦父子，從茹毛飲血到火化粒食，「是為利也。人之所以異於禽獸者，在此利不利之間，

130 《顏習齋先生言行錄》卷下，《教及門第十四》。
131 《顏習齋先生言行錄》卷下，《教及門第十四》。
132 《顏習齋先生年譜》卷下，66歲條。
133 《四書正誤》卷三，《述而》。

利不利即義不義，義不義即宜不宜，宜則智也。」[134] 這裡的「為利」是指人類活動的內在本性和動力，「智」是指人類認識自身利益的能力和智慧。人區別於禽獸，就在於人能為自身利益而進取，以利為義。因此，利義是人類社會活動的動力，同時也是人性從潛在之善向現實之善轉化的源泉。他又說：「知其不宜，變而之乎宜，則義也。仁義由於能變通。人能變通，故性善；物不能變通，故性不善。」[135] 這表明，作為人類價值選擇標準的「宜」，與作為人類行為立腳點的「利」是相通的，故「宜」，即「利」，即「義」，揭示出人性內的「善因」是通過在追求「利」的活動中轉化為「善性」的。

在利義統一的基礎上，焦循改造了孔子講的「君子喻於義，小人喻於利」的含義。他主張君子不可能捨利言義，而必須以利天下為義，小人雖言其利，但若不能「仰足事父母，俯足畜妻子」[136]，也談不上有義。所以他提出了統治者必須懂得「知小人喻於利」，「因民之所利而利之」的治國之道。他分析說：「無恆產而有恆心者，唯士為能，君子喻於義也。若民，則無恆產，固無恆心，小人喻於利也。唯小人喻於利，則治小人者，必因民之所利而利之。」而「儒者知義利之辨而舍利不言，可以守己，而不可以治天下。天下不能皆為君子，則舍利不可以治天下之小人。小人利而後可義，君子以利天下為義。是故利在己，雖義亦利也；利在天下，即利即義也。孔子言此，正欲君子之治小人者，知小人喻於利！」[137] 此段精彩論述體現出焦循將孔子的君子小人之辨和義利之辨中帶有貶義之「利」，轉變成中性的「利」，把「小人喻於利」視為普遍存在於廣大民眾間的發自人性。這種觀點把滿足百姓對於利的要求，視為治理天下的出發點和歸宿。在他看來，天下不言利的聖人或君子畢竟是少數，多數人還要面對現實進行生存活動。因為人都首先需要衣食住行等物質利益，而後才有仁義禮智等道德風尚，所以治天下者只能順應民心，知曉民意，「因民之所利而利之」。這樣，才能利天下，遵大義。焦循的這種不以言利為卑下的新觀點與儒家傳統義利觀相對

---

134 《孟子正義》卷十七，《天下之言性也》。
135 《孟子正義》卷二十二，《性猶杞柳》。
136 《雕菰樓集》卷九，《君子喻於義小人喻於利解》。
137 同上。

立。

魏源在義利觀上，主張義與利的統一，但反對簡單化，針對不同的對象，提出不同的要求。他說：「聖人以名教治天下之君子，以美利利天下之庶人」，「故於士大夫，則開之於名而塞之於利；於百姓，則開之於利而坊之於淫」[138]。對於士大夫來說，重在「開名」，而堵塞用不良手段來謀其利的現象；對於百姓來說，重在「開利」，而杜絕走不正之道以得其利的風氣。除了君子、百姓之外，對於君主，魏源要求其做到「利民」，而不謀一己之私利，提出「利民利國」的命題。他說：「故天子自視為眾人中之一人，斯視天下為天下之天下。」[139]對於天子來說，重在「利民」，把自己視為百姓中的一員，以興國為天下大事。「天下大事，或利於千萬世者，不必利於一時；或利於千萬人者，不必利於一夫；或利於千萬事者，不必利於一二端。」[140]要求天子為民謀利的「利」，應該是長遠、大眾、廣泛的，而不是為一時、一人、一兩件事的。

魏源在提倡「利民利國」的同時，進而強調福禍與義利相統一，提出「見利思義」的命題。他說：「見利思義與見利思害，詎二事哉？無故之利，害之所伏也；君子惡無故之利，況為不善以求之乎？不求福，斯無禍；不患得，斯無失；不求榮，斯無辱；不干譽，斯無毀。暴實之木根必傷，掘藏之家必有殃。非其利者勿有也，非其功者勿居也，非其名者勿受也。幸人之有者害，居人之功者敗，無實而享顯名者殆。」[141]在這裡，魏源指出利有兩種，一種是「有故之利」；一種是「無故之利」。「有故之利」是合理的、該得的，得之未有禍、災、害。「無故之利」是不合理的、不該得的，得之將有禍、災、害。他從反面告訴人們不要取無義之利，因為「利」是互惠的，利、義也是相聯繫的。他把福禍與義利結合起來，強調見利思義而得福，見利忘義而得禍，是為了反對當時存在的「幸人之有」、「居人之功」、沽名釣譽等不道德的行為。

---

138 《默觚下》，《治篇三》。
139 同上。
140 《默觚下》，《治篇七》。
141 《默觚下》，《治篇十六》。

魏源的義利觀在義與利相統一的基礎上，強調人們都要「以義為利」，即以民族大義為重，把全民族的利益放在首位，這在當時內憂外患相逼而至的情況下，體現出學人憂國憂民的責任感、時代感。

清前期是中國社會由傳統開始向近代過渡的歷史時期，這一時期倫理思想的發展，出現了一些新的趨向。在感性層面上，對宋明以來倫理異化而產生的種種社會陋習給予猛烈的批判；在理性層面上，對道德、理欲、情理、人性、義利等問題進行有益的探討。強調個性解放，高揚主體精神，把對傳統倫理思想的研究推向了一個新起點。

亮點書系．中國文化通史 A1001015

中國文化通史・清前期卷　上冊

主　　編　鄭師渠
版權策畫　李　鋒

發 行 人　陳滿銘
總 經 理　梁錦興
總 編 輯　陳滿銘
副總編輯　張晏瑞
編 輯 所　萬卷樓圖書股份有限公司
排　　版　菩薩蠻數位文化有限公司
印　　刷　維中科技有限公司
封面設計　菩薩蠻數位文化有限公司

出　　版　昌明文化有限公司
桃園市龜山區中原街 32 號
電話 (02)23216565
發　　行　萬卷樓圖書股份有限公司
臺北市羅斯福路二段 41 號 6 樓之 3
電話 (02)23216565
傳真 (02)23218698
電郵 SERVICE@WANJUAN.COM.TW
大陸經銷
廈門外圖臺灣書店有限公司
　電郵 JKB188@188.COM

ISBN 978-986-496-168-9
2018 年 1 月初版
定價：新臺幣 480 元

如何購買本書：
1. 劃撥購書，請透過以下郵政劃撥帳號：
　帳號：15624015
　戶名：萬卷樓圖書股份有限公司
2. 轉帳購書，請透過以下帳戶
　合作金庫銀行 古亭分行
　戶名：萬卷樓圖書股份有限公司
　帳號：0877717092596
3. 網路購書，請透過萬卷樓網站
　網址 WWW.WANJUAN.COM.TW
大量購書，請直接聯繫我們，將有專人為您
服務。客服：(02)23216565 分機 610

如有缺頁、破損或裝訂錯誤，請寄回更換
版權所有・翻印必究
Copyright©2016 by WanJuanLou Books CO., Ltd.
All Right Reserved　　　　**Printed in Taiwan**

國家圖書館出版品預行編目資料

中國文化通史. 清前期卷 / 鄭師渠著. -- 初
版. -- 桃園市：昌明文化出版；臺北市：萬
卷樓發行, 2018.01
　冊；　公分
ISBN 978-986-496-168-9(上冊：平裝). --
1.文化史 2.中國
630　　　　　　　　　　　　107001807

本著作物經廈門墨客知識產權代理有限公司代理，由北京師範大學出版社（集團）有
限公司授權萬卷樓圖書股份有限公司出版、發行中文繁體字版版權。